두 갈래의 길

두 갈래의 길

내일을 열어야 하는 중국,
어제를 넘어야 하는 인도

초판 1쇄 펴낸날 | 2024년 3월 30일

지은이 | 박번순
펴낸이 | 고성환
펴낸곳 | (사) 한국방송통신대학교출판문화원
　　　　(03088) 서울시 종로구 이화장길 54
　　　　대표전화 1644-1232
　　　　팩스 02-741-4570
　　　　홈페이지 http://press.knou.ac.kr
　　　　출판등록 1982년 6월 7일 제1-491호

출판위원장 | 박지호
기획 | 이두회
책 임 편 집 | 이두회
본문 디자인 | 티디디자인
표지 디자인 | 김민정

ⓒ 박번순, 2024
ISBN 978-89-20-05008-4 03320

값 19,800원

두 갈래의 길

내일을 열어야 하는 **중국**, 어제를 넘어야 하는 **인도**

박번순 지음

지식의날개

일러두기

- 이 책은 외래어 표기법을 준수하였습니다. 영어를 비롯해 중국어, 인도어, 타이어, 베트남어 등의 표기세칙에 맞게 한국어로 표기하였으며, 중국어는 신해혁명을 기준으로 이전에는 한자어 발음 그대로, 이후에는 중국어 표기법을 준수하는 것을 원칙으로, 동일한 인명과 지명이 신해혁명에 걸쳐 있는 경우에는 관행적인 표기에 따랐습니다.

- 이 책의 통계에 사용된 중국의 회계연도는 매년 1월 1일부터 12월 31일까지이며, 인도의 회계연도는 4월 1일부터 다음 해 3월 31일까지입니다.

- 책에서 인용하고 있는 통계 수치의 누계에 오차가 있는 경우에는 반올림 등으로 인한 것이며, 일부 원 자료에 오류가 있는 경우도 있습니다. 중국의 통계에서 원 자료와 이 책에서 서술한 내용에 차이가 나는 것은 홍콩과 마카오의 수치 포함 여부가 다르기 때문입니다.

- 책에서 그 출처를 간략하게 표시한 자료와 수치의 자세한 문헌정보는 이 책의 324쪽 이하에 서술되어 있는 〈주〉를 통해 확인하실 수 있습니다.

19세기 영국은 화려했다. 빅토리아 시대 영국은 아시아의 현재와 미
래를 결정할 수 있는 힘을 갖고 있었다. 1872년 10월 2일, 우리의 영
웅 필리어스 포그는 영국의 사교클럽에서 80일 안에 세계일주를 마
치겠다고 호언장담하며 내기를 걸고 런던을 출발했다.[1] 그가 80일
만에 세계일주를 할 수 있다고 자신한 근거로 3곳의 교통 네트워크
개선이 있었다. 첫째는 프랑스와 이탈리아 국경의 몽스니 터널이 뚫
렸고, 둘째는 수에즈 운하 개통으로 지중해에서 홍해를 거쳐 바로 인
도양으로 진출할 수 있었으며, 셋째는 인도 뭄바이에서 콜카타까지
철도가 연결된 것이다. 1872년 뭄바이에서 콜카타로 가는 철도 노선
은 인도의 북단인 알라하바드를 거쳐 다시 남하하여 동으로 콜카타
에 이르는 데 3일이면 충분했다. 현재 뭄바이에서 콜카타까지는 알
라하바드를 거치지 않고 1,900킬로미터에 36시간이 소요되어 시속
약 52킬로미터로 달린다. 포그 시대에는 뭄바이-알라하바드-콜카타
로 연결되었기 때문에 2,000킬로미터가 넘었다. 그러나 이를 고려하
더라도 150년 동안 인도 철도는 속도를 2배로 높인 데 그친다.

필리어스 포그가 기차로 인도대륙의 동서를 여행하던 때보다 20년이 지난 후에도 광동성에서 북경으로 여행하는 사람들은 험난한 육로 대신 배를 타고 남중국해를 돌아 황해로 북상해야 했다. 그래서 1895년 이른 봄, 청일전쟁이 일본의 승리로 끝나 갈 때 광동성 포산 출신의 캉유웨이는 북경에서 열린 과거에 응시하려고 증기선을 타고 황해로 올라오고 있었다.[2] 황해를 장악한 일본군은 캉유웨이가 탄 배를 나포하고 배에 올라 수색을 벌였다. 캉유웨이는 씻을 수 없는 수모를 당했다고 생각하고 북경에서 상소문을 써서 개혁을 주장했다.

이 시기에 중국은 개혁을 추진하고 철도의 중요성도 인식하였다. 중국은 외국인에게 철도부설권을 제공하기 시작했고, 광동성에서는 해외 화교까지도 철도 건설에 나섰다. 철도는 근대화의 상징처럼 여겨졌기 때문에 신해혁명을 이끌었던 쑨원은 총통에서 물러난 후 철도 총국 위원장으로 활동했다. 2023년 현재 중국은 세계 최대의 고속철도 보유국으로 전역이 고속철로 연결되어 있다. 베이징에서 광저우까지 약 2,000킬로미터의 거리를 고속철은 8시간 만에 주파한다.

중국과 인도는 제2차 세계 대전 이후 새로 출발한 국가들이다. 세계 1, 2위의 인구대국으로서 중국과 인도는 세계적으로 주목받았다. 공산 중국은 냉전시대에 자유진영의 암묵적인 적으로 한국전쟁에 참전하고 베트남이 공산화되면서 자유진영과는 멀어져 갔다. 중국은 공산주의 이상국가를 건설하기 위해 마오쩌둥의 지도로 다양한 실험을 했으나 실패하였고, 1970년대 말 덩샤오핑의 개혁 이후 빠른 성장을 한다. 이에 비해 인도는 중국처럼 극단적 사회주의를 시도하지는 않았지만 역시 사회주의에 기울었다. 인도의 사회주의는 국영기업 설립과 민간부문 억제로 나타났다. 인도 또한 비효율로 경제성장은 지체되었고 동아시아 고도성장기에도 여전히 낙후된 국가로 남았다.

중국과 인도의 개혁개방은 시기적으로 차이가 있고, 그 정도에서도 먼저 시작한 중국이 더 강력했고 또 효과도 더 컸다. 중국과 인도의 철도에서 엿볼 수 있는 차이는 경제 전반에 걸쳐 나타난다. 빠른 중국, 느린 인도였다. 그러나 2023년 현재의 관점에서 중국의 빠른 성장은 한계에 부딪혔다는 평가를 듣고 있으며, 미국의 경제제재로 기술진보에서도 가능성이 떨어지는 듯한 인상을 주고 있다. 더구나 오랫동안 자산시장, 특히 부동산시장에서 버블이 형성되면서 탐욕의 광기가 터진 상황에서 금융시장까지 구제불능인 상태로 돌아갔다는 평가를 받고 있다.

인도의 상황은 다소 다르다. 동아시아 고도성장기에도 낙후되었던 인도는 1990년대 개혁개방 이후 과거의 힌두성장률에서 벗어나 높은 성장세를 보여 왔다. 과거 인도는 술 취한 사람이 갈 지(之) 형태로 걷는 것 같았고, 인도의 미래를 낙관했던 사람이나 아니면 구조적 문제로 인도의 미래는 없다고 평가하는 사람 모두를 만족시키지 못했지만, 이제는 점진적인 성장에 돌입한 것으로 보인다. 그러나 1990년 이후 20년 이상의 지속적인 성장—물론 글로벌 경제상황에 따라 부침은 있었지만—에도 불구하고 인도는 여전히 1인당 GDP가

2,500달러(2022년 기준)에도 미치지 못한다. 그래도 만약 중국경제가 정체하거나 문제가 생긴다면 인도야말로 세계경제를 뒷받침하는 중요한 지주가 될 것으로 여겨진다.

중국은 그렇지 않겠지만 인도는 중국을 중요한 경쟁국으로 생각하고 있다. 인도에서는 중국의 발전을 존중하면서도 질시한다. 인도에서는 인도가 중국보다 낮다는 보도나 평가가 큰 주목을 받는다. 미국이 중국의 반도체산업에 규제를 가하자 인도는 반도체산업을 육성할 기회라고 생각하고 다국적 반도체업체들의 투자를 설득하고 있다. 모든 산업은 수명주기가 있고 산업이 성숙하면 그 중심은 후발국으로 이전해 간다. 중국의 생산비용 상승으로 인도는 기회를 맞을 수 있다. 이 점은 인도뿐만이 아니라 세계경제의 역동성을 유지시켜 준다는 점에서 바람직하다. 그러나 인도가 과연 주요 산업을 중국에서 이어받아 발전시킬 수 있을 것인지는 여전히 미지수이다.

중국이 WTO에 가입한 후 보여준 경제적 역동성은 세계경제에 큰 도움이 되었다. 상대적으로 고품질의 공산품을 낮은 가격에 세계에 쏟아 냈기 때문이다. 미국과 같은 수입국의 제조업 종사자들은 직업을 잃기도 하였으나 세계경제 전체로는 자원배분의 효율성이 높아진 것이다. 경제학에서 말하는 국제분업 혹은 글로벌 밸류체인의 심화가 낳는 이로움이다. 인도가 이제 본격적으로 국제분업에 참여할 수 있다면 세계는 수혜를 볼 것이고 인도 역시 고도성장을 통해 세계경제의 성장에 기여하게 될 것이다.

이 책은 중국과 인도의 경제적 성과와 결정 요인에 대해 개략적으로 안내하고, 양국 경제의 미래를 보는 시각도 설명하려고 한다. 저자는 오랫동안 동남아를 중심으로 한 아시아 경제를 관찰해 왔으며, 그 차원에서 중국경제와 인도경제를 보아 왔다. 중국과 인도경제를 중심으로 연구하지는 않았기에, 중국과 인도에서 일어나는 일상적인 동향이나 그들의 정치·경제에서 벌어지는 은밀한 이야기까지는 잘 알지 못한다. 다행이라면 경제를 관찰하는 사람에게 단기적인 사건은 결국 장기적으로 통계가 설명하는 추세 속에 용해된다는 것이다. 중국과 인도에서 경제적으로 벌어지는 일을 부단하게 추적하지 않으면서도, 책을 출간하기로 용기를 낸 이유이다.

책의 출간과정의 처음과 끝을 같이한 한국방송통신대학교출판문화원의 이두희 선생에게 신세를 많이 졌다. 처음부터 이 책의 아이디어를 주었고 오랜 시간을 기다려 주었다. 또한 국내외 중국과 인도의 연구자들에게도 신세를 졌다. 그들의 연구결과를 활용할 수 있었던 덕분에 이 책이 세상의 빛을 볼 수 있었다. 사랑하는 손녀들이 먼 훗날 더 넓은 세상을 보고 살기를 바라고, 할아버지가 이 책을 쓰는 과정에서 그들 때문에 얼마나 행복했는지를 알려 주기 위해 은유와 소윤이의 이름을 특별히 기록해 둔다.

2024년 새봄을 맞아
박번순

두

갈

래

의

길

제1부

중국과 인도, 무엇이 같고 무엇이 다른가

제 1 장

다시 돌아온
대중의 시대

1. 중국의 개혁개방과 미국마저 위협하는 경제의 부상

기적적인 중국의 경제성장

1979년 개방 시작 이전의 중국경제는 사회주의 계획경제 체제의 생존형 자급자족 경제와 다름없었다. 중국이 덩샤오핑의 지도로 개혁개방을 시작하면서 외국인투자를 유치한 1979년 1인당 GDP는 2015년 불변가격 기준으로 405달러에 불과했다. 1인당 GDP를 두 배가 조금 넘는 861달러로 늘린 것은 9년 후인 1988년이었다. 중국은 다시 9년 후인 1997년 1,788달러로 또 두 배로 증가시켰고, 다시 9년이 지난 2006년에는 3,801달러로 또다시 두 배로 키웠다. 그리고 다시 9년 후인 2017년 중국의 1인당 소득은 9,053달러로 이제는 두 배 넘게 증가했다. 중국은 9년마다 반복해서 소득을 2배로 늘렸는데

이는 세계적으로 유례가 없었던 한국이나 일본의 과거 경제성장과 비교해도 더 지속적이었다.[1]

경제성장이 진행될 때 성장 속도를 일정하게 유지한다는 것은 생산요소의 수확체감을 생각할 때 현실적으로 달성하기 어렵다. 중국의 성장은 중국이 동아시아에 위치하여 이웃효과를 볼 수 있었다는 점, WTO 체제의 세계 무역자유화를 이용할 수 있었다는 점에서 반드시 중국인들의 노력으로만 이루어졌다고 볼 수는 없다. 그럼에도 중국은 고도성장으로 자국의 빈곤문제를 거의 해결함으로써 세계 전체에 긍정적 외부효과를 가져왔다. 중국의 빈곤인구는 2017년 하루 소비 2.15달러(구매력평가PPP)를 기준으로 했을 때 1990년 전 인구의 72%에 이르렀으나 2010년이면 13.9%로 감소했다. 인구의 58%가 빈곤에서 해방될 수 있었는데 중국인구를 감안하면 7억 명 이상이 이 기간에 가난의 굴레로부터 벗어날 수 있었던 것이다. 세계사적으로 평가해도 가히 기적이라 하지 않을 수 없다.

서구에서는 중국의 부상을 흥미롭게 바라보고 있었지만 1990년대가 끝날 때까지도 중국경제의 힘이나 영향력에 대해서는 별로 의식하지 않았다. 동남아 외환위기 이후 동아시아에서 아세안＋3 체제가 시작되었을 때도 미국은 동아시아에 큰 관심을 두지 않았다. 태국에서 외환위기가 발생했을 때조차도 미국은 이를 태국의 거시경제적 불균형 정도로 파악하고 있었다. 이에 비해 중국은 후선 지원단으로 참여했다.[2] 2000년에 들어서도 미국의 자세는 변하지 않았다. 부시 행정부에게는 이라크전쟁이 더 시급한 문제였다. 중국은 미국이 원하는 대로 움직일 수 있다는 기대를 하고 있었다.

중국경제 고도성장의 여파

중국의 WTO 가입을 두고 벌인 미중협상에서 미국의 클린턴 정부는 중국경제를 완전히 환골탈태시킨다는 목표를 갖고 있었다. 서구세계에서는 중국이 개방을 통해 세계체제에 편입되고 성장한다면 결국 민주화하지 않을 수 없다고 기대하고 있었다. 중국의 생각은 달랐다. 개혁개방 이후 고도성장을 했지만 WTO 회원국이 아닌 상태에서 불리한 교역환경에 대응이 필요했다. 중국에게 WTO 가입은 덩샤오핑의 개혁개방에 맞먹는 변혁이었다. 2000년 중국경제의 규모는 1조 2천억 달러로 미국의 10조 달러와 비교할 수 없을 정도로 작았고, 1인당 GNI도 미국의 3.6만 달러에 비해 아직 1천 달러에도 미치지 못했다. 미국은 결코 중국을 경쟁자라고 생각할 수 없었다.

중국이 WTO에 가입한 이후 동아시아를 비롯한 세계의 기업들이 앞다투어 중국에 투자를 확대하였고, 중국은 중저가의 공산품을 세계에 쏟아 내기 시작했다. 한 기자가 미국의 가정에 쏟아져 들어간 Made in China 제품을 확인하고자 중국제품을 쓰지 않고 1년 동안 살아 보겠다는 계획을 세우고 시도해 본 결과 얻은 결론은 "우리 삶이 이미 중국과 떼려야 뗄 수 없는 관계가 되었다"는 것이었다.[3] 기자는 이 경험을 2008년 초에 책으로 출판했는데 중국의 영향력에 대해서 미국도 의식하기 시작했다. 특히 동아시아에서 중국의 영향력이 확대되고 있다는 사실을 인식한 오바마 정부는 결국 아시아 복귀 Pivot to Asia를 선언했다.

중국에서는 덩샤오핑 후계자로 장쩌민이 등장한 이후 후진타오-시진핑으로 권력승계가 이루어졌다. 장쩌민과 후진타오 시기의 경제성장으로 세계의 주목을 받게 되었고, 드디어 2012년 11월 시진핑이 공산당 서기로 선출되었다. 이미 예정된 수순으로 특히 놀라울 것은 없었다. 취임연설 역시 특별하지 않았다. 그러나 그는 11월 29일 중국역사박물관에서 개최된 부흥지로復興之路: Road to revival에 참석하여 소위 중국몽을 설파했다. 중국몽이란 단어는 이전부터 쓰여 왔지만 시진핑이 사용하자 의미가 달라졌다. 기본적으로 시진핑의 중국몽은 개인과 국가의 발전을 설명한 것이었으나 방점은 중국이라는 민족국가의 성공에 맞춰져 있는 것으로 보였고 이는 아메리칸드림이 개인의 발전에 초점을 맞춘 것과 비교해 다른 것으로 여겨졌다.

WTO 가입 이후 외국인 투자기업이 중국으로 대거 진출했고, 중국기업도 수출전선에 나서기 시작했다. 중국의 저가 소비재는 미국시장으로 유입되어 소비자에게 큰 이익을 안겨 주었지만, 제조업부문에는 타격이 되었고 이미 오래전에 일본 자동차의 공격을 받았던 러스트벨트 공업지역은 다시 한번 타격을 입었다. 중국으로부터 유입되는 저가의 공산품은 미국의 전통적인 노동계급에 큰 손실을 입혔고 많은 미국의 노동자들이 임금이 오르지 않거나 실직하면서 경제적 곤란을 겪었다. 한때 제조업의 중심지였다가 쇠락한 러스트벨트 지역의 하층 백인 노동계층의 무기력한 삶을 그린 J. D. 밴스의 《힐빌리의 노래*Hillbilly Elegy*》가 인기를 끌었고 힐빌리들은 중국과의 교역관계를 교정하겠다고 선언한 트럼프의 강력한 지지층이 되었다. 트럼프는 선거과정에서 대통령 취임 첫날 중국을 환율조작국으로 지정하겠다고 주장하기도 했다. 미국의 대중국 무역수지 적자는 중국이 인위적으로 환율을 조작하여 높은 경쟁력을 유지하기 때문이라고 생각한 것이다.

미국을 위협하는 중국경제

중국과 미국의 경제지표를 비교해 보면 중국의 상대적 위치가 얼마나 급변했는가를 알 수 있다. 1979년 중국의 GDP는 미국 대비 6.8%, 1인당 GNI는 중국이 210달러로 미국의 12,200달러에 비해 1.7% 수준에 불과했다. 중국의 상품 수출입은 미국의 7% 수준이었다. 2000년 들어 양국의 격차는 상당히 감소했다. 중국의 GDP는 1조 2천억 달러를 넘어 미국 대비 11.8% 수준이었으나, 구매력평가 PPP 기준으로는 미국의 40%선에 이르렀고, 민간소비지출은 10% 미만이었지만 상품수출은 미국 대비 31.9%까지 증가했다.

중국의 WTO 가입 후 20년이 지난 2022년의 양국 경제규모의 차이는 더 작아졌고 일부 지표에서는 중국이 미국을 앞서기 시작했다. GDP에서 중국은 미국의 70.5%까지 증가했는데 이는 2000년의

중국과 미국의 경제력 비교 (단위: 억 달러)

	중국			미국			중국/미국(%)		
	1979	2000	2022	1979	2000	2022	1979	2000	2022
GDP	1,783	12,113	179,632	26,273	102,509	254,627	6.8	11.8	70.5
GDP, PPP (국제가격)	-	36,834	303,273	-	102,509	254,627	-	35.9	119.1
1인당 GNI(달러)	210	940	12,850	12,200	35,960	76,370	1.7	2.6	16.8
민간소비지출	876	5,661	67,920	15,854	67,672	159,026	5.5	8.4	42.7
상품수출	136	2,492	35,936	1,864	7,819	20,648	7.3	31.9	174.0
상품수입	156	2,251	27,160	2,222	12,593	33,762	7.0	17.9	80.4
경상수지	-	205	4,019	-2	-4,019	-9,438	-	-	-

자료: 세계은행(경상 기준)

11.8%와 비교해 큰 변화였다. 아직 1인당 GNI는 미국의 20%가 되지 않고, 민간소비지출 규모도 미국의 42.7%에 불과하지만 다른 지표들의 차이는 대폭 감소했다. 구매력평가 GDP는 중국이 미국보다 19.1% 많았고, 특히 상품수출 규모에서는 중국이 미국보다 74%나 더 많아졌다. 2000년 중국의 상품수출이 미국의 31.9%에 불과했다는 점에서 WTO 이후 중국의 공업화가 얼마나 빨리 진행되었는가를 알 수 있다. 상품수입 규모는 중국이 미국의 80% 수준으로 아직 적다. 또한 중국의 수입이 최종재보다는 원료, 중간재, 부품이 많다는 점에서 미국과 다르고 이 때문에라도 미국에 비해 세계 다른 국가, 특히 경공업 제품을 수출하는 국가에 기여하는 바가 작다는 평가를 받을 수 있다.

더욱이 중국은 미국에 막대한 무역수지 흑자를 기록하게 되었고 이에 힘입어 경상수지 흑자도 2000년 205억 달러에서 2010년에는 2,378억 달러, 2022년에는 4,019억 달러로 급증했다. 이에 비해 미국의 경상수지 적자는 1979년 2억 달러에 불과했으나, 2000년 4,019억 달러, 2022년 9,438억 달러까지 증가해 1조 달러를 내다본다. 미국의 경상수지 적자는 2000년 이후 급증하여 2006년에는 8,166억 달러까지 증가했는데, 그 적자의 상당 부분은 중국을 비롯한 동아시아 국가에 대한 무역적자 때문이었다.

이 시기 세계의 관찰자들은 글로벌 불균형Global imbalance에 주목했다. 무역수지 흑자로 달러가 유입된 동아시아는 이를 다시 미국의 국채 매입에 사용하였고 미국은 달러의 환입으로 저금리를 유지할 수 있었다. 그 결과 신용등급이 낮은 사람들까지 주택을 구입하였고 문제가 불거진 것이 소위 2008년 글로벌 금융위기였다. 경기 급락으로 미국의 무역수지 적자는 수년 동안 대폭 감소했는데 2010년 경상수지 적자는 4,320억 달러로 2000년과 비슷한 수준이었다. 그렇지만 미국의 경상수지 적자는 다시 증가하고 있고, 중국의 흑자 또한 늘어나고 있다.

중국과 미국의 경제력 격차의 축소 추세를 보면 중국의 GDP가 미국보다 커질 가능성이 높다. 일부 기관에서는 중국의 명목 GDP가 2033년이면 미국을 제칠 것으로 전망하기도 한다.[4] 물론 1인당 소득에서 중국이 미국을 따라잡기 위해서는 수십 년은 더 걸릴 것이다.

그래도 중국은 수년 안에는 고소득국으로 진입할 수 있다. 민간소비지출 크기에서도 양국의 격차는 상당히 크다. 중국의 민간소비지출은 GDP의 약 40%, 미국은 약 68% 수준이다. 중국이 여전히 투자와 수출중심의 경제이기 때문이다. 민간소비지출은 내수규모를 추정하는 지표라고 할 수 있는데 중국의 민간소비는 빠르게 증가했지만, 미국을 추월하기 위해서는 중국의 소득이 더 상승하고 내수중심의 발전전략을 더욱 촉진해야 한다.

2. 친디아의 세계, 세계의 친디아

세계의 주목을 받아 온 인도

중국의 놀라운 성장으로 그 빛을 발하기는 어려웠지만, 인도 역시 계속 세계의 주목을 받아 왔다. 낮은 소득과 사회경제적 격차 속에서도 인도는 늘 중국과 비교되는 행운을 누렸다. 인도는 중국에 버금가는 인구가 있었고, 국제정치질서 속에서 비동맹노선을 걸으면서 구소련과 미국을 동시에 애타게 하는 외교력도 갖고 있었다. 그리고 서구의 시각에서 인도는 민주주의를 실현하는 국가였다. 이 때문에 서구의 관찰자들은 인도가 민주주의를 바탕으로 공산주의 국가인 중국을 곧 따라잡을 것이라고 기대했다. 2000년대 이후 인도가 소프트웨어산업을 발전시키면서 서구 일부의 이러한 관측은 곧 실현되는 듯했다.

인도 역시 1990년 초의 경제위기를 거치면서 개혁과 개방을 강조해 왔는데 동아시아와는 가치사슬이 연결되어 있지 않았기 때문에 동아시아 외환위기에 타격을 받지 않았다. 1998년에 결정적으로 동아시아에 위기가 시작되었고 2001년까지도 근본적인 구조조정이 완료되지 않은 상태에서 동북아와 동남아 기업들은 새로 투자에 나설 여력이 없었다.

인도가 또 다른 관심 지역으로 부상한 이유는 IT버블과 관련된 것이다. 21세기를 맞이하는 세계는 IT 혹은 디지털혁명의 도래에 열광했다. 특히 새천년을 맞으면 컴퓨터의 버그가 생긴다던 Y2K 문제에 대처하기 위해 세계 각국 기업들은 IT 관련 투자에 나섰고, 많은 소프트웨어가 필요했다. 인도는 IT 소프트웨어의 중요한 공급지가 되었다. Y2K의 두려움이 사라진 후에도 인도의 소프트웨어산업은 계속 활기를 띠었다. 주요 IT기업들이 벵갈루루에 R&D 센터를 설립하기도 했다. 세계 IT기업들은 인도를 찾기 시작했고 특히 벵갈루루에는 수많은 IT조립기업들이 소프트웨어를 조달할 투자를 하기 시작했다. IT 소프트웨어가 인도경제를 선도할 수 없다는 사실이 명확했음에도 불구하고 인도에 대한 투자 인식은 개선되었다.

9·11 사태도 인도에 주목하는 데 일조했다. 반미 이슬람 근본주의자들에 의한 미국 무역센터 테러 이후 미국정부는 외국인 유입에 대한 규제를 강화했고 미국 내에서 일하는 인력의 비자 갱신도 까다로워졌다. 미국의 실리콘밸리에서 일하던 인도의 IT 기술인력 중에

서 비자가 갱신되지 않아 귀국해야 하는 사람들이 많아졌다. 이들은 미국과 연계하여 계속 일을 했다. 이 시기에 왜 인도의 IT 소프트웨어산업이 경쟁력이 있는가에 대한 많은 주장 중에서는 인도와 미국 실리콘밸리의 시차가 12시간이라는 점도 있었는데, 심지어는 실리콘밸리에서 퇴근하면서 인도에 과업을 주문 혹은 지시하면 다음 날 출근 시간에 결과물을 받아 볼 수 있다는 평가도 있었다.

친디아의 탄생

인도가 이렇게 부상하자 월가의 골드만삭스가 가장 먼저 중국과 인도를 하나로 묶어 상품으로 판매했다. 골드만삭스는 2001년에 브라질, 러시아, 인도, 중국을 아우르는 BRICs라는 단어를 만들었다.[5] 국제금융시장에서 돈을 쥐고 있는 투자은행들은 언제나 수익률이 좋은 시장을 찾아다녔고, 골드만삭스의 눈에 뜨인 것이 이들이었다. 1990년대 후반 동아시아에서 외환위기가 발생하자 플라자합의 이후 국제금융시장의 가장 큰손이었던 한국이나 동남아 국가들로부터 자금수요가 대폭 감소했고 이들 국가에 위험성이 두드러지면서 새로운 투자처를 찾고 있었다. 아프리카는 여전히 어둠 속에 있었고, 중남미는 간헐적으로 외환유동성 문제를 일으켰기 때문에 믿을 만하지 못했다.

이들의 눈에 띈 나라가 중국과 인도였고 또 동남아 위기 이후 역시 유동성 문제를 겪었던 브라질과 러시아가 회복되자 인구가 많고 자원이 풍부한 이들 나라를 묶은 것이다. 골드만삭스가 발굴해 낸 BRICs는 국제금융계에 새로운 자본의 진출지로서 역할을 했다. 골드만삭스는 BRICs 경제 규모가 2034년에는 미국을 제칠 것이라고 전망했다.

BRICs 중에서도 중국과 인도는 특별히 관심을 끌었는데 인구가 많은 중국과 인도가 무한한 잠재력을 가진 것으로 보였다. 러시아와 브라질은 선도국이라고 할 수 없었고, 중국경제의 고도성장에 기인한 국제자원가격 상승에 상당한 영향을 받는 후발국이었다. 특히 중국이 WTO 가입 이후 외국인투자의 급격한 유입으로 고속성장하고 수출국으로 부상하자 자원 부국인 러시아와 브라질과 인구가 많은 인도 또한 중국을 뒤따를 것으로 생각되었다. 중국과 인도에 대해서는 중국과 인도뿐만 아니라 세계적으로 관심을 불러일으켰고, 인도에서는 친디아Chindia라는 말을 만들어 내기도 했다.[6] 인도에서 처음 친디아를 사용했을 때 그 정확한 의미는 분명하지 않았지만, 영국의 《이코노미스트》가 중국과 인도가 협력의 새로운 단계에 들어섰다고 평가하면서 친디아를 사용한 것이 2004년 11월이었다.[7]

즉 친디아는 중국과 인도가 독립적인 국가들로서 중요하다는 의미가 아닌 중국과 인도가 상호 보완성을 살려 협력하여 하나의 결합체 혹은 통합체로서 기능한다는 의미를 더 갖고 있다. 이후 《이코노미스트》는 친디아를 하나의 단어로 사용하기 시작했으며, 친디아는 보통명사가 되었다. 미국의 경제주간지 《비즈니스위크》 역시 친디아의 부상을 강조했다.[8] 《비즈니스위크》는 전후에 한국과 일본이 경제 기적을 만들었지만, 이 두 나라는 인구가 세계 전체의 성장을 이끌고, 전체 산업의 스펙트럼을 변화시킬 정도는 아니라고 평가했다. 대신 중국과 인도는 21세기의 세계경제를 변화시킬 수 있는 무게와 역동성을 갖고 있다고 보았다. 실제로 19세기에 미국의 부상이 현재 중국과 인도의 부상에 비교될 수 있는데, 오히려 미국의 경우가 중국과 인도의 부상보다 더 약했다는 것이다. 세계경제에서 세계인구의 1/3을 가진 두 나라가 동시에, 지속적 도약을 한다면 세계경제에서 비즈니스에는 일대 혁명이라고 할 수 있다.[9]

인도의 내일에 대한 세계의 기대

중국과 인도를 비교하는 경우 중국의 우월성에는 모두 동의하지만, 장기적으로 인도가 중국을 추월할 것이라는 기대가 있다. 중국이 인도보다 성장률이 높다는 점, 수출이 거의 10배에 이른다는 점, 그리고 제조업에서 인도를 압도한다는 점에서 중국의 우위가 있는 것은 분명하다. 그러나 《비즈니스위크》의 친디아에서는 인도가 장기적으로 인구구조, 자본투자의 효율성, 투자율의 상승, 역동적인 중규모 기업, 더 높은 생산성 등으로 인도 제조업이 오래지 않아 중국과 경쟁할 정도로 부상할 것이라는 이유를 들어 중국을 추격하고 인도의 세기를 만들 것이라고 주장했다.[10] 인도 민간기업의 경쟁력이 높다는 이유를 들어 인도의 성장률이 중국의 성장률을 앞지르게 될 것

이라는 기사가 나오기도 했다.[11]

인도는 오랫동안 인도양의 중심국가였고 2003년 이후 BRICs 바람이 불면서 다국적기업의 관심도 높아졌다. 인도의 성장률은 2003년부터 글로벌 금융위기가 나기 전인 2007년까지 5년간 매년 연 7% 이상에 이르렀는데 이는 인도 역사상 가장 오랫동안 지속된 호황이었다. 그러나 중국의 성장이 해외수요와 관련된 것이라면 인도의 성장은 민간소비의 증가에 따른 것이었다. 이 시기 인도의 성장은 IT 소프트웨어부문의 급격한 수출 증가, 국제금융시장 환경 개선으로 인한 포트폴리오 투자유입과 이에 따른 증권 및 부동산시장의 활황이 주요한 배경이었다.[12]

고도성장으로 인도에 관심이 증가했고 적어도 중국을 견제하는데 인도가 큰 도움이 될 것으로 생각되었다. 2007년 일본 아베 총리 주도로 일본, 미국, 호주, 인도의 4자 다이얼로그QUAD가 발족했고 대규모 합동군사훈련이 시작되었다. 중국 전문가인 케빈 러드가 이끄는 호주의 노동당 정부가 쿼드QUAD를 탈퇴하면서 QUAD는 유명무실한 상태에 있었지만, 2017년 마닐라에 모인 트럼프 등 4국 정상은 이를 부활시키기로 약속했다.

인도는 이와 동시에 아세안이 주도하는 대형 FTA인 RCEP 협상에도 참여했다. 문제는 2013년부터 장기간 아시아의 16개국이 협상한 RCEP에 인도가 타결 직전에 합류하지 않았다는 것이다. 인도가 제조업부문의 경쟁력이 아직 약하기 때문인데 단기적으로는 인도의 결정이 인도 제조업부문의 경쟁 노출을 막아 이익이 될 수도 있지만, 장기적으로 보면 인도 제조업은 상대적으로 고립될 가능성이 크다. 동아시아 국가들의 제조업 성장이 경쟁과 수출에 기반을 두고 있었다는 점에서 인도 제품은 동아시아의 수입시장에서 상대적으로 불리한 처지에 놓일 것이다.

　트럼프 대통령은 2017년 11월 베트남 다낭에서 개최된 APEC 정상회의에 참석하여 인도-태평양 전략을 선언했고, 이후 바이든 정부는 이를 좀 더 구체화했다. 트럼프-바이든의 인도-태평양 전략은 미국과 동맹국의 이익을 위한다는 명목으로 이들에게 위협이 되는 중국에 대응한다는 것이다. 이를 위해 미국은 자유롭고 개방된 인도-태평양 추진, 지역(인도-태평양 내외부의 연계성) 구축, 번영하는 인도-태평양 추진, 인도-태평양 지역의 안보 증진, 21세기 초국적 위협에 대한 지역의 회복력 구축 등을 인도-태평양 전략의 목표로 설정했다.

　미국은 전략 추진을 위한 10여 개의 행동계획을 설정했는데 그중 하나가 "인도의 지속적인 부상과 지역 리더십 지지"이다. 미국은 인도와 협력하여 남아시아의 안정을 증진하기 위해 전략적 파트너십을 구축하고, 보건, 우주, 사이버 공간 등 새로운 영역에서 협력하고, 경제 및 기술 협력을 심화시키며, 자유롭고 열린 인도-태평양에 기여한다고 선언했다. 미국은 인도가 남아시아와 인도양에서 같은 마음을 가진 파트너이자 리더이고, 동남아에서 적극적으로 활동하고 연계되어 있으며, 쿼드QUAD와 다른 지역 포럼들, 그리고 지역의 성장과 발전의 원동력임을 인식하고 있다고 언급하였다.[13] 남아시아와 인도양을 기반으로 동남아와 연계되는 인도가 좀 더 중요한 역할을 할 수 있도록 지원하기로 했다.

인도는 2023년 5월 일본 히로시마에서 열린 쿼드 정상회의에 참석했다. 쿼드 정상들은 〈쿼드 정상 비전 성명The QUAD Leaders' Vision Statement〉에서 다양한 합의를 했지만, 대국이라 자임하는 인도가 쉽게 미국을 따르지는 않을 것이다. 미국이 인도-태평양 전략이 필요한 배경으로 중국의 위협을 거론하면서 그 위협의 하나로 인도의 실효 지배선과 관련된 중국과의 갈등을 예로 들었지만[14] 인도는 다른 한편으로 남아공이 합류한 BRICS,• 중국, 러시아와 양국의 영향력을 강하게 받는 중앙아시아 국가들로 구성된 상하이협력기구SCO에도 적극 참여하고 있다. 중국이 주최한 제14차 BRICS 정상회의는 2022년 6월 온라인 회의로 열렸고 제15차 회의는 2023년 8월 남아공에서 개최되었다. 코로나19 이후 처음으로 열린 대면 회의는 국제형사재판소의 체포영장이 발부되어 있는 러시아 푸틴 대통령을 제외하고는 모두 참석했고 UN 사무총장과 아프리카 주요국 정상들이 초청국으로 참여하였다. BRICS는 아르헨티나, 이집트, 에티오피아, 이란, 사우디아라비아, UAE를 신규 회원국으로 가입시키기로 했고 이들은

• 남아프리카공화국의 참여로 BRICs는 BRICS가 되었다.

2024년 1월부터 회원국이 되었다. 중국과 인도가 참여한 BRICS는 서방 세계의 G7의 대항마로서 역할을 할 수 있을 것이다.

3. 시아오캉과 암릿 카알

시진핑은 2021년 7월 1일, 중국공산당 창건 100주년 기념식이 열린 천안문 광장에서 "중국에서는 소강사회가 전역에 건설되었고 절대적 빈곤문제는 역사적으로 해결되었다."고 선언했다.[15] 내부에서는 코로나19로 인한 무차별적인 봉쇄로 국민의 불만이 비등하고 있었고, 대외적으로는 미국의 압력에 시달리고 있던 때였다. 시진핑은 중국 국민에게 중국은 잘 가고 있다는 사실을 알려 주고 싶었을 것이다.

소강小康: Xiaokang은 중국의 고전 《시경詩經》에 기록된, 모든 면에서 적절하게 번영한 사회를 의미한다. 덩샤오핑이 1982년에 소강사회를 언급했고 이후 중국은 소강사회를 국가 발전의 목표로 삼았다. 중국은 국가 전체로 20세기 말에 소강사회를 건설했다고 자평하고 2002년부터는 "모든 면에서 소강사회" 구축을 목표로 내걸었다. 다시 시진핑이 최고권력자로 등장한 2012년 중국공산당 제18회 전국대표대회에서는 2020년까지 모든 면에서 소강사회를 달성한다는 목표를 세웠다. 그리고 드디어 시진핑은 소강사회가 달성되었다고 선언했는데 이는 중국이 절대빈곤을 완전히 해결했다는 것이었다.

중국이 소강사회 건설의 완성을 세계에 알리고 있던 즈음 인도는 자신들의 소강사회를 꿈꾸기 시작했다. 2021년 8월 독립 75주년 기념식에서 모디 총리는 인도와 인도 국민의 번영을 새로운 높이로 끌어올린다는 의미로 암릿 카알Amrit Kaal이라는 단어를 처음으로 제시했다. 《베다》 경전에서 나온 '황금의 시기'라고 불릴 수 있는 '암릿 카알'을 향후 25년 안에, 즉 인도 독립 100주년까지 실현한다는 것이었다. 모디 총리는 국가는 시민의 삶을 개선하고 농촌과 도시 사이의 격차를 줄이며 사람들의 삶에 대한 정부의 개입을 줄이고 인도에 현대 인프라를 구축하기 위해 노력하기 시작해야 한다고 주장했다. 아울러 그는 "목표를 달성하기 위해 오래 기다릴 필요가 없다. 지금 시작해야 한다. 우리는 잃을 순간이 없다. 지금이 적기로 우리나라도 변해야 하고 우리 국민도 변해야 한다"고 말했다.[16]

인도 인민당BJP 정부는 암릿 카알을 정치적 슬로건으로 삼았고, 2023년 2월 재무장관 니르말라 시타라만Nirmala Sitharaman은 2023년 예산안 보고에서 "최초의 암릿 카알 예산"이라고 불렀다. 그는 "암릿 카알에 대한 우리의 비전에는 강력한 공공재정과 강력한 금융부문을 갖춘 기술 주도 및 지식 기반 경제가 포함된다. 모두의 노력을 통한 국민들의 참여가 필수적이다"라고 말했다.[17]

중국은 고도성장으로 국가 전체가 20세기 말에 이미 소강사회에 들어섰다고 했지만, 일부 남아 있는 절대적 빈곤문제를 공산당 창당 100주년이 되는 때에 달성하여 전면적 소강사회를 건설하겠다고 하였고, 인도에서 영국으로부터 독립하고 새 나라를 건설한 지 100년이 될 때까지 달성하겠다고 한 암릿 카알은 다르지 않다. 소강사회나 암릿 카알은 국민을 번영 속에 살게 하겠다는 것이다.

중국과 인도의 인구가 각각 14억 명이다. 양국의 인구가 세계에서 차지하는 비중을 고려할 때, 중국과 인도가 모두 번영된 나라로 성장한다면 이는 오랫동안 인류를 괴롭혀 온 빈곤문제를 상당 부분 해결한다는 의미이다. 이는 인류에게 축복이고 그래서 우리는 이들의 희망이 실현되기를 바란다. 그러나 중국과 인도가 국민의 번영하는 목표를 달성하겠다는 시기에는 적어도 25년의 차이가 있다. 즉 중국이 앞서가고 인도가 뒤따라 가는데 그 차이는 25년은 있어 보인다. 우리는 이를 분명히 기억해야 한다.

제 2 장

두 나라 이야기:
친디아 경제의 역사와 배경

1. 중국인과 인도인, 그들의 경제

중국과 인도, 세계의 절반

경제사학자들의 노력을 종합해 재정리한 앵거스 매디슨Angus Maddison의 노고 덕분에 우리는 과거 인구, GDP, 그리고 1인당 GDP를 추정할 수 있고, 인류의 경제적 삶이 얼마나 어떻게 개선돼 왔는가를 알 수 있다. 중국의 역대 왕조는 풍부한 역사적 자료를 남겼기 때문에 인구를 추정하는 일은 어렵지 않다. 문헌보다는 구비의 역사 서술에 능했던 인도의 인구는 경작지역을 고려하여 추정한다.

명나라 말기 중국인구는 1억 6천만 명이었고, 인도의 인구는 1600년 무굴제국 시기에 1억 3,500만 명으로 추측된다. 세계 전체 인구가 5억 5,583만 명으로 추정되고 있으니, 중국인구는 세계인구의 28.8%, 인도인구는 24.3%를 차지했다. 1700년에는 명청의 교체와 이어진 혼란을 겪은 중국에 비해 인도가 상대적으로 안정된 시기를 보내면서 중국과 인도의 인구 비중은 22.9%와 27.3%로 역전되었다. 그래도 중국인구는 1억 3,800만 명에 이르렀고 인도인구도 1억 6,500만 명으로 추정된다. 청나라가 강희-옹정-건륭제로 이어지는 전성기를 지나면서 1820년 중국인구는 3억 8,100만 명으로 대폭 증가했고, 인도는 무굴제국의 쇠퇴와 영국 등 서구세력의 진출과 갈등으로 2억 900만 명으로 증가하는 데 그쳤다. 그 결과 1820년 중국의 인구는 세계 전체의 36.6%, 인도의 인구는 20.1%가 되었다.[1]

건국을 선언한 1949년 말 중국인구는 5.4억 명이었는데 89.4%가 농촌에 거주했다.[2] 마오쩌둥이 농민을 기반으로 혁명이 이루어져야 한다고 생각한 것은 당연한 일이었다. 고단한 삶 속에서도 중국인의 생명력은 강인하여 인구는 꾸준하게 증가했는데, 1960년 인구 6.5억 명에 도시화율은 16.2%로 여전히 84%에 가까운 인구가 농촌에서 살았다. 1970년에는 인구가 8.2억 명이 되었고 82.6%가 농촌에 거주했다. 개혁이 막 시작된 1980년 인구는 9.8억으로 증가했고, 이 중 80.6%가 여전히 농촌에 있었다.

이때까지 경제성장 과정에서 나타나는 도시화, 산업별 고용구조의 변화 등 구조전환은 거의 일어나지 않았다. 인구 증가 속도에 놀란 중국 당국이 과감하게 한 자녀 정책을 실시한 것이 이때쯤이었다. 중국인구는 1990년 11.5억에 농촌인구 비율은 73.6%로 다소 감소했고, 2000년이면 12.6억 명에 농촌인구 비중 63.8%가 되는데 농촌인구 비율이 10년 만에 거의 10%포인트 하락한 것이다. 이는 과거 수천 년 역사 속에서 일찍이 경험해 보지 못한 일이었다. 중국인구는 2010년에는 13.4억 명에, 농촌인구 비율 50.1%가 되었으니 구조전환에 가속도가 붙었다고 할 수 있다. 그리고 2021년 현재 중국의 도시인구 비율은 62.5%로 농촌인구보다 더 많아졌다. 14억 이상의 인구를 가진 중국의 도시화율은 인류 역사에서 찾아볼 수 없는 빠른 구조전환이었다.

공업화가 가속하면서 농촌의 노동력이 도시지역으로 유입되었다. 처음에는 향진기업에 취업하면서 농업 종사보다 더 높은 수익을 올리던 농촌 사람들이 이제 개방을 통해 일자리가 늘어난 연안지역으로 이동하기 시작했다. 농민공이라는 젊은 계층의 이동은 중국에 새로운 사회문제, 호구제도의 개혁이라는 문제를 안겨 주었다. 중국에는 오랜 기간 호적제도가 있었고, 마오쩌둥의 시대에는 인구를 농업인구와 비농업인구로 구분하는 호구제도를 실시했다. 농업인구는 식량을 생산했고 도시인구는 식량을 배급받았다. 농촌은 생산의 중심이었고 도시인구는 관리의 대상이었다.

호구제도는 공업화와 함께 일시적으로 늘어나는 도시지역으로의 농촌인구 이동을 억제하는 효과를 낳았고 도시의 슬럼 등 과밀문제를 억제하는 데도 효과가 있었다. 즉 중국이 발전과정에서 구조전환을 적극적으로 추진했다기보다는 완만하게 조정을 했다는 것이다.

그러나 공업화의 가속은 농민공을 증가시켰고 도시에서 사는 농민공이 정부나 도시의 서비스 대상이 되지 못하면서 사회문제가 커졌다. 중국은 호구제도를 개혁해 왔는데 이는 노동력의 공급 저수지로서 농업인구 비율이 대폭 감소한 것과 무관하지 않다.

인도의 인구는 1950년 3.6억, 1960년 4.5억, 1970년 5.6억, 1980년 7억, 1990년 8.7억, 2000년 10.6억, 2010년 12.4억 명으로 증가했고 2021년 14억을 넘어섰다. 도시인구 비율은 1960년 17.9%, 1970년 19.8%, 1980년 23.1%, 1990년 25.6%, 2000년 27.7%, 2010년 30.9%, 2021년 35.4%로 증가했다. 인구 증가율은 중국보다 더 높았지만, 도시인구 비율은 여전히 중국보다 낮다.[3] 중국의 도시인구 비율은 1949년 10.6%, 1960년 16.2%, 1970년 17.4%, 1980년 19.4%, 1990년 26.4%였는데 인도는 1990년이 가까웠을 때까지는 중국보다 도시인구 비율이 더 높았다. 그러나 1990년 이후 중국이 빠르게 성장하면서 도시화가 진전되어 2021년 현재 농촌인구가 40% 이하로 줄어든 반면 인도에는 65% 인구, 즉 거의 9억 인구가 몬순과 싸우고 있다.

중국과 비교해 인도의 도농 간 인구 이동은 상당히 제한적이다. 지역적으로 언어 및 인종이 다른 인도에서는 중국과 달리 지역별 인구 이동이 상대적으로 어렵다. 더구나 중국이 연안지역을 중심으로 경제가 고도성장했으나 인도의 경우 지역별 중심도시의 기능이 활성화돼 상대적으로 장거리 이동은 활발하지 않았다. 여기에 공업의 발전이 지체되면서 도시의 일자리 창출이 제한되었고 인력의 숙련도라는 점에서 농촌인구가 도시지역에서 할 수 있는 일의 분야가 제한되어 있었다. 이러한 요인들이 인도의 인구 이동이 상대적으로 낮은 이유이다.

중국과 인도의 경제와 디아스포라

16세기에서 19세기 초까지 인구가 많았던 중국과 인도는 전체 GDP도 당연히 높았다. 양국의 경제력은 농업을 기반으로 하고 있었으나 유럽과의 무역 또한 왕성했다. 1600년 세계 GDP에서 중국이 차지하는 비중은 29.2%였고, 인도는 22.6%였다. 1700년에는 중국은 22.3%로 감소했고, 인도는 24.4%로 약간 증가했다. 중국은 청나라 시기인 1820년 세계 GDP의 32.9%를 차지하였는데 인도는 중국의 절반인 16.0%에 불과했다.

전체 GDP가 증가했지만, 인구 증가로 중국의 1인당 소득은 1500~1820년 기간에 1990년 국제가격 기준 600달러에 그쳐 실질적인 삶의 수준은 개선되었다고 보기는 어렵고 인도 역시 이 기간에 550달러 수준에 불과했다. 이 시기에 서유럽 국가들의 1인당 소득은 빠르게 증가했는데 산업혁명을 성공시킨 영국의 1820년 1인당 소득은 1,707달러에 이르러 중국과 인도의 수배數倍에 이르렀다.[4]

경제활동과 관련하여 중국인과 인도인은 다른 특성을 보여준다. 인구가 많은 중국과 인도는 그만큼 우수한 인재도 많다. 중국인들은 강력한 상인정신으로 무장하고 있고, 인도인은 전문 직업인으로서 더 많은 활동을 하는 것 같다. 민간 창업 기업 중에서 가치가 10억 달러(우리 돈 약 1.3조 원) 이상인 기업을 유니콘 기업이라고 부르는데, 2023년 7월 말 현재 세계에는 1,221개의 유니콘 기업이 있다.[5] 유니콘 기업은 증시 등 자산시장의 상황에 따라 달라지고 기업이 증권시장에 기업공개를 하면 더 이상 유니콘 기업이 아니기 때문에 특정 시점에서 유니콘 기업의 수에 큰 의미를 부여할 필요는 없다. 그렇지만 인구가 동일한 데도 중국에는 172개의 유니콘 기업이, 인도에는 70개의 유니콘 기업이 있다.

중국인과 인도인의 차이는 교포의 활동에서도 나타난다. 화교로 알려진 중국인은 19세기에 미국에 진출하여 서부에서 철로를 놓았으며, 중국인의 가장 큰 무기인 중국 음식점을 열었다. 중국인의 존재감이 높아지자 황화yellow peril라는 근거 없는 공포의 대상이 되기도 했으나 중국인은 강인한 생명력으로 살아남았다. 또한, 동남아에 진출한 화교들은 행상이나, 광산이나 부두 노동자로 부를 축적해 현지에서 중요한 경제적 플레이어가 되었다.

청나라 말부터 화교들은 자금을 모아 중국의 근대화를 지원했다. 차오저우潮州 출신의 장욱남, 장홍남 형제는 1906년 산터우汕頭항과 차오저우를 연결하는 차오산철도潮汕鐵道를 완공하여 개통했다. 화교가 건설한 최초의 철도였다.[6] 광둥성이나 푸젠성 출신으로 동남아에 거주하던 화교들은 만주족의 청나라에 호의적이지는 않았으나 중국에 대한 애국심은 컸다. 중국이 일본의 침략에 시달릴 때도 화교들은 중국에 중요한 자금원이 되었다. 중국의 근대 개혁론자였던 캉유웨이, 쑨원 등이 해외에서 활동할 수 있었던 것도 모두 화교들의 지원 덕분이었다.

서구열강의 제국주의 체제, 즉 자본주의 체제에서 부를 축적한 화교조차도 공산 중국이 건설된 이후 중국을 지원하는 경우가 많았다. 일부 성공한 자본가들은 새 나라 건설에 힘을 보탠다는 명분으로 공산 중국으로 돌아갔다. 화교가 중국의 발전에 큰 영향을 미친 것은 중국의 개혁개방 이후였다. 덩샤오핑 개방의 상징과도 같은 4개 경제특구는 화교와 밀접하게 연계되어 있었다. 선전은 홍콩, 주하이는 마카오, 그리고 산터우는 태국 화교를 중심으로 한 차오저우 출신 화교, 그리고 샤먼 역시 푸젠성 화교와 대만의 중국인을 겨냥한 것이다.

개방 초기 서방 자본이 죽의 장막에 대한 두려움으로 진출을 주저하고 있을 때 동남아 화교들이 향도로서 중국에 투자를 시작했다. 태국의 대표적인 화교기업집단 CP그룹은 선전과 산터우경제특구에 투자를 승인받은 1호 화교기업이었다. CP뿐만이 아니었다. 인도네시아의 화교들도 중국에 투자했고, 싱가포르의 부동산회사도 마찬가지였다. 이들의 투자는 중국에 자본주의적 경영방식을 전수하였는데, 중국은 이들로 인해 자본주의를 더 잘 이해하게 되었고 또 다른 국가의 기업들도 화교기업의 자취를 따라 중국으로 진출할 수 있었다.

인도인 역시 일찍부터 해외로 진출했다. 국적과 관계없이 해외에 거주하는 인도인이나 인도계를 PIO_{People of Indian Origin}라고 하는데, 이는 중국의 화교와 유사한 개념이다. 더 좁은 의미에서 인도 국적을 유지한 채 해외에 거주하는 인도인을 NRI_{Non-Resident Indians}로 분류하고 있다. 인도 외교부는 2023년 10월 현재 PIO가 1,818만 명, NRI를 1,360만 명으로 파악하고 있다.[7] 일찍부터 인도 상인들은 아랍 상인과 연계해 동남아 무역에 나섰고 이들은 동남아에 많은 문화를 이전하였다. 그러나 현재와 같은 인도 교포가 정착한 것은 영국 식민지 시절이다. 인도인은 영국 식민지 지역으로 대거 이주했는데 아프리카, 중동, 싱가포르, 말레이시아, 미얀마 등이 주요한 이민지였다. 이들 역시 인도의 독립영웅들에게 좋은 지원군이었다. 마하트마 간디는 남아공에서 활동했는데 인도 교포사회가 없었다면 가능하지 못했을 일이다.

인도 교포들은 중국 화교에 비해 상대적으로 개인적인 특성을 살린 분야에 진출했다. 인도 교포가 많은 중동지역에서는 부의 원천이 국유화된 석유였기 때문에 인도인들이 쉽게 부를 축적할 수는 없었다. 인도인이 많이 거주하는 동남아에 인도인 자본가가 있으나 화교에 비하면 그리 많지 않다. 미국이나 유럽에서 인도인들은 개인의 전문적 직업에 종사하는 비율이 상대적으로 높은 것으로 보인다. 따라서 중국인의 경우와 같이 경제개발 초기에 산업에 투자하는 경우는 적었으나 역시 어떤 식으로든 인도의 독립 초기에 지원군이 되었음에는 틀림없다.

2. 중국과 인도, 모든 사회문화적 배경이 다르다

통일된 중국과 다원화된 인도의 역사

진시황이 진나라를 통일하고 도량형을 통일한 것은 중국의 역사 시대의 서막을 열었다고 할 수 있다. 이후 중국은 짧은 분열의 시기와 상대적으로 긴 통일왕조의 시기가 번갈아 나타났으며 비록 왕조가 계속 바뀌었고, 때로는 이민족이 중국을 지배했으나, 중앙집권적 유교국가라는 동질적 사회가 계속되었다. 명나라 영락제 시기에는 정화가 7차례의 대항해를 통해 현재 아프리카의 동안까지 항해했는데, 특히 1414년 9월 항해에서 돌아올 때는 아프리카에서 기린을 끌고 와 처음 보는 목이 긴 짐승을 보기 위해 모인 군중 사이로 항구에서 왕궁까지 행진을 하기도 했다. 중국의 위세가 천하를 진동하던 시기였다.[8] 18세기에도 영국에서 산업혁명이 일어났음에도 불구하고, 오늘날의 중국 국경을 거의 완성한 청나라 건륭제 시기 중국이 세계 최강의 경제력을 갖고 있었다.

청나라는 과거 왕조가 그랬듯이 스스로를 천자국으로 생각하고 있었다. 1793년 9월 청나라 황실의 여름별궁인 피서산장으로 영국에서 온 매카트니 사절단이 방문했다. 사절단은 산업혁명의 산물인 시계, 망원경 등 첨단 상품을 가져왔다. 중국과 사절단은 이들이 선물이냐 아니면 조공품이냐로 옥신각신하였고, 사절단이 황제에게 고두를 해야 하는가를 놓고도 다투었다. 건륭제를 만난 매카트니 사절단은 무역을 하고, 대사를 교환하며, 영국 상인의 상업 근거지로 상하이 부근의 섬을 지정해 달라고 요구했다. 중국은 이를 거절했고 영국왕 조지 3세에게 보낸 건륭제의 편지에는 영국의 공물인 제조 상품이 이상하고 기괴한 것으로서 가치를 두지 않으며, 우리 천자국에는 모든 상품을 풍부하게 갖고 있고, 국내에서 어떤 제품도 부족하지 않아서 우리의 상품과 외부 야만인barbarians의 제조 상품을 교환하여 수입할 필요가 없다고 쓰였다.[9]

중국은 차, 도자기, 비단을 서구에 수출하고 있었고 특히 홍차의 나라가 된 영국은 중국에 막대한 무역적자를 기록하고 있었다. 적자 보전을 위해 영국은 인도에서 재배한 아편을 중국에 수출했다. 아편이 집중적으로 유입된 광동지역의 폐해를 막기 위해 정부는 영국과 협상을 시도했고 흠차대신 임칙서는 아편을 몰수하여 광동성의 광저우 부근 작은 항구 호문에서 이를 불태워 버렸다. 이에 영국이 전쟁을 선포하면서 아편전쟁이 발발했다. 아편전쟁은 건륭제가 매카트니 사절단을 만난지 채 50년도 되지 않은 사이에 중국이 종이호랑이로 전락했음을 세계에 알렸다.

영국이 아편전쟁을 일으킨 것은 차, 도자기, 생사를 중국에서 수입하면서 무역적자가 커졌고 이를 보전하기 위한 아편 수출이 그 배경이었다. 인도의 영국 동인도회사는 매카트니가 마드라스 총독으로 있던 1790년대에 이미 아편을 재배하고 있었고, 매카트니는 이에 대해 부정적인 견해를 갖고 있었다. 그러나 동인도회사는 중간상인을 통해 중국에 아편을 팔았고, 중국 광동지역에서는 아편 중독자가 증가하였다. 아편전쟁으로 영국과 중국은 1842년에 난징조약을 통해 홍콩을 할양하고 5개의 항구를 개방하기로 했다. 다음 해에는 영국인의 치외법권을 인정하고 최혜국대우MFN를 부여하는 또 다른 조약을 맺었다. 중국이 영국에 무너지자 서구의 여러 나라가 영국과 유사한 조건의 통상을 요구했고 중국은 그들의 요구를 들어주지 않을 수 없었다.

청나라의 붕괴와 중화민국의 건설과정에서 중국은 대혼란을 겪었고 청일전쟁으로 일본에 대해서조차 수모를 당했다. 제2차 세계대전과 전후, 일시 국민당이 중국을 대표하기도 했지만, 국민당과 대결에서 승리한 공산당이 1949년 중국을 건국했다. 이 시기의 혼란은 오랜 중국의 역사에 비추어 보면 사실 초단기적인 혼란이었다. 전체적으로 중국은 왕조가 계속 바뀌었고 원나라나 청나라 등 왕조의 지배자들이 한족이 아닌 경우도 있었지만 광의의 중국인으로서 중국의 유교문화와 관습을 따랐고, 또 광대한 영토와 산맥과 강으로 인해 언어가 서로 통하지 않는 지역도 많았으나 한자라는 동일한 문자를 가지면서 통일성을 유지할 수 있었다.

중국과 비교해 인도의 역사는 복잡하고 다원적이다. 기원전 2600년경에는 인더스 문명이 꽃을 피웠지만 2000년경 그 빛을 잃었고 1500년경에는 인도-아리안의 세계가 이 지역을 압도하였다. 인도-아리안 문화는 산스크리트어와 오늘날 힌두교의 기반이 된 복잡한 의례체계를 담은 《베다》와 연계되어 있었다. 처음에는 유목적 성격을 가졌던 인도-아리아인들은 점차 정착문화로 바뀌었고 힌두교도 생활 속에 뿌리내렸다. 힌두교의 계급적, 의례적 성격을 비판하는 불교와 자이니즘이 등장하기도 했으나 힌두교의 영향력을 줄이지는 못했다. 기원전 5세기경부터 인도문화는 동남아로 전파되기 시작했고 수마트라와 자바 그리고 멀리 남베트남까지 힌두 기반의 왕조가 출현하기도 했다. 동남아에서 힌두문화와 왕조들은 10세기 이후에도 번성했지만, 아랍 상인이 전파한 이슬람이 동남아로 스며들면서 이제 힌두문화는 점점 사회의 관습이나 문화예술에 남은 정도다.

중세시대의 인도는 지리적, 행정적으로 인도 전체를 통합하는 정치권력이 존재하지 않았다. 오늘날의 파키스탄을 중심으로 이슬람이 전파되었고 11세기 튀르크족의 침입으로 일부 지역에 연관된 왕조가 형성되었다. 16세기 인도는 초기 근대시기라고 불리는 무굴왕조의 시대였다. 이슬람 국가였지만 무굴왕조는 스스로 몽골 칭기즈칸의 후손이라고 생각했는데 전성기 시대에는 현재의 파키스탄까지 포함하여 인도 역사상 가장 넓은 영토를 지배하였다. 그렇지만 무굴제국의 시대에도 일부 지역에서는 독립된 작은 공국들이 계속 남아 있었다. 17세기 이후 유럽 세력이 인도에 진출하였고, 그 중심에는 동인도회사를 앞세운 영국이 있었다. 영국 동인도회사는 인도를 점진적으로 지배하기 시작해, 19세기 중반에는 영국이 무굴제국을 대신하여 인도를 통제하기에 이른다.

역사상 조직과 정체성으로 인해 논란이 많은 영국 동인도회사는 자체 군사를 보유한 국가와 다름없는 조직이었다. 영국은 1700년에 동인도회사가 인도에서 수입하던 면직 옷의 수입을 금지하는 칼리오 법을 제정하여 인도 면직산업에 타격을 가했다. 이후 인도는 영국에 면화를 공급하는 원료 수출지로 전락하였다. 인도인들의 반란— 세 포이의 난—을 계기로 빅토리아 시대의 영국은 동인도회사를 대신 하여 무굴왕조로부터 전권을 빼앗았다.

쥘 베른이 창조한 인물 필리어스 포그는 인도대륙을 횡단하면서 만난 아가씨를 구해서 데리고 여행을 하며 결국 아내로 삼는 평등한 인간상을 보여주었으나, 당시 동인도회사나 세포이의 난 이후 인도 를 지배한 영국 사람들은 결코 포그와 같지 않았다. 그들의 눈에 비 친 인도는 기괴한 관습이 있는, 그래서 인도 전체의 가치가 셰익스피 어보다도 못한 그런 곳이었을 뿐이다. 영국이 직접 지배하지 못했던 일부 공국들은 서로가 반목하였고 영국의 눈에 들기 위해 서로를 비 난하기도 하였다. 전체 역사를 통해 인도는 분열과 다원화가 특징이 었다.

동질적 사회인 중국과 이질적 다양성의 인도

중국인의 대종은 한족漢族이다. 영토가 넓기 때문에 다양한 소수 민족이 거주하고 있고, 중국 당국은 이를 자주 언급하고 있으나 한족 의 비율이 90%를 넘는 것으로 알려져 있다. 중국 당국이 인정하는 소수민족은 55개 민족이 있는데 좡족壯族이 가장 많아 거의 2천만 명에 이른다. 이들은 주로 광시 좡족 자치구에 거주하고 있다. 좡족 외에 위구르족, 회족, 먀오족, 만주족의 인구가 1천만 명 이상이다. 중국은 소수민족의 문화를 존중한다는 의미에서 각 지역에 자치구를 설치하고 있다. 그렇지만 위구르나 티베트와 같이 정치적으로 민감한 문제가 있는 민족이 있어 중국 당국은 소수민족 관리에 상당히 신경을 쓰고 있다.

중국이 아무리 다민족국가, 즉 소수민족을 우대하는 정책을 쓴다고 해도 중국은 한족이라는 단일민족 중심의 국가이다. 한족은 북방으로부터의 이민족에 의해 지속적으로 침략을 당하기도 하고 실제로 원나라와 청나라는 이민족의 제국이었으나 원·청에서도 황제와 그 주변만이 이민족이었을 뿐 실제로 국가를 꾸려 나간 많은 이들은 한족이었고 이민족도 결국은 한족의 문화 속에 스며들었다. 청나라 초기에 삼번의 난 등 반청운동이 없지 않았으나 강희제는 중국을 성공적으로 통제했고 그의 손자시대인 건륭제는 오늘날의 중국영토를 완성하였으며 문화적으로 융성한 중국을 만들었다. 물론 중국이 워낙 넓은 나라였기에 지리적 거리가 먼 경우 말이 통하지 않는 경우도 많았지만 중국은 한자라는 공동의 자산을 갖고 있었다.

중국에 비해 인도의 종족이나 문화 등은 훨씬 다양하고 복잡하다. 인도는 다민족, 다언어, 다종교 사회이다. 영국이 관할하던 식민지 인도는 현재의 인도, 파키스탄, 방글라데시, 미얀마, 네팔, 아프카니스탄에까지 이르렀다. 이 지역은 인종도 다양했고 그만큼 종교도 다양했다. 인도의 종족은 아리아인(72%), 드라비다족(25%) 등이 중심이며 원래 드라비다족이 인더스 문명을 만들었으나 아리아인의 침략과 그 외 다양한 이유로 드라비다족은 남인도로 밀려났다. 아리아인은 인도 진출과정에서 카스트제도와 다양한 종교의식을 만들었다. 또한 산스크리트에 바탕을 둔 문화도 형성되었다. 인도의 종교는 크게 힌두교와 이슬람교로 구분되는데 양자의 갈등은 전후 독립과정에서 현재의 인도와 파키스탄, 방글라데시가 분리된 주요한 이유였다. 그렇다고 현재 인도 내의 종교가 단일한 것도 아니다. 힌두교, 이슬람, 기독교, 불교 등 여섯 개의 거대 종교(인구의 약 13%가 이슬람)가 있다. 언어도 많아 100만 명 이상이 사용하는 언어가 30개에 이르며 1,650개의 방언이 있고, 인도 헌법이 인정하는 언어만 해도 22개이다.

인도의 중심 종교는 힌두교이다. 힌두교는 오랜 역사를 갖고 있고 불교의 탄생으로 일시적으로 쇠퇴한 듯 했지만 결국에는 불교를 인도 땅에서 몰아냈다. 힌두교는 외인들이 쉽게 이해할 수 없는 복잡한 종교이다. 영국의 동인도회사가 18세기에 점진적으로 인도를 지배하면서 영국인들은 힌두와 이슬람이라는 종교에 간섭하지 않았다. 그러나 인도의 힌두 풍습에는 영국인을 놀라게 한 것이 많았다. 특히 영국인들은 벵골과 북인도지역을 중심으로가 사티sati라는 죽은 남편과 살아 있는 아내를 화장하는 풍습에 대해서는 역겨워 했을 뿐만 아니라 인권문제까지 있다고 보았다. 문제가 있다는 사실에도 현지 사회의 반발을 우려하는 사람들 때문에 사티를 쉽게 폐지하지는 못했지만 특히 윌리엄 벤팅크William Bentinck가 1828년 인도총독으로 콜카타에 부임하여 발견한 사티는 수많은 인간이 잔인하게 희생되는 끔찍한 관습이었다. 그의 노력으로 1830년 사티금지법을 만들었음에도 20세기까지도 여전히 그 관습은 남아 있었다.

유교문화가 현재를 중시하고 절약과 투자 그리고 후손에 대한 재산 상속 등을 중요하게 생각한다면 인도문화에서는 가족이 중요하지만 현실 생활에 대한 노력은 상대적으로 중요시하지 않는다. 이러한 사회문화적 차이는 소비, 투자, 저축 등에 영향을 미친다. 양국의 문화는 경제에 다른 영향을 미친다. 공자에서 시작된 유교문화는 충과 효를 강조한다. 후일 미국이 중국의 인권문제를 거론할 때 장쩌민 주석은 아시아적 가치를 주장하였다. 여기에서 아시아적 가치가 정확히 무엇인가에 대해서는 규정하기 어렵지만 개인보다는 국가를 우선하며 가족을 중시하고 근면절약 등을 포함하는 것이다.

그러나 국가에 대한 충성은 선공후사라는 개념으로 전체를 위해서 개인의 희생이 가능하다는 전체주의와 연계되어 있다. 가족에 대한 책임, 자식을 위한 교육, 자산의 축적과 상속 이들은 모두 중국에서 중히 여기는 개념이다. 더욱이 유교는 현세를 강조한다. 유교에서 조상에 대한 제례는 어디까지나 현재와 미래의 자손을 위한 것이다. 이에 비해 인도의 힌두교는 오랜 인도 역사에서 잉태된 문화의 총화이다. 힌두문화의 유산은 카스트제도에 잘 나타나 있고 사회적 차별이 광범위하게 존재한다. 불가촉천민이 아직 존재하고 그들 대부분은 카스트제도를 운명으로 수용하고 있다.

실제로 중국은 힘으로 자유를 제한하고 안정을 유지하면서 경제성장을 추진했다고 볼 수 있다. 대다수의 국민들은 이를 받아들였는데, 정부가 세계 속에 중국의 위상을 복원하고 반식민지 시대의 굴욕을 극복하기 위해 민족주의를 이용했기 때문이다. 이는 중국이 인도처럼 지역적 다양성과 민족적 이질성을 가지고 있으나 인구의 90%이상이 한족이고 역사적으로 훨씬 오랜 기간 동안 단일국가를 유지해 왔기 때문에 가능했다. 이 과정에서 실제로 중국의 빈곤인구는 급속히 감소했고 비록 경제성장이 아직 전 국민에게 고루 분배되지는 않았으나 전체적으로 1970년대에 비해서는 개선되었다.

중앙집권적 중국과 다양성의 인도

역사적으로 중국과 인도는 중앙집권적 시스템을 구비한 정도에 차이가 있었다. 중국은 여러 왕조를 거쳤으나 기본적으로는 중앙집권적 시스템을 갖춘 장기간의 독립 국가였다. 중국은 대부분의 시기 동안 전국적인 시장, 식량 공급, 기근 구제, 가격 통제에 적극적인 단일 정부, 통일된 문자, 단일한 역법歷法, 통일된 도량형, 유교적 행동 규범, 전국적인 교통 네트워크 그리고 사회적 계층별 이동social mobility과 지역 간 인구 이동과 같은 기본적 구성요소들을 갖추고 있었다.[10]

중국 중앙정부는 공산당 일당이 지배하는 독재체제로 당이 절대 권력을 갖고 있다. 형식적으로 행정과 입법이 분리되어 있으나 공산당 수뇌들이 주석, 총리직을 나누어 집단지도체제를 꾸려 왔으며 시진핑 시대에 들어서는 권력이 시진핑 개인에게 집중된 1인 독재체제가 성립되었다. 지방은 22개 성省, 5개의 자치구(광시 좡족, 닝샤 후이족, 내몽골, 시짱(티베트), 신장웨이우얼), 베이징·상하이·충칭·톈진 등 4개 직할시, 특별행정구역인 홍콩과 마카오를 두고 있다. 각 성의 성장이나 공산당 서기는 중앙에서 임명하기 때문에 일사불란한 행정 운영이 가능하다.

중국이 중앙정부 주도의 단일 권력을 지향했던 반면 인도는 그와 반대의 형태로 정치적 변화를 겪었다. 인도의 경우, 현재 영토에 기반한 단일국가 형성이 19세기 중반에서야 이루어졌고 식민지 정부가 인종과 종교 그리고 지역에 대한 다양성을 허용했으므로 현재까지도 중국에 비해 단일국가로서의 성격이 옅다. 여기에 인도는 영국의 식민지 경험을 통해서 영국식 시스템과 제도를 도입하게 되었다. 언어, 종족, 종교, 수천 년을 내려온 카스트제도가 존재하는 가운데 영국의 영향으로 상대적으로 정치적 리더십을 발휘하기 어려운 내각책임제가 도입되었다.

인도에는 이념, 지역, 계급이 다른 정당들이 다수 활동하기 때문에 단일 정당이 의회의 과반을 장악하기가 쉽지 않다. 연방의회에 참여하는 정당은 수없이 많으며 일정한 조건하에 전국 정당으로 인정받고 있다. 상·하원이 있으며 하원 다수당 대표가 총리가 된다. 정당의 난립으로 한 당이 총리를 배출하는 것은 쉽지 않아 전통적인 국민회의 연합과 인도 인민당BJP 연합이 주요 수권집단으로 대결하고 있다. 국민회의는 네루의 정치적 좌파 정책을 아직 일부 수용하고 있는 반면 BJP는 힌두교의 종교적 열정이 강한 보수적 성격을 보인다. 따라서 중앙정부가 어떤 정당연합에 의해 정권을 꾸린다고 해도 연합 내의 작은 정당들과의 정책 협력이 필요하지만, 쉽지 않다.

인도는 28개의 주와 8개의 연방직할지가 있으며 28개 주는 각각 주의회와 주정부를 갖고 있고 연방직할지 중에서 3개 지역은 역시 지방정부를 구성하고 있다. 주정부도 주의회를 갖는데 28개 주 중에서 2개 주는 단원제지만 안드라프라데시, 비하르 등 6개 주는 상원도 갖고 있다. 주지사는 대통령 이름으로 임명하지만 각 주는 주 각료회의를 갖고 이들이 실질적인 집행부 역할을 하고 있다. 지방에서는 전국 단위의 권력 장악보다도 지방정부의 장악을 목표로 하는 정당도 많이 활동하고 있다. 또 중앙정부와 지방정부가 서로 다른 정치적 지향을 갖는 경우가 많아서 중앙정부의 정책의지가 지방에 그대로 수용되지 않는 경우도 많다.

물론 인도의 중앙정부와 지방정부의 관계에서도 시간이 지날수록 중앙정부로 힘이 이동하고 있는 것으로 평가된다. 이는 국내 문제보다도 글로벌 문제가 정치·경제체제에 미치는 영향이 커지는 글로벌화와 관계가 있다. 미국과 같은 고도의 연방국가에서도 중앙정부의 역할 확대가 나타난다. 그래도 인도의 각 주는 자신들의 고유한 정책을 독자적으로 시행하는 경우가 많다. 인도의 주는 1956년 법에 의해 언어를 배경으로 구획이 되어 있기 때문에 동질성이 상대적으로 높으며 중앙정부의 권한이 증가한다 해도 지방정부를 완전히 장악하기는 어렵다. 이러한 행정제도는 민주화 비용을 수반한다.

인도는 세계 최대의 민주주의 국가라고 알려져 왔다. 현재의 민주주의 체제는 대의민주주의 형태를 갖지 않을 수 없고 다원성이 특징인 인도 역시 마찬가지이다. 민주주의에 관해 인도는 상당한 자부심을 갖고 있다. 인도 헌법기초위원장을 지낸 암베드카르Ambedkar는 1948년 4월 10일 델리대 법대 강연에서 "위대한 고대 문명을 자랑할 수 있는 나라 중 하나가 인도라는 데는 의심의 여지가 없습니다. 유럽의 주민들이 거의 야만적이고 유목적인 환경에서 살았을 때 이 나라는 문명의 정점에 도달했습니다. 유럽인들이 단순한 유목민이었을 때 우리에게는 의회제도가 있었습니다."고 고대 소승불교의 한 전통에 투표제도와 민주적 절차가 있었다고 말했다. 즉 인도의 의회제도는 유럽이 유목 생활을 할 때에도 이미 존재했다는 것이다.[11] 인도의 미래에 대해서 낙관하고 자부심을 가진 사람은 암베드카르뿐만이 아니었다.

그러나 다양한 민족, 언어, 종교 등을 가진 인도는 이들을 모두 융합할 국가를 만드는 데는 독립과정에서부터 실패했다. 간디가 암살당하고 국가는 파키스탄과 분열하였다. 민주주의의 융합에 장애가 되는 종교적 차이를 일단 나라의 분리를 통해 해결한 것은 인도대륙의 구성원이 민주주의에 성숙한 민족이 아닐 수 있다는 것을 뜻한다. 민주주의는 국민들이 결정권을 갖고 다양한 구성원은 다른 결정을 원하기 때문에 운용하기 쉬운 제도가 아니다. 다양한 구성원들은 대의민주주의 체제에서 자신의 결정권을 행사하기 위해 당을 만드는 것이고 의회에서 결정은 최대한 지켜져야 한다. 이런 단순한 원리가 인도에서 작동하지 않는다는 것은 아니지만, 문제는 최종결정에 이르기까지의 비용이 지나치게 많이 든다는 것이다.

양국의 차이는 농업부문에서 특히 분명하다. 양국 모두 광대한 영토를 자랑하지만 중국은 중앙정부가 주관한 단일한 세제와 부동산 소유권 제도를 구축한 반면 인도는 중앙정부가 지방정부까지 관리할 수 있는 권력이 부재해 지역별로 상이한 세법체계와 부동산 소유권을 가지게 되었다. 이런 차이는 토지개혁에서 중국에서는 공산당이라는 단일 권력의 중심과제로 다루어진 반면, 인도에서는 지역적 이슈로 국회를 통해 이루어진 결과이다.

3. 넓은 토지와 풍부한 자원

드넓은 국토에 대한 개관

오늘날의 중국 국경이 개략적으로 완성된 것은 청나라의 건륭제 시기였다. 보통 중국은 서고동저 형태라고 말하지만 그리 단순하지는 않다. 분명한 것은 서남부의 히말라야산맥, 쿤룬산맥이 동서로 달리면서 고지대를 만들고 있고 두 산맥 사이에는 고원지대인 티베트와 쓰촨성이 있다. 쿤룬산맥 위로는 신장웨이우얼지역이 자리 잡고 있다.

중국의 중동부는 고대로부터 중국의 중심지였는데 3개의 강이 동서로 흐르면서 중국의 주요 성을 구획 짓는다. 북에 있는 황허는 황허 문명을 만들었듯이 오랫동안 중국의 중심이었다. 남부에는 양쯔강이 동서로 흐른다. 두 강 사이에 화이허강이 있는데 강의 남부와 북부의 식생과 기후는 크게 다르다. 광둥성에서 주장강 삼각주를 만드는 주장강이 있고 둥북부에는 랴오허와 그 위로 러시아와 국경지역은 헤이룽강이 흐르고 있다. 황허의 이북에는 내몽골자치구가 자리 잡고 있어 사막지대를 형성하고 있다. 황허는 허난성과 허베이성을 구분하고, 양쯔강의 둥팅호는 후난성과 후베이성을 구분하고 있으며 타이항산을 기준으로 산둥성과 산시성이 있다. 중국의 면적은 미국과 비슷한 규모로 세계 3, 4위의 크기를 갖고 있다. 중국에서 경작지역은 동북평야, 화북평야, 화중평야, 화남평야로 구분된다.

인도는 북부의 히말라야산맥, 서부의 인더스강 그리고 동북의 갠지스강이 인도대륙의 지형을 만들고 있다. 인더스강은 인더스 문명을 낳았고 아라비아해로 강물을 쏟아 내고 있다. 갠지스강은 벵골만으로 유입되는데 힌두문화의 어머니로 일컬어진다. 히말라야 남쪽, 인더스강과 갠지스강 상류 유역을 중심으로 넓은 충적지역이 발달하

중국과 인도의 주요 면적 지표(2020)

	영토(km²)				농업용지			
	토지	농업	산림	기타	계(km²)	작물농지(천 ha)	곡물생산면적(천 ha)	영구초지(천 ha)
중국	9,424,703	5,285,081 (56.1)	2,199,782 (23.4)	1,939,840	5,285,081 (56.1)	135,674	97,969	392,834
인도	2,973,190	1,790,451 (60.2)	721,600 (24.3)	461,139	1,790,451 (60.2)	168,669	100,415	10,376
미국	9,147,420	4,058,104 (44.4)	3,097,950 (33.9)	1,991,366	4,058,104 (44.4)	160,437	53,191	245,374

* 면적은 내수면을 제외한 각국 영토면적, (　　)안은 면적 대비 비율임
** 1km² = 100ha이며 1ha = 0.01km²임
자료: FAO(2022), *World Food and Agriculture Statistical Yearbook 2022* 및 WDI

여 평야지대를 이루고 있는데 인도의 곡창지역이다. 이에 비해 중·
남부 인도는 내륙의 데칸고원을 중심으로 한 고원지대와 사막지대
그리고 대륙의 남동, 남서에 발달한 일부 평야지대로 구성된다. 북
부 충적지역에 발달한 도시들이 델리, 뭄바이, 콜카타 등이다. 대륙
의 남동부와 서부의 저지에 발달한 도시가 첸나이, 벵갈루루, 고아
등이다.

　　중국과 인도 모두 넓은 면적을 자랑한다. 영토면적(토지)은 중국
이 인도보다 약 3배 정도 크다. 양국의 농업용지는 전 영토면적의 약
60% 가까운 정도로, 중국은 529만km²이고, 인도는 179만km²를 차
지하고 있다. 그러나 농지는 인도가 중국보다 더 넓은데 이는 중국에
영구초지가 인도에 비해 훨씬 많기 때문이다. 그 결과 쌀, 밀, 옥수
수 등 곡물 재배지도 인도가 중국보다 더 많다. 1인당 작물농지는 중

국 0.09헥타르, 인도 0.12헥타르이며, 미국은 0.48헥타르에 이른다. 중국과 인도의 산림면적은 전 영토의 23~24%로 유사하다. 기타 지역은 사막이나 도시주거지, 인프라 등이 차지하고 있는데 중국이 인도에 비해 상대적으로 더 넓다. 인도가 중국보다 농작물용지가 많기도 하지만 여전히 많은 인구가 농업에 종사하고 있다.

두 나라의 농업 환경

양국은 전형적인 농업국가였으며 농업사회가 갖는 정치·경제적 사회구조를 갖고 있었다. 1960년 인도의 도시화율은 17.9%에 불과했다. 중국이나 인도 모두 전체 인구의 80%가 비도시지역에 거주하고 있었고 당연히 농업은 가장 중요한 산업이었다. 그렇지만 중국과 인도 모두 전체 국민에게 충분한 식량을 공급할 수 없었다. 중국은 식량 증산을 위해 대약진운동을 통해 집단농장 제도를 도입하면서 인간의 이타심을 실험했다. 공업화는 공산주의 방식에 따라 철강, 석탄 등에 초점이 맞추어졌다. 집단농장이 실패한 것은 1960년대 중반이면 분명해 졌는데 이는 중국의 혼란기와 겹쳤다.

인도의 몬순은 인도의 역사를 규정해 온 가장 중요한 변수 중의 하나였다. 해마다 6월과 9월 사이에 남서풍이 불어오면 대량의 비를 수반한 몬순 기후는 인더스 문명을 발생시킨 배경이 되었다. 300년 동안 번영했던 무굴왕조도 관개시설 개선과 확충 등 몬순에 대응을 잘했기 때문이었다. 역사적으로 몬순은 인도의 성쇠에 중요한 요소였다. 충적지역을 향해 몬순이 불어오면 특히 동부지역은―방글라데시를 포함―홍수의 연속으로 사람들은 고통을 겪는다. 주기적으로 발생하는 홍수는 갠지스강 삼각지대를 초토화시키기 일쑤였다. 그래서 이 지역의 가난은 구제하기 힘든 것이었는데, 이 지역의 빈곤 문제 때문에 마더 테레사가 유명해진 것이다.

인도에는 인도경제를 책임지는 재무장관은 몬순이라는 말이 있다. 인도경제에서 농업부문은 매우 중요한데, 관개시설이 부족한 상태에서 몬순 기후가 얼마나 적절하게 비를 내려 주느냐가 인도의 농업 생산량을 결정하는 경우가 많았고, 농업 비중이 높아 농업의 작황이 결국 경제 전체의 성과를 결정한다는 의미였다.[12] 6월에서 9월까지의 몬순 기간에 비가 집중적으로 쏟아지는 지역은 인도의 남서부 케랄라, 해안부 카르나타카, 콘칸 및 고아, 동부의 아삼지역이다. 이에 비해 중남부 고원지역, 서부 라자스탄 등은 강우량이 적다.

인도는 농업이 두 기로 구분된다. 하절기카리프, Kharif는 봄에 씨를 뿌리고 가을에 거둬들이는 농업으로 주로 쌀농사가 중심을 이루고 있다. 면화도 이 시기의 산출물이다. 다른 하나는 동절기 농업으로 라비Rabi라 부르는 10월에서 3월까지의 기간으로 밀이 중심 작물이다. 인도의 쌀(벼) 생산은 2020~22년 기간에 약 1.2억 톤이었고 밀 생산량은 1억 톤 정도였다. 여기에 콩이 3천만 톤 가까운 생산량을 보이고 있다.[13] 인도는 중요한 쌀 수출국인데 2021~22년 회계연도에 108억 달러의 쌀을 수출했고 전통적인 쌀 수출국이었던 태국, 베트

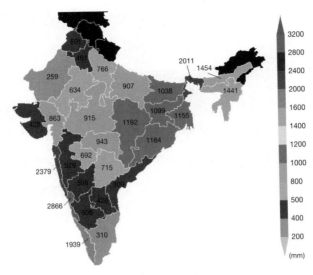

인도의 몬순 강우량(1871~2000년 평균, 6~9월 기간)

남, 미얀마보다 훨씬 많아 제1위의 수출국이 되었다. 인도의 쌀 수출
은 2003년에 12억 달러 수준이었기 때문에 인도가 얼마나 빨리 쌀의
자급자족을 넘어서 수출국이 되었는가를 알 수 있다.[14]

양국에서 농업에 과도하게 투입된 노동력을 얼마나 유효하게 사
용할 수 있는가는 경제발전에 가장 큰 요소였다. 즉 농업부문에 투입
된 위장실업문제는 양국 정부에 시급한 문제였는데 이는 공업화를
통해서 촉진할 수 있는 것이기도 했다. 그러나 공업화는 기술, 자본,
시장이 필요했고 이 문제를 해결하는 것 또한 만만치 않았다. 농업부
문에서 소득의 증가는 공산품의 수요를 창출할 수 있을 것이기 때문
이다. 중국에서는 공산품의 수요를 농업부문에서 찾기보다는 해외에

서 찾도록 하는 수출주도형 공업화를 선택했다. 따라서 농업부문의 문제는 오랫동안 해결되지 않았고 소위 삼농三農문제는 중국이 공업화에 성공한 것으로 여겨졌던 2000년대까지 중요한 문제로 남았다.

인도에서는 제조업이 취약하고 품질 수준이 낮아 여전히 내수시장에서 공산품시장을 발견해야 했다. 인도는 1960년부터 농업부문의 소위 녹색혁명을 추진했다. 인도는 부족한 식량을 미국의 원조로 충당하고는 했는데 인디라 간디 총리 시기에는 미국과의 관계가 원만하지 못했고 미국이 식량원조를 무기 삼아 인도를 압박하기도 했다. 이러한 이유로 간디 총리는 녹색혁명에 더욱더 많은 관심을 기울였다. 펀자브, 하리아나, 우타르프라데시 등 여러 주에서 고수확 품종의 밀을 도입하거나 화학비료 사용을 증대하여 생산량을 확대하였다.

한편 토지소유 문제는 많은 경제·사회적 파급효과를 미친다. 중국은 공산화와 함께 토지국유화를 단행했으나 영국에서 독립한 인도는 토지소유제가 그대로 존속되었고 많은 지주계층이 국민회의에 참여하면서 강력한 정치적 힘까지 얻게 되었다. 또한, 지주계층의 중산층들은 식민지 시절 영국에 유학했고 이들은 다시 계층의 이익을 공고히 했다. 비록 인도가 녹색혁명을 통해 쌀의 주요한 수출국으로 떠올랐지만 농촌문제는 여전히 해결되지 않고 있다. 그래도 인도의 토지분배는 상대적으로 순조롭게 이루어졌다. 토지개혁은 녹색혁명의 필요조건이었다. 인도의 제1차 경제개발계획에서는 식량을 760만

중국과 인도의 주요 식량 생산

작물	지표	중국			인도		
		1990	2019	증가율(%)	1990	2019	증가율(%)
쌀	수확 면적(만ha)	3,352	2,996	-10.6	4,269	4,378	2.6
	생산량(벼, 만 톤)	19,161	21,141	10.3	11,152	17,765	59.3
	생산량(도정, 만 톤)	12,781	14,101	10.3	7,438	11,849	59.3
	벼 생산성(hg/ha)	57,166	70,562	23.4	26,125	40,577	55.3
밀	수확 면적(만ha)	3,075	2,373	-22.8	2,350	2,932	24.8
	생산량(만 톤)	9,823	13,360	36.0	4,985	10,360	107.8
	생산성(hg/ha)	31,941	56,294	76.2	21,211	27,785	31.0

자료: FAO DB

톤 증산하기로 했으나 계획이 끝나기 전에 이미 거의 1천만 톤에 이르렀으며 기근은 해결된 것 같다는 평가를 들었다.[15]

인도에서 토지와 관련된 농민과 농업의 문제는 경제 전반에 영향을 미치고 있다. 인도 역시 공공의 이익을 위해서 토지수용을 인정하고 있다. 그러나 인도의 농민에게 농토는 무엇에게도 양보할 수 없는 자산인 경우가 많다. 이 때문에 토지수용에 대한 저항은 다른 어느 나라에 비해서도 강하다. 인도 중앙정부와 주정부가 토지수용을 할 수 있으나 쉽지 않다. 토지수용에 대한 법률체계는 2013년에 제정되어 2014년에 시행되기 시작한 토지수용과 재건, 재정착에 공정보상과 투명 권리법Right to Fair Compensation and Transparency in Land Acquisition, Rehabilitation and Resettlement Act, 2013(LARR)이라는 긴 이름의 법률이 규정하고 있는데 이 법 이전에는 영국 식민지기에 제정된 토지취득법Land Acquisition Act of 1894에 의해 규율되고 있었다.

광활한 영토, 풍부한 자원

중국과 인도는 넓은 면적을 갖고 있다. 따라서 천연자원이 풍부하다고 평가된다. 그러나 석유, 석탄 등 화석연료의 보유량은 많지 않다. 중국의 원유 매장량은 2021년 현재 2,600억 배럴로 추정되고, 인도의 매장량은 그보다 훨씬 적은 450억 배럴이다. 양국의 하루 원유 생산량은 소비규모에 비해서 턱없이 부족하고 이 때문에 양국은 원유를 대량 수입하고 있다. 중국의 경우 공산품 수출국가로서 무역수지 흑자를 기록하고 있어 석유수입이 많다고 해도 무역수지에 영향을 미치지는 않는다. 그러나 인도는 석유수입이 무역수지에 결정적으로 영향을 미친다.

중국의 원유수입은 2021년 5억 2,600만 톤이었고 2020년에는 5억 5,700만 톤을 수입했다. 중국은 세계 최대의 원유수입국인데 세계 전체의 원유 수입규모 20억 5,900만 톤의 25% 이상을 수입하고 있다. 2021년 미국의 수입규모 3억 톤 정도에 비해서 훨씬 많다. 인도의 수입은 2020년 1억 9,700만 톤, 2021년에는 2억 1,400만톤 수준이었다.[16] 인도는 매년 무역수지 적자를 기록하고 있는데 적자의 규모가 국제유가와 밀접하게 관계되어 있다.[17] 즉 인도 전체 수입에서 원유수입은 가장 중요한 적자요인이다. 2021년 인도의 총수입은

주요 에너지 자원 현황(2021)

	석유			석탄			철광석(2022, 백만 톤)	
	매장량 (2020, 백억 배럴)	생산 (만 b/d)	소비 (만 b/d)	매장량 (2020, 억 톤)	생산 (Exajoules)	소비 (Exajoules)	매장량	생산
세계	1732.4	8987.7	9408.8	10,741	167.58	160.10	190,000	2,500
중국	26.0	399.4	1544.2	1,432	85.15	86.17	20,000	272
인도	4.5	74.6	487.8	1,111	13.47	20.09	5,500	251

자료: BP(2021 · 2022). 철광석은 USGS(2022)[18]

5,704억 달러였고 원유수입은 1,064억 달러로 18.7%를 차지했다. 인도의 총수출은 3,948억 달러로 무역수지 적자는 1,756억 달러였으니 원유의 비중이 얼마나 큰가를 알 수 있다.

석탄 매장량은 석유에 비해 상대적으로 더 풍부하다. 2020년 기준 중국의 매장량은 1,432억 톤, 인도의 매장량은 1,111억 톤 이상으로 추정되는데 생산규모는 중국이 훨씬 많다.[19] 철광석은 호주와 브라질에 가장 많이 매장되어 있고 생산량도 많다. 중국과 인도 역시 상당한 매장량을 보이는데 조광crude ore 기준 2022년 각각 200억 톤과 55억 톤이 매장되어 있다. 생산량은 철광석iron content 기준 각각 2.7억 톤 및 2.5억 톤이었다.

두

갈

래

의

길

제2부

친디아 경제의
발전과
특징

제 3 장

서로 다른 경제환경,
판이한 경제성과

1. 판이하게 벌어진 경제성과

크게 벌어진 소득수준

한 나라 사람들의 삶의 수준을 측정하는 지표는 여러 가지지만 경제적으로 1인당 소득만큼 널리 인정받는 지표는 없다. 사회학자나 일부 경제학자조차도 환경과 사회후생, 행복 등을 고려한 새로운 지표를 개발해야 한다고 주장하고 있고, 특히 인도 출신으로 노벨 경제학상을 수상한 아마르티아 센Amartya Sen 역시 새로운 사회발전을 반영하는 지표를 만들어야 한다고 주장하는 사람이다. GDP가 한 국가의 경제적 성공이나 삶의 수준을 나타내는 데 분명한 한계는 있지만 이를 대체할 수 있는 지표를 만들기란 어렵다. 따라서 우리는 여전히 한 특정 기간, 즉 1년에 각국의 생산주체들이 새로 창출한 부가가치

중국과 인도의 GDP (가격: 억 달러, 성장률: %)

		1980	1990	2005	2015	2022	1980~1990	1990~2005	2005~2015	2015~2022
중국	GDP (경상)	1,911	3,609	22,860	110,616	179,631	–	–	–	–
	GDP (2015 가격)	4,228	10,274	44,205	110,616	163,252	9.3	10.2	9.6	5.7
인도	GDP (경상)	1,863	3,210	8,204	21,036	33,851	–	–	–	–
	GDP (2015 가격)	2,709	4,652	10,943	21,036	29,550	5.6	5.9	6.8	5.0

* 성장률은 기간 복리
자료: 세계은행

인 GDP나 1인당 GDP를 이용하여 한 국가의 생활수준을 측정할 수밖에 없다.

중국과 인도의 명목 GDP는 2022년 각각 17조 9,631억 달러와 3조 3,851억 달러로 중국의 GDP가 인도의 약 5.3배에 이른다. 중국과 인도가 이용 가능한 기술 수준에서 최대한 동원할 수 있는 자원, 즉 노동과 생산설비를 가지고, 새로 만들어 낸 부가가치가 이 정도라는 것이다. 중국이 개방을 시작한 1980년 경상가격 기준 GDP는 1,911억 달러로 인도의 1,863억 달러에 비해 약간 높은 수준이었다. 이후 양국의 경상 GDP는 큰 차이로 벌어졌다. 경상 GDP는 각각의 물가상승이 포함되므로 이를 제거한 2015년 가격 기준의 불변 가격 GDP 역시 중국에서 빨리 증가했다.

성장률을 보면 1980년대 중국은 연평균 9.3%의 높은 성장률을 기록했으나 인도는 5.6% 성장에 그쳤고, 1990~2005년에도 중국의 성장률은 10.2%로 놀라운 성적을 거두었으나 인도의 성장률은 중국의 절반 수준인 5.9%에 그쳤다. 양국의 성장률 격차는 이후 다소 감소했는데 2000년대 들어 인도의 성장률이 높아졌기 때문이다. 특히 2015~22년 기간에는 중국의 성장률이 연평균 5.7%로 인도의 5.0%와 큰 차이가 없다. 중국이 중상위소득국으로 발전해 가면서 성장률이 둔화되고 있는 것이다. 중국의 성장률이 둔화했지만, 여전히 인도의 성장률보다 높다는 점은 중요하다.

그렇다면 양국의 생활수준은 어떻게 변했을까? GDP를 인구로 나누는 1인당 GDP는 국민 한 명이 한 해에 얼마나 많은 부가가치를 만들었느냐이다. 그러나 GDP는 국내에서 생산한 부가가치로서 외국기업이 국내에서 생산한 부가가치를 포함하고 있어, 그 나라 국민의 실제 생활수준을 보기 위해서는 해당 국가 국민의 국내 및 해외 경제활동을 고려해야 한다. 1인당 GNI는 중국과 인도 국민에게 실제로 귀속되는 1인당 소득을 말한다.

오른쪽의 그래프는 2015년 물가수준으로 평가한 양국의 1인당 달러 표시 GNI이다.[1] 1995년 이후 2021년까지 양국의 1인당 불변 GNI의 변화에 큰 차이가 있다. 중국의 1인당 소득은 1995년 1,501달러, 인도는 613달러에서 2005년에는 각각 3,368달러 및 941달러였으나 2021년에는 11,880달러 및 1,890달러로 변했다. 중국의 1인당 소득은 1995~2021년 기간에 7.4배 증가했으나, 인도의 1인당 소득은 3.1배 증가하는 데 그쳤다. 2005년부터 2021년 기간에도 중국의

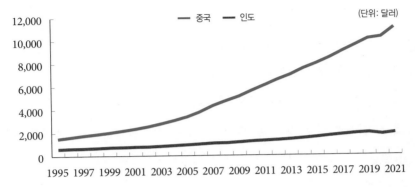

중국과 인도의 1인당 GNI(2015 불변 기준)

자료: 세계은행

소득이 3.3배 증가한 반면, 인도는 2.0배 증가하는데 그쳤다.

인도의 2021년 1인당 GNI 1,890달러는 중국의 1998년 1,884달러나 1999년 2,016달러와 유사한 수준이기 때문에 소득수준으로 본 국민 개개인의 삶의 수준에서 중국과 인도는 20년 이상의 차이가 있는 셈이다. 1인당 GNI에서 중국은 고소득국에 진입하려는 단계에 와 있어 시진핑이 자랑스럽게 소강사회로 진입했다고 선언한 것도 과장은 아니다. 이에 비해 인도는 여전히 중하위소득국 수준에 머물고 있다.[2] 실제로 1990년 이후 중국의 고도성장은 1960년대의 일본이나 1980년대 후반에서 1990년대 전반에 보여준 한국의 고도성장에 비해서도 결코 부족하지 않다.

같은 서비스산업의 비중 증가도 같지 않다

산업혁명의 수혜를 입었던 서구열강을 제외하고 제2차 세계 대전 이후 경제발전을 시작한 국가들의 초기 중심 산업은 농업이다. 기술과 자본축적이 충분하지 않은 상태에서 중국과 인도 역시 마찬가지였다. 실제로 전후 많은 경제학자가 이 문제에 관심을 두고 공업화와 경제발전을 동일시했다. 이들은 농업부문에는 '생산에 기여하지 못하는' 위장실업 상태의 사람들이 많이 있으므로, 이들을 근대부문, 즉 제조업부문으로 전환 배치하면 농업의 생산성도 올리면서 근대부문에서는 저임 노동력이 투입되면서 이윤을 창출하여 이 이윤을 재투자하면서 성장한다고 보았다. 농촌에서 노동력이 무한히 공급 가능하기 때문에 도시부문의 임금은 오르지 않는다고 본 것이다.

개혁개방 직전인 1978년 중국의 전체 고용인원은 4억 152만 명이었고, 1차산업(농업)에 종사하는 인구는 2억 8,318만 명이었다. 농업부문에 투입된 고용인력이 전체 고용의 70.5%였고 광공업과 서비스산업에 종사하는 인구는 각각 17.3% 및 12.2%에 불과했다. 같은 해 농업부문이 담당하는 GDP 생산은 27.7%, 광공업과 서비스산업은 각각 47.7% 및 24.6%였다.[3] 70% 이상의 고용인구가 28% 정도의 생산을 담당한다는 것은 농업부문의 1인당 생산성이 다른 산업에 비해 극히 낮다는 것을 의미한다.

세계은행 DB에서 중국의 고용통계가 정리되기 시작한 1991년을 보면 중국의 농업 고용은 전체 고용의 59.7%로 감소했다. 큰 변화

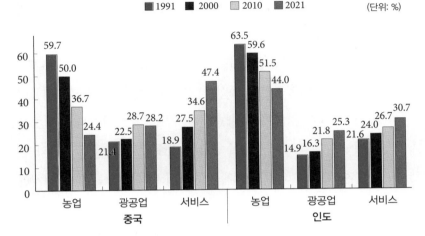

중국과 인도의 산업별 고용비중 추이
자료: 세계은행

가 일어난 것이다. 이제 60%의 인구가 1978년 70%의 인구가 생산 하던 농업생산과 비슷한 양의 생산을 하게 된 것이다. 이는 농업부문 의 1인당 상대적 생산성이 상승한 것을 의미한다. 이후 중국의 농업 고용비율은 빠르게 하락했는데 2000년 50.0%, 2010년 36.7% 그리 고 2021년 24.4%까지 감소했다. 대신 광공업부문과 서비스산업의 고용비중은 빠르게 증가했는데 광공업의 경우 1991년 21.4%에서 2010년 28.7%까지 높아졌고, 서비스산업 고용비율은 1991년 18.9% 에서 2021년 47.4%로 급속히 늘어났다.

중국에 비해 인도의 고용구조 변화는 더디다. 인도는 1991년 외환 위기를 경험하면서 개혁과 개방을 강조하기 시작했는데 같은 해 농업 고용비중은 63.5%로 중국보다는 높았지만 큰 차이는 없었다. 인도 농업 고용비중은 2021년 44.0%로 감소했는데 중국의 비중 감소폭에 비하면 속도가 훨씬 느리다. 이 기간에 광공업 고용비중은 14.9%에서 25.3%로 10%포인트 이상 증가했다. 중국의 제조업 비중이 1980년대 빠르게 증가했기 때문이다. 인도의 서비스산업 비중은 21.6%에서 30.7%로 증가폭이 중국에 비해 낮다. 중국이 성장과 함께 서비스에 대한 수요가 빠르게 증가한데 비해 인도는 아직 저개발국의 모습을 보이고 있는 것이다. 인도가 농업경작지가 중국에 비해 더 넓기 때문에 농업인구가 더 많을 가능성은 있으나 다른 한편 인도에서 농업부문은 기계화나 자동화 수준이 더 낮기 때문이기도 하다.

사실 농업은 기술진보가 더디므로 세계 어느 나라를 막론하고 생산성이 다른 산업에 비해 낮다. 이 때문에 경제성장은 농업부문 노동력을 생산성이 높은 광공업부문으로 어떻게 전환하는가에 달려 있다. 그런데 구조조정이 반드시 쉽게 일어나는 것은 아니다. 농업부문과 근대부문의 생산성 격차가 크고 임금과 소득격차가 클수록 구조전환은 빠르게 나타난다. 동시에 근대부문에서 이윤이 재투자되는 속도, 즉 자본의 축적이 추가적인 노동력 이동을 촉진할 것이다. 현실에서는 이렇게 간단하지 않다. 농업부문에서 관개시설이 부족하여 더 많은 인력이 필요하다거나 또는 문화적으로, 비록 국내에 한정하더라도 이주의 용이성이 높지 않다면 농촌에서 유출압력이 높지 않을 것이다. 이 점에서 중국은 인도보다 더 용이하게 농촌에서 노동력이 이동할 수 있었다.

농촌에서의 위장실업 존재와 구조전환 이론은 특히 중국에서 상당한 설득력을 갖고 있다. 중국의 농업 고용비중은 급속히 감소했고, 광업, 수도·전기·가스, 제조업, 건설업 등 광공업부문 종사자는 1978년 17.3%에 불과했으나 1991년에는 21.4%, 2000년에는 다시 22.5%, 공업화의 진전과 함께 2010년에는 28.7%로 증가했다. 중국의 화난지역과 화둥지역을 중심으로 다국적기업의 공장에 다니면서 일을 하는 노동복과 흰수건으로 머리를 감싼 여성노동자는 중국의 흔한 풍경이 되었다. 농민공 문제는 중국경제 발전과정에서 도시화로 상징되는 말로 여겨졌다. 광공업부문 종사자비중은 2021년에는 더 이상 증가하지 않고 서비스산업 고용비중이 2010년에서 2021년 급증했는데, 중국경제의 성장에 따라 서비스에 대한 수요가 증가했기 때문이고 이는 경제성장의 당연한 결과였다.

농촌에서 노동력이 근대부문으로 이동하면 광공업부문의 생산과 고용이 증가하여 전체 GDP나 고용에서 광공업부문의 비중이 증가한다. 시간 경과에 따라 중국의 농업 생산비중은 1990년 26.6%에서 점차 감소하여 2022년 7.3%까지 감소했고 인도는 그 정도에는 못 미치지만 같은 기간에 27.6%에서 16.6%로 감소했다. 그러나 기대와는 달리 광공업부문의 비중은 큰 변화가 없었는데 중국은 41%에서 39.9%로 거의 변동이 없었고, 인도는 27.5%에서 25.6%로 오히려 약간 감소했다. 대신에 서비스산업의 비중은 중국에서 32.4%에

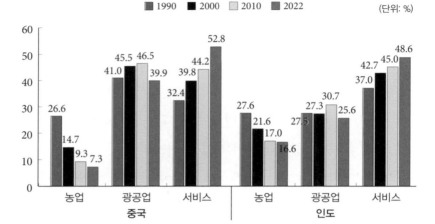

중국과 인도의 산업구조

자료: 세계은행

서 52.8%로 20%포인트나 증가했고 인도에서는 37%에서 48.6%
로 역시 대폭 증가했다.

기대와 달리 광공업 비중의 증가보다 서비스산업의 비중 증가가
더 큰 폭으로 나타난 이유는 각 산업의 생산과 소비의 특성 때문이다.
광공업부문 자본축적은 노동의 상대적 비용이 상승함으로써 자동화
로 연결되기 때문에 과거와 달리 고용이 급속하게 증가하지는 않는
다. 이에 비해 자동화가 어려운 서비스산업은 많은 노동력이 필요하
다. 또한, 수요 측면에서 소득이 증가할수록 공산품의 수요는 한계가
있는 대신 서비스에 대한 소비수요는 증가한다. 이 때문에 경제발전
에 따라 서비스산업의 비중이 증가한다는 것이 일반적인 상식이다.

문제는 제조업이 충분한 수준으로 발전한 다음 그 비중이 감소하느냐인데 중국의 제조업 비중은 세계 어느 나라에 견주어도 높은 수준에 있는 반면 인도의 경우 아직 꽃을 피우지 못한 상태라는 점이다. 즉 양국 모두 서비스산업 비중이 증가하고 있지만 중국에서는 제조업의 발전 이후 소비수요의 이전에 따른 서비스산업 비중 증가라면 인도는 제조업이 충분히 발전하지 못한 상태에서 도시비공식 부문 등 영세개인 서비스산업 등의 공급 중심으로 비중이 확대되었다. 결국 중국과 인도경제의 구조에서 가장 큰 차이는 중국은 2차산업의 비중이, 인도는 서비스산업의 비중이 높다는 점이다.

산업혁명 이후 한 국민경제의 발전은 공업부문을 어떻게 발전시키느냐의 문제로 인식되었다. 국내에서 부족한 시장수요를 타개하기 위해 전체 산업을 동시에 육성하여 수요를 창출하자는 초기 개발경제학자들의 균형성장이론이나 수요부족문제 때문에 오히려 산업 연관 효과가 큰 일부 산업에 집중하자는 불균형성장이론 모두 공업부문의 육성과 관계된 것이다. 특히 위에서 언급한 바와 같이 농촌에 무한대로 존재하는 노동력을 도시부문에서 흡수하는 문제는 중요했다. 농촌에서 지속적으로 이동하는 노동력 때문에 도시부문에서는 실질임금의 상승 없이도 농업보다도 훨씬 생산성이 높은 근대부문의 생산을 늘릴 수 있게 된 것이다. 중국의 발전은 이를 웅변으로 말해주고 있다. 한적한 어촌이었던 선전深圳은 빠르게 변하여 인구 1천만의 개혁개방의 상징도시가 되었다.

도시화율과 고용의 특성

농촌인구의 도시 이주는 도시의 규모를 키운다. 도시가 일정한 크기로 성장하면 집적경제 효과가 생긴다. 중국이 개방을 시작하고 4대 경제특구가 건설되기 시작한 1981년 도시인구 비율은 20.1%로 인도의 23.4%보다 낮았고 한국의 58.4%에 비교하면 1/3 수준이었다. 1980년대 이전의 중국과 인도는 농업 근간의 전통사회와 마찬가지였다. 도시인구 비중은 1970년대 내내 인도가 중국보다 더 높았다.

급격한 공업화에도 불구하고 중국의 도시화율이 인도를 넘어서기 시작한 것은 1989년에 들어서였다. 중국의 도시인구 비중은 25.7%로 인도의 25.3%를 미세하게 추월했다. 이후 중국의 도시화는 더 빠르게 진행되었는데 고도성장기 도시화율은 유사한 성장기의 한국과 일본에 비해서는 낮았으나 그 규모는 역사상 유례가 없는 것이었다.[4] 그러나 중국의 도시화율은 과소추정된 것으로 이는 중국 도시의 호구제도를 통해서 농민공들이 도시에 주소등록을 할 수 없기 때문이다. 농촌에서 오는 급격한 도시인구 이동은 주택 등 다양한 과밀문제나 집적의 비경제문제를 일으킬 정도였다.

중국의 도시화율 상승은 농촌에서 도시로 이주가 증가한 결과다. 도시부문의 유인요소는 높은 임금이나 좋은 생활환경 등이겠지만 실제로 농촌으로부터의 이주는 경제·사회·문화적 문제까지 포함하는 여러 요인이 영향을 미친다. 예컨대 농촌에서 젊고 상대적으로 교육수준이 높은 인력은 쉽게 도시로 이주할 수 있지만, 연령대가 높을수

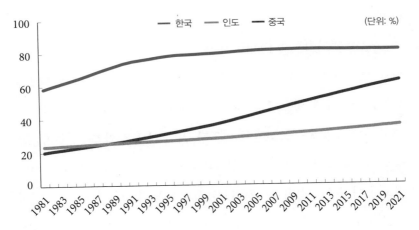

중국과 인도의 도시화율 추이

자료: 세계은행 WDI DB

록 이주 가능성은 줄어든다.

　중국에서 농촌인구의 도시 이주는 중국 전체에 긍정적인 요소로 작용했다. 즉 노동력이 생산성이 낮은 농촌에서 생산성이 높은 도시로 이주함으로써 자원배분의 효율성이 제고되어 전체적으로 경제를 성장시킨 것이다. 또한, 농촌의 임금보다는 도시 임금소득이 더 높아지면서 이들의 송금은 농촌소득을 증가시키는 역할까지 할 수 있는데 이는 소득격차를 완화하는 효과를 만든다. 농촌지역에서 저임 노동력의 도시 이주가 종료되는 시점은 경제성장에서 제조업부문의 임금이 상승하는 전환점을 맞게 된다.[5] 2021년 중국의 도시화율은 62.5%에 이르고 중국의 임금이 빠른 속도로 상승하고 있다는 것은 농촌에서의 무제한적 노동공급이 더 이상 가능하지 않다는 것을 의미한다.

　인도의 도시화율은 1980년대 초까지만 해도 중국보다 더 높았다. 이후 중국이 빠르게 성장하고 구조전환을 하면서 도시화가 빠르게 진행된 데 비해 인도의 도시화율은 2004년 28.9%, 2021년에도 35.4%에 불과해 구조전환이 더디다. 인도의 도시화가 느린 이유는 경제적으로 도시가 제공하는 일자리와 소득이 농민을 충분히 유인할 정도가 아니라는 것이다. 그러나 동시에 인도의 정치·사회구조 역시 농민의 도시 이주를 어렵게 하는 것으로 보인다. 인도사회가 중국과 비교해 민족, 언어, 관습 등에서 훨씬 파편화 혹은 다차원이라는 점이다. 따라서 고향을 떠나는 것이 심리적·사회적으로 높은 비용을 낳게 될 가능성이 크다. 더욱이 인도 농촌인력이 도시의 근대부문에 바로 투입될 정도로 교육과 기술을 갖추고 있다고 보기는 어렵다.

　도시로 이주한 농촌인력이 모두 근대부문에 종사하는 것은 아니다. 실제로 도시부문에서 근대적 일자리는 이주 노동력에 비해 많지 않다. 전통적인 경제발전론은 농촌인구가 도시부문 특히 광공업부문으로 이전하는 것을 상정하지만, 실제로 도시지역으로 이주하는 인구가 모두 광공업부문에 취업하는 것은 아니다. 시간이 지나면 광공업부문은 노동절약적 기술진보, 자동화 등으로 초기보다 고용창출 능력이 감소한다. 그 결과 도시로 이동한 노동력의 상당 부분은 서비스부문, 그것도 비공식부문에 투입될 가능성이 더 높다. 중국이나 인도 모두 서비스 고용의 비대는 비공식부문의 팽창과 깊은 관계가 있다. 비공식부문은 흔히 조직화되지 않은 영역을 말하는데 일반적으로 조세를 납부하지 않는 영세 자영업, 그래서 사회보장의 혜택도 입을 수 없는 영역이다. 도시 거리의 노점상 등이 대표적인 비공식부문이고 이런 부문에 종사하는 인원을 비공식고용이라고 말한다.[6]

중국의 비공식부문은 흔히 '그림자'라고 칭해지기도 하지만 양자가 반드시 일치하는 것은 아니다. 중국의 2002년 농촌고용 중에서 공식고용은 1억 694만 명, 비공식고용은 3억 2,050만 명이라고 하여 비공식고용이 65%를 차지하고 있었다. 농업의 비공식고용이 이렇게 많은 이유는 농업의 경우 97.4%가 비공식부문이기 때문이다. 도시고용 중 공식고용은 1억 4,910만이고 비공식고용은 9,530만 명이라는 추정이 있으니 39%가 비공식고용인 셈이다.[7]

비공식고용이라고 해도 농업부문 비공식고용과 도시부문의 비공식부문은 성격이 다르다. 중국에서 농업부문은 집단농장체제가 붕괴된 이후 농민이 개별적으로 자기책임으로 농업 활동을 하고 있기 때문에 대부분이 비공식부문이고 농업의 특성으로 인해 최소한의 삶의 기반은 갖추고 있다. 이에 비해 도시의 비공식고용은 생활의 불안정성이 훨씬 높다. 더욱이 호구제도로 인해 복지정책이나 교육, 주거 등에서 배제되는 비공식고용이 많다.

인도와 중국의 비공식부문 기준이 정확하게 일치하지는 않지만, 인도 역시 비공식부문의 고용이 압도적으로 많다. 인도는 9개 분야의 산업, 즉 제조업, 건설업, 유통, 수송, 교육, 보건, 음식·숙박,

IT/BPO, 그리고 금융서비스 분야에서 기업을 조직기업Organized과 비조직기업Unorganized으로 구분한다. 비조직부문은 단독 혹은 파트너십 기반으로 운영되는 상품 및 서비스의 판매 또는 생산에 종사하는 개인 또는 가계가 소유하고, 근로자가 10명 미만인 모든 비법인 민간기업으로 정의하고 있다.

인도의 비조직고용은 비조직부문에 종사하는 인력을 말하는데 이들은 근로계약이 없고, 휴가제도를 누리지도 못하며, 사회보장제도의 수혜를 입지 못한다. 인도정부는 비조직고용을 인도 전체 고용의 93% 정도로 파악하고 있다.[8] 인도 고용부의 사업체(53만 1천 개) 대상 분기별 고용조사를 보면 2022년 1분기(1~3월) 조직화 고용 3,180만 명 중에서 제조업부문이 1,225만으로 38.5%를 차지했고, 교육부문이 690만으로 21.7%, IT/BPO 기업의 고용이 383만 명으로 12%였다.[9]

인도의 전체 고용은 2019/20년에 5억 3,530만 명이었는데 이 중에서 비공식부문은 4억 7,640만 명으로서 89.0%를 차지하였고, 공식부문은 5,890만 명으로 11.0%에 불과했다. 비공식고용 중에서 4억 3,190만 명은 비조직부문에, 그리고 나머지 4,460만 명만이 조직부문에 종사하고 있었다.[10] 실제로 조직화된 부문과 비조직화 부문은 공식부문과 비공식부문으로 어느 정도 상호 대체 가능한 의미로 사용하고 있지만 조직화부문에서도 상당한 인력이 법이나 제도의 도움을 받지 못하는 노동을 하고 있다.

2. 두 나라 경제구조는 어떻게 다른가

투자가 중심인 중국과 소비가 중심인 인도

한 국민경제에서 매년 새로 생산된 부가가치GDP는 생산요소인 노동과 자본에게 각각의 요소가 부가가치 창출에 기여한 만큼 분배되고 생산요소의 소유자는 분배받은 소득으로 생산물을 수요한다. 가계는 소비를 위해 상품과 서비스 수요에 지출하고, 기업은 투자를 위해 자본재를 구입한다. 또한, 정부는 정부의 운용에 지출하고 사회간접자본 등 공공재를 공급하기 위해 소비한다. 또 상품의 일부는 해외 소비자들이 소비하고, 마찬가지로 외국상품을 수입하여 사용하므로 순수출(수출-수입)이 실제 해외 수요이다.[11] 이와 같은 수요구조는 해당 국가의 경제구조 파악에 매우 중요하다. 각각의 지출항목이 어떻게 증가해 가는가 역시 한 국민경제를 파악하는 기초가 된다.

이 점에서 중국과 인도의 지출로 본 경제구조는 매우 다르다. 중국에서는 투자가 중요한 역할을 한다면 인도에서는 소비가 중요한 역할을 하고 있다. 중국의 2021년 민간소비지출은 GDP에서 38.4%를 차지하지만, 인도에서는 61.1%나 된다. 중국의 투자는 42.8%이고, 인도의 투자는 31.2%이다. 상품과 서비스의 수출비중은 양국이 비슷하다.

중국경제의 중요한 특성 중의 하나가 민간소비에 비해 투자가 경제성장에 더 중요한 역할을 했다는 것이다. 중국의 민간소비금액은

중국과 인도의 지출구조

(단위: %)

		2000	2005	2010	2015	2018	2021
중국	민간소비지출	46.7	39.6	34.3	37.8	38.5	38.4
	투자	33.6	40.3	46.6	43.2	43.8	42.8
	정부최종소비	16.8	14.8	14.6	16.2	16.5	15.9
	상품 및 서비스수출	20.9	33.8	27.2	21.4	19.1	20.0
인도	민간소비지출	63.7	57.4	54.7	59.0	59.3	61.1
	투자	25.7	37.4	39.8	32.1	32.3	31.2
	정부최종소비	11.9	10.4	11.5	10.4	10.8	11.2
	상품 및 서비스수출	13.0	19.6	22.4	19.8	19.9	21.5
한국	민간소비지출	54.5	52.3	50.4	48.5	48.0	46.1
	투자	32.9	32.5	32.6	29.5	31.5	32.1
	정부최종소비	10.9	12.9	14.7	15.2	16.1	18.2
	상품 및 서비스수출	33.9	35.3	47.1	43.0	41.7	42.0

자료: WDI

2000년에는 투자금액보다 더 많았으나 이후 역전되었다. 투자는 국민저축을 바탕으로 하므로 국민이 소비보다 저축을 더 많이 한 셈이다. 중국의 투자율이 2005년 이후 계속 민간최종소비지출보다 더 높은 것은 세계적으로도 이례적이다. 베이징올림픽(2008)을 앞두고 중국이 사회간접자본 등 투자에 적극적이었고, 이러한 고투자 경제가 고착되었지만, 이는 중국인들이 가계지출보다 더 많은 저축을 했다는 의미이다.

중국의 국민저축률은 다른 나라에서 찾아볼 수 없는 높은 수준이

다. 중국이 WTO에 가입한 이후 저축률이 상승하기 시작해 2008년
에는 GDP의 51.8%에 이를 정도였다. 이후 저축률이 다소 감소했
으나 현재(2021)에도 44.9%이다.[12] 저축의 주체는 기업, 정부, 가계
인데 다른 나라에 비해서 중국은 가계저축률이 높다. 중국의 가계저
축률은 3단계로 증가해 왔다. 1단계는 1980년대로 1970년대 말 한
자녀 정책 도입과 농촌의 개혁(탈협동농장)으로 저축률이 국민가처분
소득의 20% 수준으로 상승했다. 2단계로 1990년대 초에 가계저축
률이 다시 증가했는데 덩샤오핑의 남순강화 이후 시장경제가 돌이킬
수 없는 정책기조가 되면서 국유기업 개혁으로 가계는 사회안전망과
고용안정을 우려하여 저축을 더 많이하게 된 것이다. 3단계는 WTO
가입 이후로 이때는 수출주도 고도성장 결과 가계의 저축 여력이 증
가했고 그 결과 가계저축률이 상승했다.[13]

인도의 민간소비지출은 GDP의 약 60%로 중국에 비교해 약
20%포인트 높다. 대체로 선진국과 경제규모가 큰 나라에서 민간소
비지출 비중이 높은데 인도는 낮은 발전단계에서도 민간소비지출의
비중이 높다는 특성이 있다. 2000년 이후 약간 감소하고 있으나 유
의미한 정도는 아니다. 대신 투자비중은 상대적으로 빠르게 상승 중
이다. 아직 중국에 비해서는 낮지만, 인도의 투자율은 2005~10년에
30% 후반에 이를 정도로 높아졌다. 인도경제에 대한 낙관적인 시각
이 반영된 것이다. 이후 투자율이 다시 하락했는데 그래도 30% 선
은 유지하는 양호한 흐름을 보였다. 다른 특징은 정부최종소비 비율

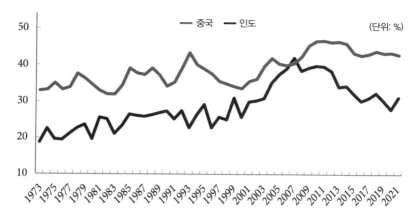

중국과 인도의 투자율 추이

자료: 세계은행 WDI DB

이 중국보다 낮다는 것이다. 정부지출의 기반은 조세수입이다. 얼마
나 많은 조세를 거두어 정부가 사용하는가는 경제철학, 발전단계, 사
회구조와 관계가 있다. 선진국이나 고령인구가 많은 국가에서 복지
수요가 증가하면 정부의 역할이 증가할 수밖에 없다. 그러나 정부지
출 수요증가가 그대로 조세수입 증대로 충당되지는 않는다.

　인도는 중국보다 민간소비지출 비중이 높지만 1인당 민간소비규
모는 중국보다 훨씬 작다. 2021년 중국의 1인당 소비지출은 연
4,818달러지만 인도는 1,344달러에 불과하다. 이는 미국의 1인당
민간소비에 비해 10.1% 및 2.8%에 불과하다. 미국은 상대적으로
민간소비지출 중심의 경제이기 때문에 중국과 인도가 경쟁하기에는
무리가 있다. 그럼에도 중국의 전체 민간소비지출 규모는 미국의

40%를 넘는다. 중국이 2008년 글로벌 금융위기 이후 소강사회를 강조하면서 국내소비 진작에 상당히 공을 쏟았지만, 앞으로 미국과 중국의 경쟁관계에서 대외무역에 어려움이 발생한다면 여전히 내수 주도 경제를 더 강조하지 않을 수 없다. 이 점에서 중국의 내수규모 는 미국에 비해 더 빠르게 증가할 전망이다.

두 거인에 대한 외국인 직접투자의 비중과 변화

중국이 고도성장을 한 이면에는 외국인투자가 있었다. 특히 중국 이 2001년 WTO에 가입한 이후 수출산업부문에 외국인투자가 급속 히 유입되었다. 기존의 개발도상국으로 유입되던 외국인 직접투자FDI 가 중국으로 전환되어 물밀듯이 밀려왔다. 중국에 유입된 외국인 직 접투자는 1991~2000년 연평균 328억 달러였는데, 이는 총고정자본 형성 대비 11.9%에 이르는 것이었다. 이 시기 인도에 유입된 외국 인 직접투자는 연평균 19억 달러로 중국에 유입된 투자의 채 10% 도 되지 않았고, 총고정자본형성에서 차지하는 비중도 1.8%로 상대 적으로도 중국에 비해 적었다. 중국의 FDI는 2001~05년 연평균 572억 달러, 2006~10년 연평균 947억 달러로 증가했고 이후에도 계 속 증가해 2021년에는 1,810억 달러가 유입되었다. 그러나 총고정 자본형성 대비 비율은 1991~2000년에 가장 높았고 이후 계속 감소 해, 2006~10년에는 평균 5.5%, 2011~15년에는 3.1%로 감소했고, 2016~20년 기간에는 2.5%까지 하락했다.

중국과 인도의 외국인 직접투자(FDI) 유입

(단위: 억 달러, %)

		1991~2000 평균	2001~2005 평균	2006~2010 평균	2011~2015 평균	2016~2020 평균	2021
FDI 유입액	중국	328	572	947	1,266	1,398	1,810
	인도	19	58	312	334	482	447
총고정자본형성 대비 비율	중국	11.9	8.8	5.5	3.1	2.5	2.9
	인도	1.8	3.0	6.9	5.1	6.3	6.2
GDP 대비 비율	중국	4.0	3.3	2.2	1.4	1.1	1.0
	인도	0.5	0.9	2.5	1.7	1.8	1.4

자료: UNCTAD. FDI 통계 DB

이처럼 외국인 직접투자가 중국경제의 자본축적에 미치는 효과는 계속 감소해 왔다. 이는 중국의 국유기업이나 민영기업의 투자증가속도가 외국인 투자기업의 투자증가보다 훨씬 더 빨랐다는 것이고 중국이 자본축적 과정에서 외자 의존도를 낮추었다는 의미이기도 하다. 중국경제에서 외자기업은 수출을 위한 조립가공업이든 아니면 내수판매용이든 혹은 기존 다국적기업이나 중국기업에 중간재와 부품을 공급하기 위한 수직적 투자든 모두 중국기업에 비해 경쟁력이 약화되었다고 할 수 있다. FDI의 상대적 비중이 하락한 이유는 중국에서 다국적기업의 경영환경이 악화됐다는 것인데, 그럼에도 중국경제가 계속 성장했고, 수출이 증가해 왔다는 사실은 중국기업의 경쟁력이 증강되었다는 것을 의미한다.

중국의 제조업에 진출한 외국인 투자기업은 2000년 28,445개였고 매출은 1조 5,605억 위안이었으며 고용인원은 853만 명이었다. 이후 수년 동안 외국인투자가 급증하면서 2008년에는 기업 수가 77,847개로 증가했는데 이는 이후에도 달성할 수 없는 정도로 많은 수였고, 고용은 2,579만 명이었다. 2010년에는 기업 숫자는 74,045개로 약간 감소했지만, 고용은 가장 많은 2,646만 명이었고 매출은 18조 8,729억 위안이었다. 2021년에는 기업 수가 43,455개로 감소했고 매출은 28조 2,716억 위안으로 증가했으나 고용이 1,668만 명으로 감소했다. 매출은 물가상승 효과가 포함되어 있으므로 계속 증가할 수 있다. 따라서 외국인 투자기업의 수 및 고용창출을 고려하면 실제로 외국인투자가 중국에서 차지하는 역할은 2010년 이후 매년 감소해 왔다는 것을 알 수 있다.[14]

중국경제, 특히 제조업부문에서 외국인기업의 비중이 낮아진 것은 중국의 생산비용, 특히 인건비의 상승으로 과거 중국의 낮은 노동비용을 이용하기 위해 진출했던 기업들이 수익성을 계속 확보하기 어렵게 되었다는 것이 한 이유이고, 다른 하나는 중국기업의 성장으로 내수부문에서 다국적기업이 수익성을 내지 못했기 때문이다. 우리나라의 현대자동차를 보면 중국 진출 초기에는 상당량의 자동차를 판매할 수 있었으나 중국의 자동차업체가 성장하면서 시장점유율이 빠르게 감소했다. 삼성전자의 모바일사업부도 마찬가지였다. 한때 중국시장에서 애플과 경쟁했던 삼성전자의 갤럭시는 중국기업의 생산증가와 함께 구축驅逐되기 시작하여 중국시장에서 거의 축출될 정도에 이르렀다.

이에 비해 인도에서는 다국적기업이 제조업에서 차지하는 역할은 크지 않았다. 인도의 기본 산업정책이 수입대체정책이었기 때문에 1990년 이전에 진출한 다국적기업은 내수시장 판매용 제품을 생산하였다. 이러한 기업 중의 하나가 인도의 중앙에 있는 마디아프라데시Madhya Pradesh주 보팔Bhopal시에 진출한 유니언카바이드였다. 미국의 유니언카바이드는 1969년에 인도에서 농약(살충제)을 생산했는데 이때는 인도가 곡물 증산을 위해 노력하던 시기였다.

유니언카바이드가 운영하던 농약 공장에서 1984년 12월에 유독가스가 누출되어 인도정부의 공식 발표로만 며칠 만에 3,500여 명이 숨졌고, 인도의료연구협회는 사고 발생 10년이 지난 1994년까지 사망자 수가 무려 2만 5천여 명에 이르는 것으로 집계하고 있다. 생존자들도 암, 시각장애, 호흡 곤란, 심장질환, 무기력감 등 온갖 후유장애를 호소하며, 상당수는 2세까지도 사고에 따른 유전 질환으로 고통받고 있는데 그 피해자는 무려 57만 명에 이른다.[15]

보팔 가스 누출 사고 발생 몇 년 전부터 일본의 스즈키자동차가 합작으로 인도에서 자동차를 생산하기 시작했다. 나중에 마루티스즈키로 사명을 바꾼 이 업체는 인도에 진출한 모든 외국인 투자기업 중에서 가장 성공한 사례였고, 일본에서 주도적 자동차업체라고 할 수 없는 2류급 자동차회사인 스즈키의 생명력을 유지시켜 주는 기업이었다. 1980년대 일본경제의 역동성을 부러워한 인도는 1990년 초

외환위기와 함께 IMF의 지원을 받아 수동적으로 개방을 확대하면서 다국적기업의 투자유치에 나섰다. 이 시기 인도가 추진한 동방정책 Look East은 실제로는 일본기업의 투자를 유치하는 것이었다.

인도의 일본기업 투자유치는 크게 성공하지 못했다. 일부 일본 기업이 투자에 나섰지만 후속 투자가 이루어지지 않았고, 전체적으로도 1991~2000년 인도에 유입된 FDI 금액은 연평균 19억 달러로 총고정자본형성 대비 1.8%에 불과했다. 오히려 2001년 골드만삭스가 BRICs 논의에 불을 지피면서 다국적기업이 인도시장에 관심을 늘렸고, 이에 따라 2001~05년 연평균 투자유입액은 58억 달러로 대폭 증가했으며 총고정자본형성 대비 비율도 3.0%로 증가했다. 투자유입속도는 가속되어 2006~10년 기간에는 투자금액이 연 312억 달러로 전기 대비 5배 이상 증가했고 총고정자본형성 비율도 6.9%로 가장 높은 수준을 보이게 되었다. 이 기간에 처음으로 총고정자본형성 대비 외국인 투자비율이 중국을 상회하였는데 중국에 대한 투자가 상대적으로 감속된 것과 달리 인도 투자는 가속화했기 때문이었다. 인도 투자는 2011~15년 증가세가 둔화됐지만, 상대적으로 중국에 유입된 투자와 비교해서는 호조를 보였다. 이후 2016~20년에도 다시 투자가 증가하여 중국에 대한 투자가 총고정자본형성 대비 2.5%임에 비해 6.3%에까지 이르게 되었다. 여전히 중국에 유입되는 투자금액이 인도에 투자되는 금액보다 많지만, 상대적으로 외국인투자는 인도에서 훨씬 적극적인 역할을 하고 있다.

세계 최대의 수출국 중국과 무역적자국 인도

중국의 수출은 1980년 개혁개방이 시작될 당시 181억 달러, 수입은 199억 달러였다. 다국적기업의 투자와 함께 이들의 수출도 증가했다. 중국은 2001년 12월, 143번째 WTO 회원국이 되었는데 1980년 덩샤오핑의 개혁개방을 제1차 개방이라고 한다면 WTO 가입은 제2차 개방이라고 할 수 있다. 다국적기업이나 중국기업의 수출산업이 발전하고 있었으나 WTO 회원국이 아니었던 중국은 일반 수출 대상 국가로부터 차별적으로 높은 관세를 부과받거나, 미국에서는 매년 중국상품에 관세 유예 심사를 받아야 했다.

중국의 WTO 가입은 극심한 힘겨루기 끝에 성사되었다. 미국과 협상은 1999년에 끝났는데, 중국은 미국으로부터 영구적 정상 무역 관계PNTR의 자격을 얻었다.[16] 미국과의 협상에서 중국은 농산물이나 공산품에 대한 대폭적인 관세인하뿐만 아니라 금융, 통신 등 다부문에 걸친 개방을 약속하지 않을 수 없었고 새로운 성장 패러다임 또한 따르지 않을 수 없었다. 무려 14년이나 걸린 주요국과의 협상은 2000년 5월 EU와의 양자협상이 종료되면서 WTO 가입의 모든 조건이 해소되었다. EU와의 협상은 미국과 협상이 끝났기 때문에 사실상 큰 의미는 없었다.

중국의 수출은 이미 1980년대 중반 이후 급증했고, 특히 대미수출이 급증해 무역수지 흑자를 기록하고 있었다. WTO 가입은 개혁과 개방을 전제로 했기 때문에 단기적으로 중국에 고통이 될 것으로 생각되었지만 장기적으로는 외국인투자의 유입, 세계시장에서 중국기업의 거래비용 절감 등으로 이득이 될 것으로 기대되었다. 결과적으로 중국은 WTO 가입으로 예상과 다르게 단기적으로도 큰 수혜를 입었다. 중국의 거대한 시장 잠재력, 세계시장에서 경쟁력 향상에 대한 기대 때문에 다국적기업의 투자가 쇄도했다. 중국의 수출은 2000년 처음으로 2천억 달러를 돌파했는데 이후 다국적기업의 투자유입과 함께 더욱 빠른 속도로 증가했다.

중국의 수출은 7년 만에 5배나 늘어 2007년 1조 달러를 돌파했는데, 처음으로 미국을 제치고 세계 1위 수출국이 되었다. 중국경제가 대외수출 주도형 경제로 전환되면서 2008년 글로벌 금융위기의 여파로, 다음 해 세계경제가 침체를 겪으면서 2009년에는 수출 감소로 어려움을 겪었고, 2015~17년에도 역시 수출이 정체했다. 중국은 글로벌 금융위기 이후 미국의 압력, 국내에서 불균형의 확대로 수출과 제조업 중심의 성장에서 소비와 서비스 주도형 성장으로 전환하려는 노력을 시작했다. 트럼프 재임기 미국은 2018년부터 중국에 무역압박을 가하기 시작했지만, 중국은 미국의 무역압력에도 굳건히 수출을 증가시켰다. 2020년부터는 우한에서 시작된 코로나19로 국내외에서 질책을 받았고, 특히 내수침체로 과거 겪어 보지 못한 경기침체속에서도 2021년에는 3조 3,600억 달러 이상의 수출실적을 기록했고 수출이 경기침체를 완화하는 역할을 했다.

중국은 수출과 소득이 증가하면서 수입도 증가했다. 중국은 공산품 최종재를 수출하지만, 원자재와 중간재를 수입해야 했다. 석유, 석탄, 철광석, 심지어는 대두, 팜유 등 농산물까지 중국은 세계 천연자원시장의 큰손이다. 중동의 석유 및 가스, 브라질과 호주의 철광석, 호주의 석탄, 동남아의 팜유 등의 수입으로 수출국 경기에까지 영향을 미친다. 중국은 동시에 공산품 생산에 사용하는 부품과 중간재를 한국, 대만, 일본 등 동아시아 국가에서 수입하는데 반도체가 대표적이다. 자원 수출국들은 중국이 최대의 수출시장이 되었고 동북아의 부품 소재 수출국들도 마찬가지였다. 그렇지만 중국의 수입은 2022년까지 미국의 수입규모에 미치지 못하고 있고, 무역수지 흑자는 증가하고 있다. 중국이 국제 자원시장에서 엄청난 자원을 수입하고 있음에도 무역수지 흑자를 계속 유지할 수 있는 이유는 중국이 세계의 공장이 되었기 때문이다.

중국과 달리 인도에서 교역은 규모나 상품구조로 볼 때 고도화되지 못했다. 인도의 수출은 1980년에 86억 달러, 수입은 149억 달러로 중국보다 작았고 무역수지도 중국보다 훨씬 많은 적자를 기록했다. 수출은 2011년 처음으로 3천억 달러를 돌파했고, 이후 더 증가하기도 했으나 2015~17년에는 3천억 달러 미만으로 하락했다. 2018~19년에는 3,200억 달러 수준을 유지했으나 2020년에는 코로나19 사태의 여파를 피할 수 없어 수출이 대폭 감소했다. 수입감소폭은 더 커서 무역수지 적자는 다소 감소했다. 코로나19 시기가 끝나면서 2021년에는 수출이 대폭 회복하여 3,954억 달러에 달했으나 수

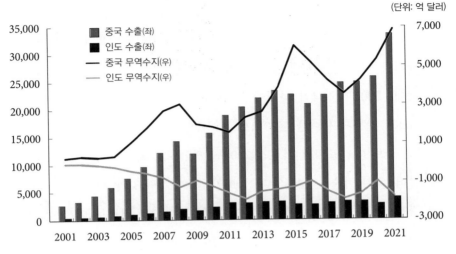

(단위: 억 달러)

중국과 인도의 수출 및 무역수지 추이

자료: 세계은행 WDI

입은 더욱 많이 증가하여 무역수지 적자는 1,774억 달러에 이르렀다.

인도의 가장 중요한 산업은 거대한 인구와 자동차 보급의 증대 등으로 성장한 석유화학산업이다. 가장 중요한 수출품은 석유제품이고 이 때문에 원유수입이 많다. 인도의 무역수지는 1980년 이후 2021년까지 단 한 번도 흑자를 기록한 경험이 없다. 공산품의 수출 경쟁력이 낮고 1차 산품 수입이 많은 인도는 자원가격의 변동에 무역수지가 큰 영향을 받는다. 원유가격이 상승하면 무역수지 적자가 증가하는 경향을 보인다. 인도의 2021년 수입 5,704억 달러 중 원유 수입은 1,064억 달러로 전체의 18.7%였다. 원유 외에 석탄 257억 달러, 천연가스 240억 달러 등으로 화석연료의 수입비중이 높다. 즉 인도의 수출입 상품구조는 전형적인 비공업국의 모습을 보인다.

무역수지는 경상수지의 가장 큰 구성부문이고, 개별 국민경제의 대외경쟁력을 설명한다. 중국은 막대한 경상수지 흑자를 기록하고 있는데, 2001년 174억 달러에서 2005년 1,324억 달러로 증가했다. GDP 대비 흑자 비율은 2001년 1.3%에서 2005년 3.5%로 높아졌다. 글로벌 금융위기 직전인 2008년 경상수지 흑자는 무려 4,206억 달러, 흑자 비율은 9.2%였다. 글로벌 금융위기의 결과 미국과 유럽의 경기침체로 수출이 부진했던 2009년에는 2,433억 달러로 대폭 감소했다.[17] 이후 중국의 경상수지 흑자는 2008년 수준으로는 복귀하지 못했고 특히 2018년에는 241억 달러, GDP 대비 0.2%까지 축소되었다. 중국이 해외여행을 자유화하면서 관광 서비스부문에서 막대한 적자가 났기 때문이다. 이 때문에 코로나19로 관광객 송출이 중단되면서 경상수지 흑자 규모가 증가한다.

중국의 막대한 경상수지 흑자는 세계경제에 큰 파급효과를 미쳤다. 2000년대 경상수지 흑자는 중국만의 현상이 아니었고 한국, 대만, 일본, 일부 동남아 국가 역시 대미 무역수지 흑자를 기초로 경상수지 흑자를 기록했다. 동아시아의 막대한 경상수지 흑자는 해외투자를 촉진했다.[18] 대표적인 투자는 미국 재무부 채권매입이었으며, 그 결과 동아시아의 외환은 다시 미국으로 환류되었고, 이는 미국의 저금리를 유도하고 다시 민간소비를 촉진하는 역할을 했다. 이러한 글로벌 불균형Global imbalance이 2008년 글로벌 금융위기로 터졌고, 미

중국과 인도의 경상수지 구성요소 (단위: 억 달러)

	중국			인도		
	2010	2018	2021	2010	2018	2021
경상수지	2,378	241	3,173	-479	-572	-387
- 상품수지	2,381	3,801	5,627	-1,476	-1,803	-1,895
- 서비스수지	-151	-2,922	-999	441	819	1,075
- 본원소득수지	-259	-614	-162	-180	-289	-373
- 이전수지	407	-24	492	531	700	805

* 합계는 반올림 및 오차 및 누락 항목 때문에 일치하지 않을 수 있음.
자료: 아시아개발은행

국에서 막대한 무역수지 흑자를 기록하던 중국 등 동아시아 국가의 경상수지 흑자는 다소 감소했다.

중국과 달리 인도는 만성적인 경상수지 적자국이다. 그렇지만 무역수지 적자에도 불구하고 인도의 경상수지 적자와 그 불균형은 그리 크지 않다. 경상수지는 2001년에는 14억 달러 흑자로 GDP 대비 0.3%였고 2004년까지 규모는 크지 않지만, 흑자를 유지했다. 인도의 흑자 유지기간은 장기적인 경상수지 추이를 보면 상당히 예외적이었다. 이 시기의 경상수지 흑자는 미국의 9·11테러 이후 외국인에 대한 비자규제가 강화되면서 인도의 소프트웨어 인력이 인도에 머물면서 IT서비스를 공급한 것이 하나의 배경으로 이해되고 있다. 적자는 2005년 103억 달러로 GDP 대비 1.3%를 기록한 이후 크기에 변동은 있었으나 추세적으로 2012년 915억 달러 적자에, GDP의 5%에 이를 정도가 되면서 계속 증가했고, 상당한 문제로 부각되었다. 이 시기의 경상수지 적자는 인도의 통화 루피의 대폭적인 가치 하락으로 어느 정도 진정이 되었다. 인도의 2021/22년의 경상수지 적자는 387억 달러에 이르렀는데 무역수지 적자가 1,895억 달러였다.

무역수지 적자에도 인도의 경상수지 문제가 심각하게 인식되지 않은 이유는 두 가지이다. 그 하나는 서비스수출로 외화수입이 계속 유입되고 있다는 점이다. 예를 들면 2010년 인도의 서비스수지는 441억 달러에서 2021년에는 1,075억 달러로 흑자가 증가하고 있다. 서비스수지의 대종은 IT/BPO 수출이다. 단순 콜센터에서 고급 IT 솔루션까지 인도는 영어를 사용하는 우수한 IT 인력을 바탕으로 세계, 특히 미국에 IT/BPO 서비스를 공급하고 있다. 2021년 소프트웨어 수출은 전체 서비스수출보다도 많은 1,095억 달러였다. 소프트웨어 수출이 상품수지 적자의 상당분을 보충해 주고 있는 셈이다.

둘째는 흑자를 기록하고 있는 이전수지이다. 이전수지는 대가 없이 국가 간에 이전되는 소득인데 인도의 이전수지 흑자의 대부분은 해외의 인도 교포들이 국내로 보내는 가족 간 송금인 경우가 많다. 2021년 이전수지 규모는 805억 달러에 이르렀다. 인도는 개발도상국으로 외국인투자에 의한 배당금이 순유출인 경우가 많아, 실제로 2021년 소득수지 적자가 373억 달러였다.[19] 인도 교포들은 국내로 상당금액을 송금하고 있다.[20] 이전수지의 유입은 더할 나위 없이 귀한 외화수입원이다. 해외 거주 인도인들NRI은 또한 인도은행에 상당한 외화를 예치하기도 한다. 일종의 고국에서 투자기회를 엿보는 자금이라 할 수 있는데 2021년의 경우 32억 달러가 유입되었고, 2018년에는 100억 달러 이상에 이르기도 했다.

경상수지는 한 국민경제의 대외경쟁력을 나타낸다. 중국과 인도 모두 개발도상국이라는 점에서 경상수지 흑자를 유지할 필요가 있고, 특히 무역수지 흑자를 유지할 필요가 있다. 선진국은 무역수지가 적자여도 장기적으로 축적한 해외자산으로 본원소득 수지가 흑자를 유지하는 경우가 많다. 그러나 중국과 인도는 해외에 자산을 축적한 역사가 짧거나 아직 축적을 시작도 못했고, 오히려 다국적기업이 자국에 투자하면서 본원소득수지 중 자본 배당금 등은 적자를 기록할 수밖에 없다. 여기서 환율의 중요성이 등장한다. 일반적으로 환율은 경상수지가 흑자를 기록하면 자국통화가치는 상승하고, 그렇지 못할 경우 통화가치는 하락한다. 물론 환율의 결정이 반드시 경상수지에 의한다고 볼 수는 없고 자본계정의 자유화에 따라 포트폴리오 시장에 단기투자자금의 유입에도 영향을 받는다. 그러나 경상수지의 대종을 이루는 상품수지의 경쟁력은 환율에 영향을 미칠 것이다.

중국의 통화가치는 2001년 평균 1달러당 8.28위안이었으며 2005년까지는 8위안을 넘었다. 이후 위안화 가치가 상승하기 시작하여 2008년에는 6.9위안으로 가치가 상승했고, 2022년에는 6.74위안이 되었다. 미국의 트럼프 대통령이 선거유세에서 대통령에 당선되면 바로 중국을 환율조작국으로 지정하겠다고 공언했는데 이는 미국의 대중국 적자가 중국이 위안화 환율을 인위적으로 높여 운용했다고 본 것이다. 그러나 중국의 환율이 지속적으로 상승했음에도 불

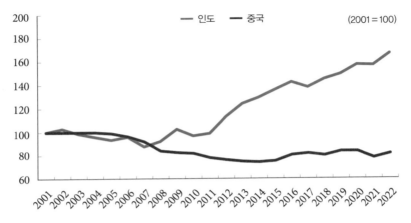

중국과 인도의 대미달러 환율 추이(연평균)

자료: IMF

구하고 중국의 경상수지 흑자는 감소하지 않았다.

인도 루피화는 2001년 평균 1달러당 47.2루피였고, 2008년까지는 오히려 통화가치가 상승했다. 이때는 국제금융시장에서 골드만삭스가 불러일으킨 BRICs 유행에 따라 포트폴리오 투자와 직접투자가 인도에 유입되었기 때문이다. 이를 바탕으로 인도경제는 높은 성장률을 기록했다. 그러나 루피화 가치는 계속 하락하여 2022년 78.6으로 떨어졌다. 수입대체형 국가에서는 일반적으로 통화가치를 고평가한다고 알려졌으나 인도는 수입대체형 공업화에도 불구하고 통화가치는 지속적으로 하락했다. 이는 인도의 무역적자 때문이었다. 2012년 이후 인도 루피화의 대미달러 환율은 상승하기 시작하여 2016년이면 2012년 대비 거의 40%가 상승하였다. 물론 이후에도 루피화의 가치 하락은 계속되어 2021년 말이면 2001년 100이었던 루피화 환율지수는 160을 상회하였다.

3. 빚으로 쌓은 경제의 안정성은

거시경제의 구조와 성장과정에 대한 검토에 이어 경제의 안정성에 대해 검토를 할 때가 되었다. 먼저 가장 많은 논란이 되는 채무문제이다. 경제주체를 정부, 기업, 가계로 구분하면 중국과 인도는 모두 부채문제를 안고 있다. 중국의 채무의 GDP 비율은 2022년 297.2%이고, 인도는 172.7%이다. 중국의 전체 채무부담은 한국에 비해서도 더 높다. 중국 전체 채무의 GDP 비율은 2017년 259.4%로 약 38% 포인트 상승했고 인도의 경우는 10% 포인트 상승하는데 그쳤다. 중국의 채무에 대해서 많은 사람들이 우려를 하고 있다. 한 경제기자는 2016년 말 중국의 부채가 GDP의 260%이고 빚의 증가가 빠르게 늘어난다고 하여 위기가 올 수 있다고 했다. 그가 쓴 책의 이름은 《빚의 만리장성*China's Great Wall of Debt*》이었다.[21]

중국의 정부채무는 2022년 GDP의 77.7%에 이르고 있고 2017년 54.9%에 비해 급속히 증가했다. 인도의 정부채무는 2022년 85.1%로 중국보다도 더 높다. 정부채무는 정부가 차입을 통해 적자를 보전할 때 나타나며, 채무가 증가한다는 것은 정부가 계속 적자를 기록하고 있다는 것이다. GDP 대비 정부의 지출을 비교해 보면 중국은

2021~22년 기간 21% 수준이고, 인도는 15~16%선이다. 즉 중국이 인도에 비해 정부의 역할이 더 크다. 정부지출의 가장 중요한 원천인 조세의 GDP 비율도 중국에서 훨씬 높다. 정부지출에 대한 수요, 즉 사회간접자본 건설, 복지수요 등이 증가하는 속도에 비해 정부의 수입 증가율이 낮기 때문에 재정수지가 적자를 기록하게 되는 것이다. 중국의 재정수지는 2021~22년 GDP의 −4% 수준에 이르렀고, 인도의 재정수지 적자는 GDP 대비 6% 이상이었다. 이러한 구조가 크게 변하지 않는다면 정부의 채무는 더욱 증가할 것이다.

정부채무보다 더 문제가 되는 것은 민간부채인데 특히 인도보다 중국의 민간채무는 상당한 위험수위에 있는 것으로 보인다. 중국은 민간부문 특히 기업부문의 채무가 높은데 2017년 GDP 대비 156.4%에서 2022년 135.3%로 약간 감소하여 채무 구조조정이 있었으나 여전히 매우 높은 수준이다. 인도의 기업채무는 2017년 58.3%에서 2022년 53.6%로 역시 약간 감소하였다. 가계의 채무는 중국이 2022년 61.3%, 인도가 36.4%로 한국의 105.0%에 비해서는 안정적인 수준이지만 중국 가계의 부채 증가 속도가 매우 빠르다는 사실은 우려스럽다.

중국의 기업채무의 실상을 정확히 파악하기는 어렵지만 비효율적인 국유기업이 상당한 부채를 안고 있을 것으로 짐작되고, 특히 부동산 버블이 형성되는 과정에서 부동산, 건설부문의 채무도 높은 것으로 짐작된다. 기업채무는 이익을 창출하여 갚아야 하지만 중국이

중국, 인도, 한국의 채무 상황 （단위: %）

	중국		인도		한국	
	2017	2022	2017	2022	2017	2022
총채무/GDP	259.4	297.2	162.3	172.7	217.8	269.2
정부채무	54.9	77.7	69.6	85.1	35.9	44.6
민간	204.5	219.5	92.8	90.1	181.9	224.6
− 기업	156.4	135.3	58.3	53.6	92.5	119.6
− 가계	48.1	61.3	34.5	36.4	89.4	105.0

자료: BIS

고도성장의 시대가 저물고 있다는 점에서 채무에 대한 원리금을 제대로 상환할 수 있는 기업이 많지 않다면 금융시스템을 불안정하게 할 것이다. 세계 주요국이 인플레이션 압력에 대처하기 위해 기준금리를 인상한 2022~23년 기간에도 중국은 기준금리를 수차례 인하했는데 이는 기업의 높은 채무부담 경감과 관계가 있을 것이다.

한편 이미 앞에서 설명한 바와 같이 중국의 경상수지는 상품수출의 호조로 계속 흑자를 유지하고 있고, 인도는 반대로 적자를 기록 중이다. 경상수지 적자는 외환보유고를 줄이거나, 외국으로부터의 투자 혹은 차입으로 보전해야 한다. 만약 성장잠재력이 높거나 비즈니스 가능성이 높다면 외국인 직접투자가 유입되고 포트폴리오 투자도 증가할 것이다. 그러나 일반적으로 대부분의 국가는 일부는 차입을 통해서 외화유동성을 운용한다. 중국과 인도 역시 마찬가지이다. 중국이 아무리 외환보유고가 충분하더라도 기업은 외화를 조달하여

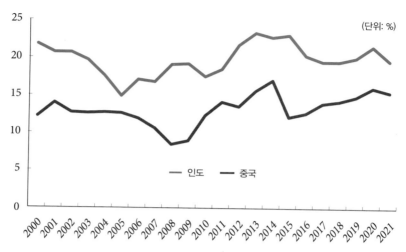

중국과 인도의 외채비율(대 GNI)
자료: ADB(2023). *Key Indicators for Asia and the Pacific 2023*.

기업운영에 사용할 수 있다. 중국의 외채규모는 2021년 말 2조 7,025억 달러에 이르고, 인도의 외채는 6,129억 달러에 달한다.

외채의 상대적 규모를 파악하기 위해 각국의 국민총소득(GNI) 대비 비율을 구해보면 중국 외채의 절대규모가 크지만 인도에 비해서 부채의 부담은 낮다. 중국 외채는 GNI 대비 15%를 밑돌거나 약간 상회하는 수준으로 유지되고 있다. 이에 비해 인도의 GNI 대비 외채는, 낮을 때는 15% 수준에도 있었으나 전체적으로 20% 선에 이르고 있다. 외채의 부담 정도는 상품 및 서비스 수출 총액에 대비해 외채 원리금 상환이 얼마나 되는가를 통해 파악할 수 있다. 이 또한 중국의 부담이 인도에 비해서 더 낮다.

제 4 장

여전한 격차가 있는 산업과
양국의 주요 기업들

1. 산업의 고도화, 여전한 시간적 격차

고도화하는 산업구조 속에서도 드러나는 격차

제조업은 중국경제의 고도성장을 이끌어 왔다. 지난 20년 동안 중국의 산업구조는 크게 변했다. 일반적으로 건설업을 2차산업에 포함하는데 중국은 2차산업, 즉 공업에 광업, 제조업, 수도·전기·가스업만 포함하고 있다. 중국은 매년 공업부문의 경영성과를 조사·발표하는데 전수조사를 할 수 없어 일정한 규모 이상의 기업만 대상으로 한다. 그 기준은 2011년 이후 각 기업의 중심 사업부문의 매출이 2천만 위안 이상인 기업이다.[1] 이에 따르면 2022년 광공업부문에는 47만 2,009개의 기업이 자산 160조 1,926억 위안, 매출 133조 3,214억 위안, 그리고 이윤 8조 4,162억 위안이었다. 이 중에서 제조업기업은 44만 1,027개, 매출은 115조 1,838억 위안이었다.

노동집약적 부문은 2004년까지만 해도 기업 수나 고용 그리고 생산에서 높은 비율을 차지했지만, 2022년에는 비중이 대폭 감소했다. 섬유업은 2004년에 기업 수의 7.8%, 고용의 5.0%에서 2022년에는 각각 4.3% 및 3.4%로 하락했고, 의류산업은 기업 수와 고용에서 2004년 5.0% 및 5.3%를 차지했으나 2022년에는 각각 2.9% 및 3.0%로, 생산 역시 2.1%에서 1.0%로 하락했다. 중국이 개방을 시작한 초기에 인건비가 저렴한 노동력을 목표로 진출했던 한국, 홍콩, 대만기업의 역할이 감소했고, 중국기업들도 점점 자본 및 기술집약적 산업으로 이동하고 있다는 뜻이다.

자동차, 열차, 조선 등 운송장비 제조업의 경우 2004년 기업 수와 고용에서 4.3% 및 5.4% 그리고 생산에서 7.1%였으나 2022년에는 5.1%, 8.1% 그리고 7.7%로 증가했다.[2] 또한 전기기기 및 전자산업의 비중 또한 대폭 증가했다. 결국, 중국의 제조업은 노동집약적 경공업부문에서 자본 및 기술집약적 산업부문으로 산업의 중심이 이전했다고 볼 수 있고 우리는 이러한 현상을 산업구조 고도화라고 한다.

중국의 거대한 생산력을 다 이야기할 필요는 없다. 우리에게 익숙한 상품들의 생산량 추이만 봐도 중국의 제조업 생산이 얼마나 대단한가를 알 수 있다. 예컨대 컬러TV는 1985년 435만 대에서 2000년 3,936만 대를 생산했으나 2021년에는 1억 8,497만 대에 달했다. 이는 2018년의 1억 9,695만 대보다는 다소 감소한 것이다. 휴대전화는 2000년 처음으로 생산을 시작하여 5,248만 대를 생산했으나 2021년에는 16억 6천만 대를 넘어섰다. PC 생산량은 2000년 672만 대에서 2021년 4억 67만 대에 이를 정도로 증가했다. 자동차도 중국기업과 다국적기업이 1985년 43만 7천 대를 생산했는데, 이 중에 승용차는 보잘것없는 9천 대에 불과했다. 자동차 생산은 2000년 207만 대에 이르렀고, 이 중 승용차는 61만 대로 증가했고 2021년에는 전체 2,626만 대 중 승용차만 971만 대에 이를 정도가 되었다.[3] 중국은 세계 최대의 전자산업 집적지이자 자동차 생산국이 된 것이다.

인도의 공장법The Factories Act은 그 법의 이름이 암시하는 것과 전혀 다르게, 공장에서 일하는 노동자의 보건, 안전, 복지, 노동조건들을 규정하고 있다. 1934년 영국 식민지 시기에 성립된 법안은 1948년에 인도의 법률로 제정되었고 1987년에 개정되었으나 장기간 노동조건을 규정하는 법률로 존재했다. 공장법은 일정한 조건을 갖춘 기업만 등록하도록 하여, 등록기업은 근대적이고 규모가 있는 공장이라고 할 수 있다. 정부의 등록기업에 대한 경영내용 조사[4]에 의하면 인도 제조업체 수는 2003/04년에 12만 6천 개, 종사자는 777만 명 정도였다. 또한, 제조업 생산은 12조 77억 루피, 부가가치액은 2조 293억 루피로 나타났다. 인도의 광공업 통계는 코로나19로 지연발표되어 2023년 9월 현재 이용 가능한 통계는 2019/20 조사결과이다. 제조업체 수는 사업체 단위(공장 기준)로 198,628개이며, 전체 고용은 1,306만 명 정도이다. 제조업 생산은 89조 8,330억 루피이고, 부가가치액은 14조 8,575억 루피이다.

업종별로 보면 2003년에는 음식료와 섬유산업이 각각 18.9% 및 10.3%로 가장 많은 기업이 있었으며 고용 역시 음식료와 섬유산업이 16.7% 및 15.6%로 가장 많은 고용을 창출하고 있었다. 생산의 경우 화학 및 화학제품 제조업과 섬유산업이 각각 14.1%, 그리고 코크스 및 정유업이 14.0%로 역시 비중이 높았다. 부가가치 기준으로는 화학 및 화학제품 제조업이 제조업 전체 부가가치의 17.7%를 차지하고 있다. 2019/20년에는 음식료업 기업이 가장 많으며 섬유를 제치고 비금속광물제품 제조업이 그 뒤를 잇고 있다. 음식료, 섬유, 화학 및 화학제품 제조업은 각각 10% 이상의 고용을 창출한다. 생산에서는 음식료, 기초금속, 화학 및 화학제품, 그리고 코크스 및 정유업이 10% 이상을 차지하고 있다.

인도의 제조업 구조는 중국과는 달리 16년의 시간에도 불구하고 큰 변화를 보이지는 않는다. 물론 자동차산업의 비중이 높아졌고, 특히 고용비중은 3.7%에서 6.5%로 대폭 증가했지만, 중국에서 섬유, 의류산업의 비중이 모두 감소한 것과는 달리 인도에서는 섬유산업의 고용은 대폭 감소했으나 의류부문의 경우 기업, 고용, 생산 모두 대폭 증가했다. 전자산업의 경우도 2003/04년에 비해 기업, 고용, 생산비중 모두 감소했다. 다국적 통신기기 제조업체인 대만의 애플 기기 생산업체 3곳이 모두 인도에서 휴대전화를 생산하기 시작했으나

2019/20년 실적에는 크게 영향을 미치지 못한 것으로 보인다.

인도의 제조업은 노동집약적인 음식료, 섬유산업의 비중이 크며 생산이나 부가가치에서는 화학 및 화학제품, 기초금속_{철강} 등 상대적으로 장치산업 성격이 강한 업종의 비중이 높다. 반면, 전자 및 기계 등 세계 산업을 이끄는 분야의 비중은 극히 낮다. 다른 동아시아 국가와 비교할 때 인도는 아직도 경제발전 초기의 모습에 머물러 있다.

여전한 차이를 보이는 양국의 수출산업

한 나라의 산업구조는 다양한 요인에 의해 결정된다. 노동력과 자본 그리고 천연자원을 포함하는 부존자원의 구조와 그것이 결정하는 요소의 상대가격체계 등이 중요한 요인이다. 또 다른 중요 요건은 소득수준이다. 소득이 낮은 단계에서는 필수소비재의 수요가 높지만, 소득이 높은 국가에서는 소득탄력성이 높은 고급재화 및 사치재의 수요가 증가한다. 소득수준이 시장의 크기를 결정하며 산업구조에 영향을 미치는 것이다. 여기에 국민경제의 기술 수준 또한 산업구조에 영향을 미친다. 국내에서 소비가 없더라도 기술 수준을 갖추고 있다면 해외시장 판매용으로 생산할 수 있다. 또한, 국내에서 소비 잠재력이 있는 품목이라도 기술 수준이 낮으면 국내생산으로 충당하지 못하고 수입해야 하므로 기업의 기술 수준은 산업구조를 결정하는 공급 측 요소라고 할 수 있다.

어떤 나라에 어떤 산업이 중심적인 주도 산업인지 파악하는 것은 중요한 일이다. 중국의 주요 산업은 제조업이다. 중국은 제조업을 기반으로 세계 최대 수출국이 되었다. 물론 중국의 거대한 내수시장에 공급하고 있는 비교역재 산업, 식품산업 등의 중요성을 무시할 수 없고 또 전력, 항공, 건설 등 기간산업 관련 기업의 중요성도 외면할 수 없다. 또한, 역시 거대한 시장을 기반으로 한 IT 기반의 e-커머스 관련 기업도 중요하다. 그러나 역시 중국경제를 규정하는 가장 중요한 산업은 수출산업이다.

중국이 WTO에 가입한 2001년 상품수출액은 2,661억 달러였고, HS 4단위 기준 최대 수출품목은 HS 8471로 주로 컴퓨터 관련 제품이었으며 수출액은 131억 달러였다. 2위 품목은 컴퓨터 관련 제품의 부품과 액세서리인 HS 8473으로 82억 달러를 수출했다. 이 시기 중국의 컴퓨터 관련 산업은 대만기업들이 진출하여 만든 것이었다. 3위 품목은 HS 8525인 라디오 및 TV 송수신기로 51억 달러였다. 4위는 여성 의류, 5위는 저지, 카디건, 웨이스트코트 등 유사 니트 제품, 6위는 자전거, 스쿠터 등이었다. 7위는 가죽운동화였고 8위는 남성 의류, 9위는 트렁크, 슈트케이스 등 가방류, 10위는 전기 트랜스포머, 전환기 등이었으며 11위는 무선전화기(HS 8517)였다. 대만기업이 미국 애플의 전화기를 생산했고 한국기업도 중국에서 휴대전화를 생산했다. 노동집약적인 의류 및 신발, 봉제 외에 고급기술이 필요하지 않았던 전기전자 일부 품목이었다.

이에 비해 2010년에는 1위 품목은 1,390억 달러의 컴퓨터 관련 제품(주로 노트북)으로 동일했으나 무선전화기가 1,060억 달러로 2위로 올라왔다. 대만의 노트북 업체들과 EMS 업체들이 활발하게 진출했고, 레노버와 같은 중국업체들도 성장한 결과였다. 3위는 선박으로 352억 달러의 수출을 달성했는데, 국제적으로 조선 경기가 호조였지만, 중국이 한국-일본에 이어 조선업을 육성한 결과였다. 다이오드, 트랜지스터 등 반도체(HS 8541)가 4위 품목으로 등장했는데 수출금액이 320억 달러에 달했다. 5위는 모니터, 6위가 컴퓨터 관련 부품, 7위는 반도체 집적회로(HS 8542), 8위는 LCD(HS 9013), 9위는 인쇄회로기판(HS 8443), 10위는 전기 트랜스포머, 전환기(HS 8504)였다. 한때 중국 수출산업의 중심이었던 노동집약적 제품은 이미 2010년이면 벌써 10위 밖으로 밀려났다.

중국의 2022년 1위 수출품목은 무선전화기인데 2,381억 달러를 수출했다. 여전히 애플의 제품이 중국에서 생산되고 이제 오포, 샤오미, 화웨이 등 중국기업들이 주로 가격이 저렴한 제품을 찾는 동남아와 인도 등 개발도상국으로 가성비 좋은 제품을 수출한다. 컴퓨터 관련 제품은 2위로 1,879억 달러, 3위는 반도체 집적회로, 4위는 다이오드, 트랜지스터 반도체, 5위는 HS 8507로 전기 배터리, 6위는 자동차 부품(HS 8708)으로 497억 달러를 수출했으며, 7위는 스쿠터 등(HS 9503), 8위는 정유제품 등이었다. 중국은 이제 첨단 제품을 주로 수출하는 국가가 되었다.

인도의 수출은 2001년 439억 달러에 불과했고, 1위 수출품이 다

인도의 주요 수출품과 비교한 중국의 수출 (단위: 억 달러, 배)

	인도	중국	중국/인도
전체 수출액	4,527	35,936	7.9
석유정제품(2710)	944	483	0.5
무선전화기(8517)	109	2,381	21.8
수송기기(자동차, 87)	213	1,502	7.1
철강 및 철강제품(72+73)	251	1,876	7.5
섬유봉제(61+62+63+64)	257	2,675	10.4
IC칩(8541+8542)	11	2,204	200.4

* 중국은 2022년, 인도는 2022 회계연도(2022.4~2023.3)
자료: ITC DB

이아몬드, 2위가 석유제품, 3위는 보석귀금속이었으며 쌀, 의약품, 갑각류, 여성 의류, 철광석, 면사, 티셔츠 등이 상위 품목에 포함되어 있었다. 천연자원 관련 제품이거나 의류가 주요 수출상품이었다. 2010년에는 수출이 2,204억 달러로 대폭 증가했는데, 석유제품을 366억 달러 수출했고 다이아몬드가 2위로 227억 달러였다. 3위는 보석귀금속이었고 4위는 철광석이었다. 5위는 의약품(영양수액), 6위는 구리, 그리고 승용차(HS 8703)가 45억 달러로 7위에 올랐다. 면화와 면사가 각각 10위 내의 수출품목이었다.

인도의 2022년 수출은 4,527억 달러로 전년 대비 14.7% 증가했다. HS 4단위 기준으로, 석유정제품 수출이 944억 달러로 74.7% 증가하여 전체 수출의 20.9%를 차지하였다. 2위는 다이아몬드로 전년의 247억 달러에서 약간 감소한 239억 달러였고, 3위는 의약품으로

175억 달러를 수출했다. 4위가 보석귀금속, 5위는 전년 대비 69.3%
가 증가한 109억 달러를 수출한 무선전화기였는데 이 제품은 전년의
65억 달러 수출로 7위를 기록했던 것에서 두 계단이나 뛰어오른 것
이었다. 6위는 쌀로 108억 달러를 수출하여 세계 최대의 쌀 수출국
이 되었다. 7위는 알루미늄, 8위는 자동차 부품으로 67억 달러, 9위
는 승용차로 66억 달러를 수출했다. 인도의 수출산업에도 전통적으
로 강세였던 보석귀금속류(다이아몬드 포함) 등이 강세를 보이기는 하
지만, 무선전화기, 자동차 등이 주요 품목으로 자리를 잡으면서 인도
도 기술 및 자본집약적 제조업이 태동하고 있음을 보여주었다.[5]

　중국의 수출이 전기전자제품 중심으로 전환되었지만, 인도의 수
출은 전기전자산업에서는 이제 무선전화기가 중요한 수출품으로 등
장했다. 인도는 일찍부터 노키아가 진출하여 중저가의 전통적 무선
전화기를 생산했다가 2020년경부터는 삼성전자가 갤럭시를 생산하
여 수출하고 있다. 중국과 인도의 ICT 제품 수출은 중국이 특정 품
목에서 금액 자체가 클 뿐만 아니라 전체 수출에서 차지하는 비중 역
시 훨씬 크다.[6] 2000년 중국의 ICT 제품의 수출비율은 17.7%에서
2005년 30.7%로 증가했고, 이후 비중은 약간 감소했지만 그래도
2021년 25.5%이다. 인도는 2000년 1.7%에서 이후 1~3% 선을 유
지했는데 2014~17년에도 1.0% 수준이었다. 이후 무선전화기 수출이
증가하면서 2019년 2.0%가 된 이후 2021년에는 2.2%로 증가했다.[7]

　인도의 수출상품 구조가 시간이 지나면서 전자제품, 자동차 등

기술 및 자본집약적 제품의 비중이 증가하는 것으로 나타나지만 절대 규모에서는 아직 미미하다. 참고를 위해 인도의 주요 제품의 수출 실적을 중국과 비교해 보면 양국의 수출구조 나아가 산업구조에 대해 어느 정도 이해할 수 있다. 전체 수출은 중국이 인도의 7.9배 정도이며 인도 최대의 수출상품인 석유정제품은 인도가 중국의 2배 정도를 수출하여 인도가 나름대로 높은 경쟁력을 갖고 있음을 알 수 있다. 대부분의 다른 중요 제품 수출은 중국이 인도에 비교해 훨씬 많다. 인도가 다국적기업을 유치하여 수출을 늘린 무선전화기에서도 중국은 인도의 20배 이상 수출하고 있고, 인건비가 저렴한데도 불구하고 섬유봉제품의 수출에서도 중국은 인도의 10배 이상의 실적을 올리고 있다. 가장 주목할 만한 점은 IC 부문이다. 인도의 IC칩은 2022년 11억 달러를 수출했는데 중국은 같은 해 2,204억 달러의 IC 칩을 수출해 인도보다 200배 이상의 수출고를 올렸다.

2. 두 나라의 주요 산업

하드웨어 최대 규모 중국과 소프트웨어 선두 주자 인도 — 전자와 IT

중국은 1980년대 초 가전제품 사업을 시작할 때 일본기업으로부터 기술을 이전받았다. 이후 가전업체들은 빠른 속도로 성장했는데 중국 내수시장이 워낙 규모가 컸기 때문이었다. 또 한국 및 일본기업의 직접투자로 가전제품의 질이 좋아지면서 전자산업은 서서히 수출산업으로 발전해 갔다. IT 관련 전자산업은 대만기업의 투자에서 시작되었다. 작은 공장에서 사업을 시작한 대만의 IT기업들은 처음에는 주로 컴퓨터와 관련 부품을 생산했다. 특히 컴퓨터 주변기기들은 노동비용에 상당한 영향을 받았고 이들은 처음에 중국 남부지역으로 진출했다. 이미 IT 관련 기업이 투자하기 이전부터 대만의 신발, 봉제업체들이 주로 광둥성과 푸젠성 일대에 진출하여 경험을 쌓고 있었기 때문에 리스크는 크지 않았다. IT기업들 역시 처음에는 화난지역에서 생산을 시작했으나 점점 양쯔강 하구지역으로 입지를 이전하기 시작했고 상하이 부근은 대만 노트북, 컴퓨터 주변기기 등 IT기업의 중심적인 활동지가 되었다.

중국의 IT산업은 하드웨어 부문에서 세계 최대 규모이다. PC 생산은 1995년 60억 달러에서 2004년에 이미 840억 달러로 증가해 중국은 세계 1위의 컴퓨터 생산국이 되었다. 중국은 세계 최대의 PC 생산국으로 2019년에는 전 세계 PC 시장 1.6억 대 중 90%를 공급했다.[8] 대만기업들이 가장 중요한 생산자인데 이들은 1990년대 초에 대만 지가와 인건비 상승에 따라 중국으로 부품 생산을 확대하였고 현재는 광둥, 양쯔강 삼각주 및 상하이, 쑤저우 등지에 대규모 클러스터를 형성하고 있다. 대만 당국이 2001년 중국에 대한 투자규제를 완화하자 대만의 ODM 업체들은 중국으로 대거 이전하였다. 데스크톱, 노트북, 모니터, 마더보드, 키보드, 케이블, 커넥터 등 본체 및 주변기기 생산이 급격히 증가한 것이다.

중국의 IT산업에서 대만의 EMS 업체 특히 홍하이정밀 폭스콘의 투자는 중국과 대만의 전자산업뿐만 아니라 세계의 전자산업 생태계까지 바꿔 놓았다. 1988년 선전에 진출한 폭스콘은 2000년 초부터 미국 전자업체의 주문을 받아 다양한 제품을 생산하기 시작했다. 폭스콘의 선전, 정저우 기지 등은 중국 여성노동자들의 집합소가 되었다. 노동자에 대한 열악한 처우가 문제로 지적되기도 했지만, 폭스콘을 따라 다른 EMS 업체도 중국에 진출하여 IT 제품 중심의 전자제품을 생산하였고 전자산업은 중국의 최대 산업이 되었다. 중국의 총수출에서 ICT 제품 수출은 2000년 17.7%에서 급속히 상승하여 2006년에는 30.7%가 되었다. 이후 그 비중은 계속 25% 이상을 유지 중이다.

특히 중국은 세계 최대의 반도체 집적회로 시장이다. 2022년 중국의 IC칩(HS 8542) 수입은 4,165억 달러였는데 이는 전 세계 수입금액의 33.2%에 이른다. 전년의 4,337억 달러에 비해 약간 감소했는데 국제가격의 하락에 영향을 받았을 것이다. 중국은 세계 전자산업의 중심이 되었기 때문에 반도체 수요가 폭증하고 있다. 중국의 반도체 수출액은 2022년 1,545억 달러로 2,600억 달러 이상의 적자를 기록하고 있다. 중국정부는 제조 2025에서도 반도체산업의 육성을 가장 중요한 과제로 삼고 있다. 반도체 생태계 중에서 중국은 팹리스, 즉 설계부분인 시스템 반도체, 제조장비 및 소재 분야에 집중하고 있다. 파운드리는 설계기술이나 제조장비 및 소재 분야가 발달하면 당연히 해결될 것으로 믿은 것이다. 즉 제조 2025에서 반도체산업의 목표는 반도체산업의 생태계를 구축하기 위한 팹리스와 후방산업의 육성이었다.[9]

중국은 코로나19가 시작되기 전에는 어느 정도 반도체산업의 육성에 자신감을 가졌던 것 같다. 반도체산업의 시작은 한국과 대만기업의 투자에 어느 정도 힘입었으나 중국은 기술획득을 위해 국가집성전로산업투자기금國家集成電路産業投資基金 일명 국가대기금國家大基金을 설치하여 2014년부터 중국 반도체업체들을 지원하기 시작했고, 고임금을 지급하며 한국과 대만의 기술자를 고용하는 등 노력을 기울였다. 그 결과 IDM 부문에서 YMTC, CXMTChangXin Memory Technologies 등이, 파운드리 부문에서는 SMIC, 화둥 반도체 등이 두각을 나타냈으며, 팹리스 부문에서 HiSilicon 등 중국기업이 성장하였다. 특히 HiSilicon은 화웨이와 손잡고 화웨이의 스마트폰 및 5G 성장에 결정적인 역할을 했다. 미국정부는 화웨이를 1차 공격목표로 삼고 2020년 5월 HiSilicon이 미국기업들로부터 칩 디자인 소프트웨어를 조달하지 못하도록 규제를 가하기도 했다.[10]

중국과 비교해 인도의 ICT 하드웨어 수출은 2000년 이후 단 한 번도 5% 이상을 넘어 본 적이 없다. 대신 인도의 IT산업은 IT서비스산업에 집중해 왔다. 이 점에서 중국과 인도의 IT산업은 극명하게 비교된다. IT하드웨어산업에서 무선전화기 생산에 그치고 있는 인도는 소프트웨어 부문인 IT서비스산업에서는 세계적인 경쟁력을 자랑한다. 벵갈루루를 중심으로 우수한 IT 인력은 서구의 기업들을 위한 소프트웨어를 제작하고 국제적인 ITS-BPM 산업의 중심지를 만들었다.

한때 세계 휴대전화 시장을 이끌었던 노키아가 인도에서 중저가 제품을 생산하기도 했으나 휴대전화 수요가 스마트폰으로 이동하면서, 본격적으로 인도가 통신기기 제조국이 된 것은 삼성전자가 첸나이에서 갤럭시를 생산한 이후이다. 삼성전자 외에 중국에서 집중적으로 애플의 제품을 생산하던 대만의 폭스콘, 위스트론 그리고 페가트론이 모두 인도에 진출했다. 또한, 중국의 비보, 오포 등도 인도에 진출했다. 가장 늦게 진출한 페가트론의 경우 2022년 1억 5천만 달러의 투자로 생산을 시작했는데 6개월이 채 못 되어 2공장을 타밀나두에 건설할 계획을 세웠다. 인도에서 2022년 4월부터 2023년 2월 말까지 약 90억 달러의 스마트폰이 수출되었는데 그중 아이폰이 절반 이상을 차지한 것으로 전해졌다.[11]

인도에서도 소득이 증가하면서 점차 스마트폰 소비가 증가했는데 2010년 2.75%에 불과하던 스마트폰 보급률은 2021년 50%에 이른 것으로 보인다. 인도의 인구규모를 생각하면 한 해에도 엄청난 스마트폰이 판매되고 있다. 이 때문에 인도 스마트폰 시장은 다수 기업의 경쟁장이 되었다. 세계 스마트폰 시장에서 고급제품은 애플과 삼성전자가 각축하는 가운데 중급제품에서는 중국기업들이 높은 시장점유율을 차지하는데, 이러한 현상은 인도에서도 마찬가지이다. 인도의 스마트폰 내수시장은 삼성과 중국 브랜드가 75% 이상을 차지하고 있다.

인도는 ICT산업의 최종 목적지로 반도체산업 육성을 꿈꾸고 있다. 미국이 중국 반도체산업을 견제하자 기회가 왔다고 판단한 것이다. 드디어 2022년 반도체산업에 뛰어들기로 한 세계 최대의 EMS업체이자 최대 애플 제품 생산업체인 폭스콘이 인도의 반도체산업에 투자하기로 결정했다. 인도의 기업집단 베단타Vedanta와 손잡고 195억 달러를 투자하여 반도체와 디스플레이를 생산하기로 한 것이다. 그러나 이 프로젝트는 2023년 6월 양자가 결별함으로써 더 이상 진척되지 않았다. 반도체산업은 막대한 자본투자는 물론, 삼성이나 TSMC와 같은 오랜 경험과 지식의 축적이 필요하다. 양자의 결별 이유는 사업의 속도가 순조롭지 않다는 점과 기술 협력 대상인 유럽의 칩메이커 STMicroelectronics와의 협력문제가 여의치 않았기 때문이라는 분석이다.[12] 인도는 당분간 스마트폰 생산에 주력할 수밖에 없을 것이다.

자동차산업 규모는 6배 차이

중국의 자동차산업은 내수산업으로 1950년대에 발아했지만, 본격적으로 성장한 것은 유럽의 폴크스바겐 등 다국적 자동차업체의 투자였다. 서구의 자동차산업이 중국에 진출할 때도 자동차 수요의 성장잠재력을 고려한 것이었다. 그렇다고 중국이 자국시장을 다국적기업에게 그대로 내어 줄 생각은 없었다. 다국적기업은 중국기업과 합작형태로 진출해야 했고, 또 중국은 순수 국산 자동차회사를 육성하기 위해 노력했다. 중국의 소득이 증가하면서 자동차시장 규모는 빠르게 성장했다. 경제성장으로 소득이 증가하면서 자동차 수요가 늘어났고, 많은 인구를 배경으로 소비가 폭발적으로 확대된 덕분이다. 자동차 판매량은 중국이 WTO에 가입한 2001년 237만 대에 불과했으나 5년 후인 2006년에는 722만 대, 2010년에는 1,806만 대로 증가했다. 이 무렵 중국은 미국을 제치고 생산량과 판매량 모두 세계 최대의 자동차산업 국가가 되었다. 그리고 2017년 판매량은 2,808만 대가 되었고 이는 2022년의 2,688만 대보다 더 많은 것이었다.[13]

자동차 생산은 2022년 완성차 기준 2,702.1만 대였는데, 승용차가 2383.6만 대, 상용차 318.5만 대 등이었다.[14] 친환경차 생산은 688.7만 대로 전체의 25.5%에 이르고 있다. 승용차 중에서 세단이 1118.7만 대(이중 친환경차 371.3만), SUV가 1138.1만 대(친환경차 288만 대), MPV(다목적승용차)가 95.1만 대(친환경차 7.5만 대)였다. 판매량은 전체 2,686.4만 대였으며 승용차가 2,356.4만 대, 상용차가 330만 대였다. 승용차 중에서는 세단이 1111.6만 대(친환경차 365.9만), SUV 1118.7만 대(친환경차 276.9만), MPV가 93.7만 대(친환경차 7.2만)였다. 승용차 판매 중에서 중국 브랜드는 1,178.6만 대로 전체 승용차 판매의 49.9%를 차지하는데 중국 브랜드 친환경차가 523.3만대로 중국 브랜드 승용차의 44.4%가 친환경차이다. 중국

중국 자동차업체의 내수 판매(2022)

업체	판매량(만 대)	증가율(%)	시장점유율(%)
상하이자동차	428.5	-10.1	18.0
디이(第一)자동차	316.8	-8.9	13.3
둥펑	267.7	-14.3	11.3
광기(광조우)	240.2	13.2	10.1
창안	209.7	-2.1	8.8
비야디(BYD)	181.0	148.4	7.6
북기	134.4	-18.2	5.7
길리(지리)	123.5	1.8	5.2
장성	89.4	-21.4	3.8
체리(chery)	77.8	12.7	3.3
계	2,069.0		87.1
기타	306.3		12.9
계	2,375.3		100.0

자료: 中國汽車協會 行業信息部.《2022年 汽車工業産銷情況》. p.21.

이 세계적인 전기차 중심지가 된 것이다.[15]

　　다국적기업이 장악하고 있던 승용차시장에서 중국기업이 성장했고, 그 결과 자동차 내수시장에서 중국 상표의 차량비중이 증가했으며, 나머지 시장을 두고 독일, 일본, 미국, 한국기업이 경쟁하고 있다. 2022년 내수 판매 상위 10대 기업의 판매량 합계는 2,069만 대로 전년 대비 1.7% 하락했지만, 전체 판매의 87.1%를 차지하고 있다. 상하이자동차가 428.5만 대를 판매했고, 디이第一자동차가 316.8만 대를 차지하여 1, 2위를 기록하고 있다. 다수 업체의 판매량이 2021년 대비 감소했지만, 전기차 업체인 비야디BYD가 181만 대를 팔아 전년 대비 148.4%의 폭발적인 성장을 했다.

중국기업의 성장은 특히 친환경차의 생산과 소비 증가에 힘입었다. 중국은 내연기관차에서 선진국 기술을 따라잡는 것보다 새로운 영역을 개척하는 편이 낫다는 생각을 했다. 친환경차는 2022년 705.8만 대를 생산해 688.7만 대를 판매하여 전년 대비 각각 96.9%와 93.4% 증가했다. 생산에서는 전기차가 546.7만 대, 하이브리드차가 158.8만 대였고, 내연기관차가 0.4만 대였다. 판매에서는 전기차가 536.5만 대, 하이브리드차가 151.8만 대 그리고 내연기관차가 0.3만 대였다. 전기차가 생산과 판매에서 각 83.4%와 81.6%로 중심을 이루고 있다. 친환경차 판매는 2020년 136.7만 대, 2021년 352.1만 대 그리고 2022년 688.7만 대로 급격히 상승하고 있다. 생산 및 판매 모두 2021년에 비해 비약적으로 증가했다. 전기차 전성시대가 열린 것이다.[16]

중국의 자동차 수출도 급속히 증가했다. 중국은 2020년 99.5만 대를, 2021년에는 201.5만 대를 수출하여 한 해 만에 두 배 이상 늘었다. 2022년 수출 대수는 311.1만 대로 독일을 제치고 일본에 이은 제2위 수출국이 되었다고 평가한다. 수출액도 비약적으로 증가했는데 원래 중국은 버스 등 10인 이상 자동차의 부품(HS 8708)에 상당한 경쟁력을 갖고 있었고 2021~22 계속 400억 달러 이상 수출했는데 승용차(HS 8703) 수출이 2020년 99억 달러에서 2021년 244억 달러, 그리고 2022년에는 449억 달러로 증가했다. 중국에서 전자산업에 이어 자동차산업도 중요한 수출산업이 된다면 세계의 산업지형은 크게 바뀔 것이다. 2022년 자동차 수출 중 완성차로는 상하이자동차가 90.6만 대, 체리가 45.2만 대를 수출했고, 테슬라도 27.1만 대를 수출했다. 2023년 5월 수출 누계는 175.8만 대였고, 속도는 둔화되었지만, 수출은 계속 증가하고 있는 셈이다. 중국차의 주요 시장은 멕시코·칠레 등 중남미, 사우디아라비아 등 중동지역이고 전기차의 경우 유럽 벨기에까지 진출했다.

자동차산업은 인도에서도 가장 중요한 산업 중의 하나이다. 인도는 자동차산업에 이륜차(모터사이클, 스쿠터 등)와 삼륜차, 사륜차를 모두 포함해 정의하고 있어 자동차산업을 분석할 때는 사륜차만 따로 떼어 보아야 한다. 인도에서도 많은 인구를 배경으로 다국적기업과 인도 국내기업이 활발하게 진출하고 있다. 인도는 2022/23년 561만 대의 자동차를 생산했다.[17] 이 중 상용차가 104만 대, 승용차가 458만 대 수준이다. 승용차와 상용차 모두 전년 대비 25% 이상 증가했다. 국내 판매는 상용차가 96만 대, 승용차가 389만 대로 총 485만 대였다. 이 가운데 승용차는 세단이 175만 대, 유틸리티 차량이 200만 대, 밴형이 14만 대 정도로 세단보다 유틸리티 차량이 더 많이 팔렸다. 인도자동차공업협회SIAM에 따르면 2001/02년의 생산량은 83만 대에 승용차가 67만 대 수준이었다. 이때 국내 판매는 약 82만 대였고 극히 일부만이 수출되었다.[18] 2018/19년에 세단 판매가

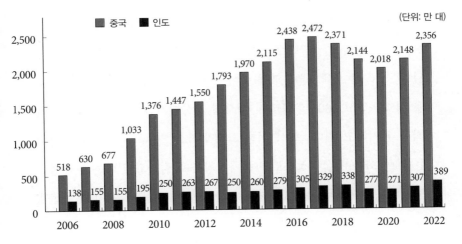

중국과 인도의 승용차 판매 대수 추이
* 인도는 각 연도 4월~다음 해 3월까지의 회계연도 기준.(인도의 2022년은 2022.4~23.3임)
자료: 중국은 중국자동차공업협회, 인도는 인도자동차공업협회

202만 대, 유틸리티 94만 대, 밴이 21만 대였으니 인도 소비자들의 선호가 급속히 바뀐 것이다. 수출은 2022/23년 상용차 8만 대 수준 그리고 승용차 66만 대 정도였다.[19]

인도의 승용차시장에서 소비자의 선호가 바뀌고 있는 이유는 새로운 업체의 생산 증가와 관계가 있다. 인도의 가장 대표적인 자동차 업체 마루티우디욕Maruti Udyog은 일본의 스즈키자동차가 1982년 소액 주주로 참여하여 인도정부와의 합작으로 설립한 자동차회사이다. 마루티스즈키가 진출하기 이전에는 3개의 작은 자동차회사가 자동차를 제조하고 있었는데 국내 수요 부족으로 규모의 경제를 누릴 수도 없었고, 보호받은 시장에서 기술개발의 유인도 없이 낙후된 기술로

생산하고 있었다. 스즈키의 진출로 설립된 이후 마루티우디욕은 인도 자동차산업을 실질적으로 개발하면서 거의 독점적 지위를 행사해 왔다. 처음에 소액지분으로 참여한 스즈키는 1992년 이후 다수 지분을 장악하였고 2003년 뭄바이 증시에 상장했지만, 여전히 대주주 자격을 유지하고 있다. 회사 이름도 마루티스즈키Maruti Suzuki로 변경했는데 이 회사가 실질적으로 자동차시장을 독점하고 있다는 문제점을 인식한 인도정부는 1993년 자동차산업을 개방하였고, 2023년 현재 16개의 자동차회사가 있다.

업체별 시장점유율을 보면 2021/22년에는 세단에서 마루티스즈키가 63.6%, 우리나라의 현대자동차가 15.8%, 인도기업인 타타자동차가 9.8%, 일본 혼다 5.4%순이다. 마루티의 시장점유율이 여전히 높다. 그렇지만 유틸리티자동차 시장에서는 마루티스즈키의 점유율은 19.5%에 불과했고, 현대가 16.8%, 타타가 15.2%, 역시 인도업체인 마힌드라 & 마힌드라가 15% 그리고 기아자동차 12.5% 순이었다. 마힌드라 & 마힌드라와 기아는 세단에서는 아직 자리를 잡지 못했다. 승용차 전체 시장을 업체별로 보면 2021/22년 마루티스즈키가 133만 대, 현대가 48만 대, 타타가 37만 대, 마힌드라 & 마힌드라는 23만 대, 그리고 기아자동차가 19만 대를 판매하고 있다.

인도의 자동차산업이 빠르게 성장하고 있지만 중국과 인도의 자동차산업은 역사, 소득수준, 시장경쟁 등의 차원에서 상당한 차이가 있다. 소득수준과 시장규모를 판단하는 중요한 지표로서 승용차 내수 판매량을 생각해 볼 수 있다. 2022년 중국의 승용차 판매 대수는 2,356만 대이지만 인도는 389만 대이다. 중국의 시장규모가 인도에 비해 6배 정도이다. 과거로 돌아가서 2006년 중국의 승용차 내수시장규모는 518만 대였는데 2022년 인도의 시장규모보다 더 크다. 또한, 2006년 이후 2022년까지 중국의 내수는 4.4배 증가했으나 인도는 2.8배에 그쳤다. 자동차 보급률이 높아지면 높아질수록 신규 수요창출이 어려워진다는 사실을 감안하더라도 인도의 자동차시장이 중국의 시장만큼 증가하기까지는 상당한 시간이 필요할 것이다.

인도가 자랑하는 IT서비스산업의 명암

디지털 시대가 가속화하면서 인터넷의 발전과 함께 IT 기반의 서비스산업을 낳았다. 인도가 자랑하는 IT서비스산업이다. 한 기업에서 IT 관련 서비스 기능을 분리하고 독립하여 외부에서 서비스를 공급하는 것이 IT서비스산업이다. 아웃소싱, IT 관련 유지보수, 보안서비스, 데이터 관리, 클라우드 컴퓨팅 등 IT서비스산업은 그 영역이 넓다. IT서비스산업은 인도의 상징과 같다. 인도의 우수한 IT 인력을 바탕으로 미국의 실리콘밸리에 있는 기업에까지 서비스를 공급하는 기업들이 성장하면서 벵갈루루를 중심으로 세계적인 IT서비스 클러스터가 생겨난 것이다. 인도의 IT서비스기업들은 전 세계를 상대로 24시간 서비스를 공급한다. 《뉴욕타임스》 기자였던 토머스 프리드먼은 벵갈루루의 IT서비스회사인 인포시스Infosys에서 최고경영자 난단 M. 닐레카니_{Nandan M. Nelekani}를 만나 그가 말한 "지금 우리가 게임을 하는 경기장은 평평해졌다"[20]는 말을 듣고 세계화와 관련된 그의 베스트셀러《세계는 평평하다 *The World Is Flat*》를 썼다.

IT서비스산업은 중국과 비교해 인도경제의 성취를 설명하는 증거로 자주 사용되기도 했다. 실제로 인도의 IT서비스 수출은 연간 1천억 달러를 상회한다. 2000년 이후 인도 ICT서비스 수출은 매년 대폭 증가했는데 이는 인도의 벵갈루루 지역과 미국 실리콘밸리의 시차가 서비스의 공급과 수요에 적절하다는 점, 인도에 영어를 사용하는 유능한 ICT서비스 인력이 풍부하다는 점, ICT서비스산업이 집적되어 있다는 점 때문이다. 인도는 상품수출의 막대한 적자를 서비스 수출에서 보완하고 있는데, ICT서비스의 수출은 인도 전체 서비스 수출의 50% 수준에 육박할 정도이다. 이에 비해 중국의 ICT서비스 수출은 2021년 500억 달러 수준이며 전체 서비스수출에서 차지하는 비중도 20%에 미치지 못한다.

IT서비스산업은 1995년 이전에는 미국기업들이 인도의 저비용 고기술 인력에게 IT 관련 서비스를 아웃소싱하면서 성장했고, Y2K 문제가 관심을 끌면서 1995~2000년에는 기업들이 R&D 투자를 늘리면서 인도는 IT 소프트웨어 관련 제품 개발지역으로 부상했다. 2000년 이후에는 IT서비스기업들이 대거 대기업으로 성장했고 이들 중에는 다국적기업으로까지 성장한 기업도 많다. 인도 IT서비스산업은 2022년 현재 거의 500만 개의 일자리를 만들어 내고 있으며,

주요 ICT 서비스 업체의 실적(2022/23 회계연도)

	인포시스	TCS	위프로
고용(명)	343,234	614,795	257,311
매출(백만 달러)	18,212	27,670	11,160
순이익(백만 달러)	2,981	5,252	1,392
1인당 매출(달러)	53,060	45,007	43,372
1인당 순이익(달러)	8,685	8,543	5,410

* TCS와 위프로는 루피화 매출과 순이익을 환율 81.48을 적용하여 구한 것임
자료: 각 사의 2022/23 연차보고서

관련 부문을 중심으로 스타트업도 많이 생겨났다. 2020년 회계연도에 ICT서비스산업의 산출은 IT서비스가 970억 달러, BPM 부문이 380억 달러, R&D 및 소프트웨어가 344억 달러이다. ICT서비스산업의 매출에서 수출비중은 IT서비스부문의 경우 81%, BPM 부문은 87% 정도이며 소프트웨어의 경우도 84% 수준이다.[21]

IT서비스산업이 빠르게 성장하면서 이 분야에서 활동하는 기업 역시 성장했다. 인도 IT서비스산업의 선구자인 인포시스는 세계적인 기업이 되었고, 타타그룹의 TCS, 그리고 또 다른 기업인 위프로 WIPRO 역시 중요한 기업이 되었다. ICT서비스산업의 본질은 서구 기업들의 ICT 솔루션을 제공하는 협력업체의 성격을 갖기 때문에 인도의 우수한 IT 인력을 활용한 노동집약적 산업이다. 예컨대 2022년 회계연도 인포시스의 총 고용인력은 343,234명인데, 매출은 182억 1,200만 달러, 순이익은 29억 8,100만 달러이다.[22] 영업이익률은 매

우 높은 수준이지만 1인당 매출은 5.3만 달러에 불과하다. 이는 TCS 나 위프로도 동일한 데, 매출규모는 TCS가 276억 달러, 위프로가 112억 달러이다. 이들의 1인당 매출은 인포시스보다 더 작아 연 5만 달러에도 못 미친다. 인도의 주요 제조업체인 릴라이언스 인더스트리의 2021년 1인당 매출액은 27만 달러, 그리고 타타자동차의 1인당 매출액은 51만 달러였다.[23]

ICT서비스산업은 인도경제에 매우 중요하다. 적어도 인도 GDP 의 7~8%의 매출을 기록하고 있고, 종사자도 500만 명 정도가 된다. 그러나 인도가 ICT서비스산업에 계속 경제 전체를 의존하는 것은 바람직하지 않다. 수십만 명을 고용하고 있는 인포시스, TCS 등의 1인당 매출을 기준으로 보면 ICT서비스산업의 한계는 명확하다. 인도의 ICT서비스산업은 젊고 풍부한 인력들이 저임금의 인해전술로 존속하는 산업이다.[24]

인도의 대형 ICT서비스산업의 작동은 TCS의 사례를 통해 보면 그 특성을 알 수 있다. 2022/23년 TCS는 614,795명을 고용하고 있어 고용창출 효과가 매우 높다는 사실을 알려 준다. 매출은 2조 2,546억 루피(276억 7천만 달러)이다. 지역별 매출은 북미 1조 2,034억 루피로 53%를 차지하고 있으며 대부분은 미국이다. 유럽은 영국 3,386억 루피, 유럽대륙 3,358억 루피로 29.9%를 차지하고, 인도 국내시장 이 1,127억 루피로 약 5%, 아시아-태평양 지역이 1,813억 루피로 8.0%를 차지하고 있다. 나머지는 남미 및 중동 등 기타 지역이다.

전체적으로 미국과 영국 등 영어권 사용국의 비중이 높다는 점을 알 수 있다.[25]

TCS의 총 매출에서 비용은 1조 7,200억 루피였고 영업이익은 5,424억 루피였다. 영업이익률이 매우 높은 업종의 특성을 보인다. 비용 중에서는 임금이 1조 2,752억 루피로 74.1%를 차지한다.[26] 앞서 이야기한 바와 같이 인도의 젊은 IT 인력을 집단적으로 활용하고 있다. TCS의 종업원은 2022년 3월 말 기준 60만 명을 넘는다. 그리고 전체 비용 중에서 노동비용이 매출액 대비 50% 이상을 차지하고 있다. TCS의 운용 메커니즘은 다른 주요 IT컨설팅기업에도 동일하게 적용된다. 즉 노동력-상대적으로 우수한 IT 인력을 저렴하게 제공 가능한 것이 인도가 가진 경쟁력의 원천이라고 볼 수 있다.

IT서비스산업의 미래가 어떻게 변할 것인가를 알 수는 없다. 그렇지만 인도가 AI 시대에 IT서비스산업을 계속 주도 산업으로 인정할 것인가에 대해서는 의문이 든다. 1981년 7명의 젊은이가 모은 단돈 250달러로 시작한 소프트웨어 서비스회사 인포시스는 2000년에 이미 시가총액 기준 인도 3위로, 2억 달러의 매출에 순이익 6천만 달러를 돌파하여, 1999년 인도기업으로는 처음으로 나스닥에 상장되었다. 인포시스는 TCS나 위프로와 같은 배경을 갖지 않고 순수하게 벤처 정신으로 성장해 온 전문 기업으로 인도의 자랑이다.[27] 인포시스는 2001/02년 매출액이 5억 달러를 넘어선 이후 2년 만에 10억 달러를 돌파했고 다시 2년 만에 20억 달러를 넘어섰다. 2년마다 두 배로 성장한 것인데 인포시스 CEO, 닐레카니는 "최초로 10억 달러의 수입을 올리는데 23년이 걸렸다. 하지만 두 번째 10억 달러의 수입을 올리는 데는 그다음 23개월이 걸렸다"고 말했다.[28]

인포시스의 2005/06년 고용은 53,000명이었고 매출액은 21억 5,200만 달러였다. 2022/23의 고용은 34만 3,234명으로 6.5배 이상 늘어났고, 매출액은 182억 1,200만 달러로 8.5배 정도 증가했다. 초기에는 매출을 두 배로 올리는데 2년이 걸렸던 기업이지만 2005년 이후에는 17년이 지나서야 8.5배의 매출을 올린 것이다. 기업의 규모가 커지면 성장속도는 당연히 느려진다. 문제는 종업원 1인당 매출액의 증가이다. 17년이란 기간 동안 1인당 매출액은 30% 정도 증가하는 데 그쳤다. 이 기간의 물가상승을 감안하면 1인당 생산성은 오히려 감소한 셈이다.

3. 두 나라의 기업구조와 주요 대기업

국유부문이 강조된 양국의 기업구조

기업가 역할에 대한 슘페터의 고전적 주장까지 거론할 필요도 없이 기업과 기업가의 역할은 한 국민경제의 발전과 불가분의 관계에 있다. 생산의 주체로서 기업과 그 기업의 의사를 결정하는 담당자 즉 기업가를 비교하는 것 또한 중국과 인도경제를 분석하는 데 중요하다. 중국이 개혁개방을 하기 이전에 기업은 국유기업이었고 경영자는 정부의 공무원과 다름없었다. 개혁과 함께 향진기업이 등장하고 이들 중 일부는 거대 민영기업으로까지 성장했다. 그렇지만 국유기업의 역할은 그대로 중요했고, 정부는 민진국퇴民進國退 혹은 국진민퇴라는 이름으로 시대적 상황에 따라 국유기업정책을 전개해 왔다. 기업은 혁신으로 새로운 제품과 서비스를 소비자에게 제공한다. 또한, 고용을 창출하고 이윤을 만들어 조세를 납부하여 국가운영을 돕는다. 미국에서 월마트는 200만 명 이상을 고용하고 있다. 기업의 경쟁력은 곧 국민경제의 경쟁력을 나타낸다.

중국기업은 다양한 형태로 나뉘어진다. 1978년 이전에 중국기업은 기본적으로 국유기업이었다. 현재 중국이 공식적으로 통계로 구분하고 있는 기업의 형태는 내자기업과 홍콩, 마카오, 대만의 투자기업, 그리고 외국인 투자기업 등이다. 내자기업은 국유기업state-owned enterprises, 집체기업集体企業, collective-owned enterprises, 주식합작기업股份合作企業, cooperative enterprises, 연영기업聯營企業, Joint-ownership enterprises, 유한책임공사有限責任公司, Limited liability corporation, 주식유한공사股份有限公司, share holding corporation Ltd., 사영기업股份有限公司 등으로 구분된다.

주식합작기업은 종업원이 주주 역할을 하거나 일부 외부자본을 유치하여 경영하는 형태이며, 연영기업은 두 개 혹은 그 이상의 기업이 합작한 것이다. 중국이 현대적 기업의 핵심으로 생각하고 있는 유한책임공사와 주식유한공사가 또 다른 위치에 있다. 이들은 국유이거나 중앙정부 및 지방정부가 적어도 일부 지분을 보유하기 때문에 공유기업이라고도 할 수 있다. 이에 비해 사영기업, 외자계 기업은 비공유기업이라고 할 수 있고, 외자기업은 대만, 홍콩, 마카오기업과 기타 국가 기업으로 구분된다.

중국의 법인은 2022년 3,717만 개이고, 제조업 453만, 건설업 290만, 도·소매업 1,088만, 임대 및 사업 서비스업 443만, 부동산업 112만, 정보통신기술업에 175만 개 등이 있다. 이 중 기업법인의 수는 3,283만 개이며 내자기업이 3,253만 개이다. 내자기업으로는 국유기업이 8.3만, 집체기업이 10.7만, 주식합작기업이 3.3만, 연영기업이 6천 개 정도 되고, 유한책임공사가 206만, 주식유한공사가 11.7만 그리고 사영기업이 3,000만 개이다. 홍콩, 마카오, 대만 투자기업은 15.3만, 그리고 외국인 투자기업이 14.2만 개 정도이다.[29] 기업 수를 보면 사영기업이 압도적인 비중을 차지하고 있다.

중국은 일정 규모 이상의 광업, 제조업, 수도·전기·가스업을 포함하는 광공업기업에 대해 매년 다양한 성과지표를 조사하고 있는데 2011년 이후에는 모든 광공업체 중에서 중심 사업의 매출이 2천만 위안 이상에 해당하는 기업만 조사하고 있어 시계열 분석은 어렵다.[30] 다만 일정한 기준에서 조사된 것이기 때문에 구조비교는 의미가 있다. 광공업에서 1998년에는 39.2%가 국유기업이었고 사영기업은 불과 6.5%에 불과했으나 2022년에는 국유기업의 수는 5.7%, 사영기업은 74.0%로 대폭 변했다. 외국인 투자기업의 수 역시 1998년 16.0%에서 9.2%로 하락했다. 고용에서는 2022년 기준 기업체 수에

중국 광공업기업의 소유주체별 성과 추이

		소유주체별 현황					비중(%)		
		전체 기업	국유	사영	외국인	기타	국유	사영	외국인
기업 수	1998	165,080	64,737	10,667	26,442	63,234	39.2	6.5	16.0
	2010	452,872	20,253	273,259	74,045	85,315	4.5	60.3	16.4
	2022	472,009	27,065	349,269	43,260	52,415	5.7	74.0	9.2
고용 (만 명)	1998	6,196	3,748	161	775	1,512	60.5	2.6	12.5
	2010	9,545	1,836	3,312	2,646	1,751	19.2	34.7	27.7
	2022	7,764	1,370	3,698	1,581	1,115	17.6	47.6	20.4
매출 (억 위안)	1998	64,149	33,566	1,846	15,605	13,132	52.3	2.9	24.3
	2010	697,744	194,340	207,838	188,729	106,837	27.9	29.8	27.0
	2022	1,333,214	375,590	487,258	277,775	192,591	28.2	36.5	20.8
자산 (억 위안)	1998	108,822	74,916	1,487	21,327	11,092	68.8	1.4	19.6
	2010	592,882	247,760	116,868	148,552	79,702	41.8	19.7	25.1
	2022	1,601,926	604,247	446,757	292,954	257,968	37.7	27.9	18.3

자료: 《중국통계연감 2022》

비해 국유기업의 고용비중은 17.6%이고, 사영기업의 비중은 47.6%이다. 매출이나 자산에서도 국유기업의 비중은 감소했고 사영기업의 비중은 증가했다. 대신 국유기업의 규모가 사영기업에 비해 크다.

시간 경과에 따라 국유기업의 역할이 감소하는 듯하지만 여전히 국유기업은 상대적으로 규모가 크고, 많은 자산을 소유하고 있다. 국유기업의 자산 비중은 2022년에도 37.7%에 이른다. 대신 국유기업의 자산효율성은 상당히 낮아 매출액 비중은 28.2%로 자산이 훨씬 적은 사영기업의 36.5%에 비해 더 낮다. 외국인 투자기업이 자산

18.3%로 매출 20.8%를 거둔다는 점에서 국유기업보다 더 효율적이다. 또 2010년에서 2022년 사이에 국유기업의 비중은 기업 수에서는 오히려 증가했는데 고용과 자산을 비교할 때 대체로 국유기업의 규모가 크다. 이는 정부가 국가 기간산업에서 국유기업의 역할을 계속 인정하고 있다는 것을 의미한다.

경제발전 초기에 국유부문을 강조했던 인도 역시 금융 및 기간산업에서 국유기업 비중이 높고 이는 광공업부문에서도 마찬가지이다. 건국 초기부터 민간기업의 진출 분야를 제한하면서 국유기업은 경제의 대부분에 걸쳐 활동했다. 국유기업 중에서도 정부 각 부처가 관리하는 중앙정부 국유기업CPSE은 2022년 3월 말 현재 모두 389개이며, 이 중에 248개가 운영 중이다. 건설 중인 기업이 95개이고 운영을 중단했거나 청산 중인 기업이 46개이다. 국유기업 중에서 상장기업은 46개이다. 진출 분야도 다양하여 389개 중 농업부문에 3개, 광업 및 원유탐사에 25개 그리고 제조업부문에 113개, 서비스부문에 153개가 있다. 제조업 중에서는 중공업부문이 40개, 화학 및 의약부문이 19개로 많고 서비스업 중에서는 계약 건설 및 기술 컨설팅 서비스업체가 52개, 송전 19개, 무역 및 마케팅 21개, 금융 서비스 24개 등이 있다.[31]

2017/18년에는 전체 339개의 국유기업 중에서 249개가 운영 중이었고, 81개는 건설 중이었으며, 활동을 중단하거나 청산 중인 기업이 9개였기 때문에 4년 동안 전체 수는 50개가 증가했으나 문을 닫거나 청산 중인 기업의 수도 37개나 늘어났다. 이 기간에 상장된

기업은 10곳 증가했다.[32]

실제로 인도 주요 기업에는 공기업이 많다. 공기업은 에너지, 철강, 엔지니어링 등 인도가 독립 이후 추진해 온 중화학공업 분야에서 아직도 큰 영향을 발휘하고 있다. 정부는 민영화를 추진할 때도 대주주로서 경영권 확보를 원칙으로 하고 있다. 국유기업의 비중을 줄인다는 대원칙이 있지만, 여전히 새로운 국유기업을 설립하고 있고 운영에 문제가 발생한 기업도 증가하고 있다. 국유기업의 경영성과가 좋다고 하기는 어렵다. 2021년 3월 말 현재 운영 중인 255개의 CPSE 중 177개가 이익을 냈고, 77개는 손실을 기록했으며, 1개는 이익이 없었다.[33] 이익을 기록한 기업의 전체 순이익은 1조 8,932억 루피였고 손실의 합계는 3,106억 루피에 이르렀다.

기업의 수는 많지 않으나 국유기업이 인도경제에서 차지하는 역할은 무시할 수 없다. 인도의 GDP는 2021/22년 236조 6,500억 루피로 2020/21년의 198조 100억 루피에서 19.51% 증가했다. 국유기업의 고정자산은 2021/22년 28조 1,100루피이고 2020/21년에는 25조 7,000억 루피였다. 전년 대비 9.4% 늘어난 셈이다. 국유기업을 농업, 광업, 제조업, 서비스업으로 구분할 때 고정자산은 제조업부문에 50.1%, 광업부문에 20.7%, 서비스부문에 29.3%이고 농업부문은 거의 없다. 이에 비해 인도 GDP를 산업별로 구분해 보면 서비스업이 63.5%, 제조업이 15.5%, 공업이 2.4% 그리고 농업부문이 18.6%이기 때문에 제조업부문에 상대적으로 높은 비중을 보인다.[34]

중국과 인도의 주요 대기업 변화

미국의 경제지 《포춘Fortune》과 《포브스Forbes》는 매년 세계의 대기업 순위를 발표한다. 포춘 500은 매출액 기준으로 세계 상위 500대 기업을 매년 정리하여 글로벌 500으로 발표하고 있다. 이에 비해 포브스 2000은 매출, 순이익, 자산, 시가총액을 고려하여 종합순위로 2,000대 기업을 제시한다. 중국기업은 2022년 포춘 글로벌 500에 136개가 포함되었고, 미국 124, 일본 47, 독일 28, 프랑스 25, 영국 18, 한국 16, 스위스 14, 캐나다 12, 네덜란드 11, 대만 9, 인도 9, 스페인 8, 이탈리아 5, 러시아 4, 싱가포르 3, 호주 3개 등이 포춘 글로벌 500에 포함되어 있다.

중국기업은 2005년 포춘 글로벌 500에 15개가 포함되었는데, 홍콩의 자생 기업인 허치슨왐포아를 제외한[35] 14곳은 모두 석유, 전력, 통신, 은행 등 주로 기간산업 관련 국유기업이었다. 당시 중국 1위는 세계 순위 31위인 시노펙으로 751억 달러의 매출을 기록했고 2위는 배전회사인 국가전망공사State Grid로 713억 달러의 매출에 세계 순위는 40위였다. 중국의 인구가 많으므로 국가 기간산업에서 독점 혹은 과점 형태로 활동하고 있는 기업의 매출규모가 클 수밖에 없다.

중국기업은 2013년 포춘 글로벌 500에 89개가 포함되었다. 중국의 1위 기업 시노펙은 4,282억 달러의 매출에 세계 4위의 대기업이 되었고, 2위 기업인 CNPC는 매출 4,086억 달러로 세계 순위 5위에 올랐다. 석유업체 외에도 중국에 식량, 광물 등 1차 자원을 조달하는 물류기업들이 국제적 큰손으로 매출규모가 커졌다. 제조업체로는 자동차업체들이 부상했는데 SAIC 모터(상하이자동차)가 중국기업 14위로 세계 순위 103위를 차지했으며 매출액은 762억 달러였다. 디이기차그룹(FAW그룹)과 둥펑자동차가 세계 141위와 146위를 차지했고 매출은 각각 649억 및 617억 달러였다. 베이징자동차도 세계 336위를 차지했다. 광저우자동차 역시 세계 483위에 올랐다.

이 시기에 중국의 자동차산업은 아직 내수산업이었지만 고도성장에 따른 중산층 형성과 자동차보급률 증가로 생산과 소비에서 세계 최대의 자동차산업으로 성장하고 있었다. 자동차업체들도 적어도 매출에서는 중국의 대표 기업들로 세계적 대기업으로 성장한 것이다.

기술기업인 민영기업 화웨이가 세계 315위, 중국 순위 44위로 성장했다. 전자업체(컴퓨터)인 레노버 역시 민영기업으로서 세계 329위, 중국 50위를 차지했다. 철강업체들도 대기업으로 성장했는데 바오산철강을 비롯해 지역별 철강업체(국유기업)들이 제조업체로는 상위 순위를 차지하고 있었다.

포춘 글로벌 500 기준으로 2022년 중국기업은 136개가 포함되어 미국보다 더 많아졌다. 바야흐로 세계경제를 누비는 기업으로 중국기업의 존재가 더욱 두드러진 것이다. 2022년에도 석유 관련 기업과 은행들이 높은 순위를 차지하고 있는데, 중국 1위인 국가전망공사가 매출 4,606억 달러를 기록해 세계 3위에 올랐다. IT를 이용한 신생 기업들의 부상도 두드러진다. 중국기업 순위 15위로서 세계 46위를 차

지한 JD.com과 중국 순위 16위로 세계 55위인 알리바바 등은 중국
이 자랑하는 IT플랫폼기업이다. 이들은 수많은 생산자들을 수억의
소비자와 연결한다. 텐센트 역시 중국 39위, 세계 121위에 올랐다.

　　JD.com은 중국의 선도적인 e-커머스 플랫폼으로 류창둥Richard Liu
이 1998년 6월 중국의 실리콘밸리라고 일컬어지는 베이징 중관촌에
서 12,000위안을 가지고 창업했다.[36] 현재 류창둥은 JD.com 의결권
73% 정도를 소유하고 있다.[37] JD.com은 나스닥에도 상장되어 있다.
알리바바 역시 e-커머스 플랫폼기업이기 때문에 중국의 디지털화가
새로운 산업을 형성하고 기업들의 발전을 이끌어 낸 것이다. 제조업
체로는 여전히 철강, 자동차, 전자업체들이 대기업군에 포진해 있다.
자동차업체에는 기존의 강자들 외에 저장지리, BYD 등이 글로벌
500위에 포함되었고, 전자업체로는 화웨이, 레노버 외에도 하이얼
Haier 등이 포함되었다.

　　중국 상위 기업들의 위상은 과거와 현재 큰 변화가 있는 것은 아
니다. 2008년 중국 최대 기업은 중국석유화공中國石化, Sinopec이었는데
2022년에는 3위로 하락했지만, 여전히 상위에 올라 있다. 2022년 1위
인 국가전망은 중국 당국이 중국전력을 발전부문과 배전부문으로
구분하여 발족한 기업이다.[38] 2008년 3위였던 CNPC는 2022년에는
2위를 차지하였다. 2022년의 상위 20대 기업을 보면 주로 국가 기간
산업을 담당하는 국유기업이다. 정유, 발전, 통신, 건설, 주요 은행
이 여기에 포함되어 있다.

인도기업으로 포춘 500에 포함된 기업은 2005년 5개에 불과했다. 인도 1위 기업은 세계 170위에 오른 인디언오일로 매출은 296억 달러였다. 인도 2위는 세계 417위인 매출 148억 달러의 릴라이언스 인더스트리이다. 5개 기업 중에서 릴라이언스 인더스트리를 제외하면 모두 석유 관련 기업이다. 인도는 인구가 많고 해양에서 원유를 일부 생산하기도 하며 일찍부터 정부 주도로 석유정제업의 생산력을 확대해 왔다. 이 때문에 인도의 중요한 수출품이 석유정제품이다.

2013년에 8개 기업이 글로벌 500에 포함됐는데, 은행 1개와 타타그룹의 타타자동차와 타타철강이 새로 500위 내로 진입했다. 2022년에는 9개 기업이 글로벌 500에 포함되었고 인도 1위 기업으로 세계 98위에 오른 기업은 인도생명보험사Life Insurance Corp. of India였다. 제조업체로는 여전히 타타그룹의 2개 사 그리고 릴라이언스가 포함되었고 무역회사인 라제시Rajesh Exports가 새로 437위에 포함되었다.

포춘이 매출 기준으로 순위를 정한다면 포브스 2000은 매출, 순이익, 자산규모 그리고 시가총액을 고려하여 순위를 정하여, 더 건강한 기업의 순위를 나타낸다고 할 수 있다. 2023년 5월에 발표된, 즉 2022년 경영실적을 기준으로 한 포브스 2000으로 기업과 경제와의 상관관계를 알 수 있다. 중국기업은 346개가 포함되어(홍콩 포함), 미국의 611개 다음으로 많다. 인도는 55개가 포함되어 있다. 중국의 1위 기업은 세계 3위인 중국공상은행ICBC이 차지하는 등 중국 내 10위 기업에 은행이 6개, 보험사가 1개가 포함되어 있다. 은행이 한 국민경제의 가장 대표적인 기업이 된다는 것은 과거 한국, 일본 등 더 발전된 국가의 경험에 비해서 중국이 아직 저개발 단계에 있다고 평가할 수도 있으나, 한편으로는 적어도 중국의 금융시스템에 큰 문제가 없다는 것은 설명해 준다고도 할 수 있다.

2023년의 포브스 2000에 포함된 중국기업은 부동산 경기하락으로 곤경을 겪은 부동산기업이 대거 순위 밖으로 밀려나면서 2022년 351개에서 346개로 줄었다. 그렇지만 44개의 새로운 기업이 등장함으로써 중국기업의 역동성은 유지되었다.

은행 외에 자동차 분야에서 성과가 두드러졌다. 중국은 2022년에 세계 2위의 자동차 수출국으로 부상했고, 2023년 초에는 세계 최대 자동차 수출국이 되었다. 이와 같은 자동차산업의 고도성장은 주요 기업들의 호실적에 의한 것이다. 자동차산업에서는 특히 전기차 분야의 호조가 두드러졌다. 닝더스다이宁德时代. CATL: Contemporary Amperex Technology는 매출 536억 달러, 순이익 57억 달러로 세계 최대의 전기차 배터리업체가 되었으며 순위는 2022년 298위에서 2023년 121위로 뛰어올랐다. BYD 역시 2022년 580위에서 170위로 크게 올랐고, 다른 전기차업체로 지리자동차吉利. Geely는 989위에서 858위로, 리샹자동차理想汽車. Li Auto는 1,984위에서 1,691위로 그리고 리튬 공급업체인 강펑Ganfeng Lithium은 1,649위에서 1,165위로 뛰어올랐다.

이에 비해 인터넷 기반 업체들은 텐센트가 28위에서 33위로, 알리바바가 33위에서 54위로 하락하는 등 부진했으나, JD.com은 446위에서 224위, 그리고 PDD holdings는 582위에서 336위로 올랐다.

2023년의 포브스 2000에는 인도기업 55개가 포함되어 있다. 인도 1위인 릴라이언스 인더스트리는 전 세계 45위이다. 인도기업 10위 내에는 6개의 금융회사들이 자리잡고 있다. 2위인 인디아스테이트은행State Bank of India은 세계 77위이며, 3위인 HDFC 은행은 128위이다. HDFC 은행의 모기업인 HDFC는 1977년 발족한 민간주택금융회사로 성장하여 자산관리, 보험 등까지 영역을 확대하였고 1990년대 은행부문이 개방을 하자 은행을 설립하여 빠르게 성장하였다. 금융회사 외에는 석유가스공사, 타타컨설턴시, 전력업체가 포함되어 있다. 제조업체로는 릴라이언스 인더스트리가 대표적이며, 타타철강이 인도 18위, 세계 592위에 올라 있다. 인도 역시 국내시장이 크기 때문에 석유, 석탄, 광업 그리고 전력기업들이 상대적으로 높은 순위를 차지하고 있다.

중국의 대기업, 인도의 재벌가문

중국과 인도의 기업규모에는 상당한 차이가 있다. 예컨대 포브스 글로벌 2000의 2023년 순위를 기준으로, 주요 업종별로 보면 은행의 경우 중국공상은행의 매출은 인도 최대 은행의 4배에 가깝고, 자산규모도 9배에 이른다. 석유부문에서도 유사한 실적 차이가 있다. 또한 중국에서 두각을 드러내는 IT 기반 업체 텐센트, 알리바바, JD.com 등에 비해, 인도는 동일한 업종은 아니지만, ICT컨설팅업체가 그 역할을 대신하는데, 역시 규모에 큰 차이가 있다. 자동차산업에서도 중국은 전기차 관련 기업의 성과가 높고 인도는 그렇지 못한데 전통적인 자동차조차도 상하이자동차가 타타자동차에 비해 매출이 2.5배 정도이고 자산도 3배 이상 많다.

인도경제 규모가 중국에 비해 작으므로 내수 중심 기업들은 시장을 독점한다고 해도 인도기업이 중국기업의 규모를 따라잡기는 어렵다. 그러나 중국의 성장률이 둔화되고 인도의 성장이 가속화한다면 그 격차는 다소 줄어들 수 있다. 문제는 세계시장에서 활동하는 제조업체의 경우 중국기업의 경쟁력이 인도기업에 비해 워낙 높아, 빠른 시간 안에 격차를 줄이기는 힘들다는 점이다.

한편 기업의 세계화 측면에서도 중국기업은 단연 인도기업에 앞선다. 미국 증시에 상장된 중국기업은 2023년 8월 현재 264개이고, 시가총액은 2023년 8월 10일 종가 기준으로 9,253억 달러에 이르렀다.[39] 인도기업은 같은 날 10개 기업이 상장되어 시가총액은 3,672억 달러이다.[40] 중국의 알리바바가 2014년에 나스닥에 기업공개를 하여 250억 달러를 조달했을 때 이는 나스닥 역사상 최대규모였다.[41] 알리바바 외에도 2014년에만 10개 이상의 중국기업이 나스닥에 이름을 올렸고, 부침은 있었지만 중국과 미국이 무역이나 코로나19로 총성 없는 전쟁을 하고 있던 2020년에도 30여 개의 중국기업이 나스닥의 문을 두드렸다.

상장된 기업 수와 비교했을 때 중국과 인도의 시가총액의 차이는

중국과 인도의 업종별 대기업 비교(2023)　　　　　　　　　　　　(단위: 억 달러)

업종	중국			인도		
	기업	매출	자산	기업	매출	자산
금융	중국공상은행	2,168	61,168	인디아스테이트은행	565	6,952
	중국건설은행	2,031	49,775	HDFC	255	3,079
석유	페트로차이나	4,574	3,846	Oil & Natural Gas	861	773
	시노펙	4,536	2,833	인디언오일	1,034	559
인터넷	텐센트	824	2,270	TCS	281	175
	알리바바	1,283	2,549	인포시스	183	153
	JD.com	1,553	856	위프로	113	143
자동차	CATL	537	932	마힌드라 & 마힌드라	146	236
	BYD	681	796	타타자동차	405	388
	상하이자동차	1,025	1,380			
철강	바오산	526	573	타타철강	303	351
화학−섬유	Hengli	317	348	릴라이언스 인더스트리	1,094	2,085

* 각 업종은 Forbes Global 2000의 2023년 순위 기준

크지 않지만, 이는 상당 부분 미국과 중국의 지정학적 갈등에 영향을 받았기 때문이다. 예컨대 지정학적 문제 때문에 중국에 대한 투자자들의 신뢰도가 하락하여 2023년 4월 한 달 동안에만 뉴욕에 상장된 중국기업의 시가총액이 1천억 달러나 감소하기도 했다.[42]

중국의 국유기업은 기본적으로 국가가 통제한다. 정부는 국무원 국유자산감독관리위원회(국자위SASAC)를 통해 국유기업을 관리한다. 사영기업의 경우 대체로 그 역사가 짧다. 가장 대표적인 사영기업으

로 2022년 현재 세계 최대 통신장비 제조업체로 성장한 화웨이도 1987년에 설립되어 그 역사가 35년 정도에 불과한데, 애플과 삼성전자에 버금가는 스마트폰 제조업체가 되었다. 화웨이는 미국의 강력한 제재로 2022년 매출이 대폭 감소하는 곤경을 겪었고 2023년 포브스 2000에서 탈락하는 수모까지 겪었는데 창업주인 런정페이任正非는 1944년생에 불과하다.

가장 대표적인 인터넷 관련 기업들 즉 JD.com이나 알리바바도 아직 젊은 편에 속한다. JD.com을 설립한 류창둥劉强東이 1998년 12,000위안을 갖고 베이징 중관촌에서 4m² 넓이의 소매용 공간을 임대한 것은 25살 때였다. 마윈과 그의 친구들이 마윈의 항저우 아파트에서 알리바바를 설립한 것은 1999년이었다. 중국의 시장경제 도입은 1978년 이후였다. 처음에는 농촌의 향진기업에서 시작하여 이들 중 일부는 세계적인 대기업으로 성장했다. 기업의 창업과 발전 그리고 국제화에 이르기까지 사회주의 체제 속에서 글로벌 경쟁을 헤치고 나온 기업들은 찬사를 받을 자격이 충분하다.

이에 비해 인도는 오랫동안 국유기업 중심의 경제였으나 1990년대 개혁과 함께 시작된 민영기업 일부가 성장하여 현재는 국유기업과 민영기업이 공존하고 있다. 국유기업 중 일부는 증시에 상장돼 있지만, 일부는 여전히 국가가 강력하게 통제를 하고 있어 국유기업과 민영기업을 직접 비교하기는 어렵다. 인도는 경제개발 초기부터 국유기업 중심의 경제를 꾸렸다. 제조업에 민간기업의 진출을 허용하지 않았고, 정부는 중화학공업화를 중심으로 경제건설을 시작했기 때문에 민간에서 유능한 제조업부문의 기업인이 나오기 어려웠다. 또한, 인디라 간디 시기인 1969년 정부는 14개 은행을 국유화함으로써 금융부문까지 장악하였다.

1990년대 들어 개혁의 일환으로 민간기업이 등장할 수 있는 문이 넓어졌고, 그 결과 정부의 규제를 받는 은행 외에 민영기업이 상당히 빠르게 성장했는데 포브스 2000의 인도 10대 기업에 포함된 HDFC 은행, Axia 은행 등이다. 또한, IT컨설팅기업도 개혁과 개방을 이용해서 등장했다. 외국인투자도 중국과 달리 소극적으로 유치했기 때문에 국내 기업인이 자극받을 기회도 중국에 비해서 적었다. 그렇지만 ICT기업들은 성장하여 인도경제를 꾸려가고 있다.

인도의 상위 20대 기업, 즉 포브스가 선정한 상위 20대 기업은 석유 등 1차 자원과 관계 있는 기업, 금융, IT서비스기업들이다. 제조업체로는 석유화학에서 섬유까지 일관생산체제를 갖춘 릴라이언스와 철강업체인 타타철강뿐이다. 일부 제조업체, 예컨대 군수기업 등은 정부가 단독으로 운영할 가능성이 있지만, 세계 산업을 주도하는 자동차, 전자부문에서 인도는 세계적 기업을 만들지 못했다. 역사적으로 섬유산업이 세계를 이끌었던 시기가 있으며 그 뒤를 이어 철강산업이 세계의 중심 산업이 되었다. 이후 경제를 선도하는 기업은 변했고 자동차와 전자, 특히 반도체산업이 세계경제를 이끌고 있다.

현재 인도를 대표하는 기업집단은 오랜 역사를 자랑한다.[43] 타타그룹Tata이나 비를라그룹Birla과 같이 150년 이상의 역사를 가진 기업이 있으며, 릴라이언스도 70여 년 역사를 갖고 있다. 이런 오랜 역사를 가진 기업들은 가족기업 중심이다. 기업이 증시에 상장되어 있어도 가족이나 가족이 통제할 수 있는 재단이 대지분을 확보하고 있다. 가족기업이 비효율적이라는 평가도 있으나 기업규모가 큰 경우 세계화와 주식시장의 수요에 의해 투명성과 전문성을 요구받으며, 인도의 가족기업도 그런 압력을 피할 수 없다. 따라서 타타그룹이나 릴라이언스그룹은 투자자 친화적인 정보의 제공 등을 게을리하지 않는다.

인도의 대표적인 기업 타타그룹은 잠셋지 타타Jamsetji Tata가 1868년 섬유무역업체를 설립하면서 시작되었다. 150년 이상의 역사 속에서 타타그룹은 사업의 다양성, 경영구조의 투명성, 고용창출 등에서 인도 최고의 기업으로 성장했다. 2022년 3월 말 현재 그룹의 매출액은 1,280억 달러에 고용은 93만 명 수준이다. 그룹 내 29개 계열사가 상장되어 있다. 그룹의 자선재단(트러스트)이 타타선스Tata Sons지분 66%를 소유하고 있고, 타타선스가 산하 기업의 지분을 작게는 30%에서 많게는 70% 수준까지 소유하면서 그룹으로 운영된다. 자선재단은 그룹의 이름을 갖고 있지만 대체로 독립적으로 경영된다. 타타그룹은 자동차, 철강, IT컨설팅, 화학, 발전, 소비재, 호텔 등 문어발 형태로 중요 분야에 진출하고 있다. 매출 기준으로 가장 큰 부문인 자동차는 2022/23 회계년도에 133만 대 이상을 판매했다.

잠셋지 타타의 아들이었던 도랍지 타타Dorabji Tata가 1911년 2월 뭄바이에서 멀지 않은 곳에 로나발라 댐Lonavala Dam의 초석을 놓으면서 남긴 아버지에 대한 존경의 연설이 아직 타타그룹의 홈페이지에 있다.

아버님(잠셋지 타타)에게 부의 획득은 삶의 2차 목적에 불과했습니다. 아버님은 부의 축적보다는 이 나라의 산업과 사람들의 지적상태를 개선하고자 하는 끊임없는 욕심이 앞섰습니다. 그가 평생을 접하고 다룬 다양한 사업은 이러한 중요한 분야에서 인도의 진보를 주요 목적으로 했습니다. 경의를 표하는 바입니다.

실제로 타타그룹의 창업자는 박애주의자였다. 1902년 아들에게 보낸 편지에서 타타철강 부근에 노동자의 도시를 만들도록 했다. "그늘을 드리우는 나무를 심은 넓은 도로를 건설해라. 잔디가 펼쳐진 정원 공간을 충분히 마련하라"라고 썼다.[44] 창업주는 인도인의 삶의 수준을 개선하기 위해 다양한 분야에 진출했고, 그의 후계자들 역시 마찬가지였다. 기업 전략의 일환이지만 한때 타타자동차는 인도인을 위한 소형차 나노Nano를 개발하여 인도인에게 단돈 10만 루피에 공급할 계획을 세우기도 했다. 현재의 지주회사인 타타선스를 통제하는 재단 역시 주로 교육, 보건 등 인도사회의 발전을 위해 노력하고 있다.

인도경제에서 타타그룹과 쌍벽을 이루는 릴라이언스 인더스트리는 하나의 회사지만 복합기업이다. 창업자인 디루바이 암바니

Dhirubhai Ambani가 1958년 섬유회사를 설립하면서 시작되었다. 릴라이언스 인더스트리는 석유탐사에서 소비재에 이르기까지 일관생산체제를 갖추고 있다. 2022/23년 매출은 9조 7,652억 루피에 이른다. 타타그룹의 매출과 거의 같은 수준이다. 사업의 핵심은 석유-석유화학-화학섬유로 이어지는 부문으로서 5조 9,465억 루피의 매출을 올렸다.

릴라이언스그룹은 사업과 관계없는 일로 세인들의 관심을 끌었다. 창업자가 2002년 유언 없이 세상을 뜨면서 두 아들이 경영권 다툼을 시작한 것도 그중 하나다. 그들은 사업을 분할했으나 중심 사업은 장자인 무케시Mukesh가 갖고 차남인 아닐은 통신 등 일부를 나눠 가졌는데 이 과정이 분쟁으로 이어졌고 장기간 전쟁을 치렀다. 2020년이 되어 동생의 사업에 문제가 생기면서 형이 구원해 화해했다는 평가가 있다.[45] 또 다른 것은 릴라이언스 가족의 엄청난 사치이다. 무케시의 딸이 2018년 결혼했을 때 결혼식을 수일 동안 3개 도시를 돌면서 진행했고 미국의 가수 비욘세를 불러 45분 공연에 1,500만 달러를 지불하는 등 전체 8,700만 달러의 비용을 들였는데 역사적으로 가장 호화스런 결혼식이었다.[46] 또한 무케시의 부인 역시 엄청난 사치로 구설수에 오르고 있다.

제 5 장

중국과 인도의 격차는
비교 가능한가

1. 중국과 인도의 여전한 발전격차

절대빈곤에서 탈출한 중국, 아직까지 빈곤문제를 해결 못한 인도

경제적으로 빈곤은 일정한 수준의 생활을 할 수 있는 소득이 없는 상태를 의미하지만, 단순히 가난한 상태를 넘어 경제·사회적으로 더 큰 함의를 갖는다. 빈곤은 지속가능한 생계를 확보하기 위한 수입과 생산자원 부족 이상의 문제이다. 빈곤의 징후에는 기아와 영양실조, 교육 및 기타 기본 서비스에 대한 접근 곤란, 사회적 차별 및 배제, 의사결정 참여의 부족이 포함된다. 결국, 빈곤에 처한 계층은 다시 빈곤해진다는 문제가 있다.

중국과 인도는 세계 여느 나라와 마찬가지로 빈곤문제 해결을 경제성장의 가장 중요한 목표로 삼아 왔다. 세계은행은 빈곤 수준을 측

정하기 위해 빈곤선을 설정하고 있는데 2022년 현재 빈곤선의 기준은 2017년 구매력평가PPP의 1인당 하루 소비(일부 국가에서는 소득)를 주로 사용하고 있다. 가장 좁은 의미로는 하루 2.15달러를 기준으로 그 이하의 소비를 하는 사람을 빈곤인구로 가정하는 것이다. 기준 소득으로 3.65달러, 6.85달러를 설정하기도 하는데 6.85달러는 빈곤을 가장 엄격하게 정의하는 것이다.

하루 2.15달러를 빈곤선의 기준으로 할 때 중국의 1993년 빈곤인구는 전체 인구의 62.7%였고 인도의 빈곤인구는 47.6%로서 중국의 빈곤문제가 인도보다 더 심각했다. 그러나 2019년 중국의 2.15달러 기준 빈곤인구 비중은 0.1%로 시진핑의 중국은 절대적 빈곤문제는 완전히 해결한 셈이다. 이에 비해 인도의 빈곤율은 10.0%로 여전히 인구의 1/10은 하루에 2.15달러의 소비조차 하지 못하고 있다. 인도의 인구를 13억으로 가정하면 인도에는 여전히 일본 인구보다

중국과 인도의 빈곤인구 비율(2017년 PPP 기준)   (단위: %)

	빈곤선 기준	1993	2011	2015	2019
중국	$2.15	62.7	10.2	1.2	0.1
	$3.65	87.1	28.0	9.8	3.0
	$6.85	97.9	58.9	37.9	24.7
인도	$2.15	47.6	22.5	18.7	10.0
	$3.65	82.3	62.3	60.9	44.8
	$6.85	96.6	89.9	88.9	83.8

자료: 세계은행

많은 1.3억 명 이상의 인구가 절대빈곤 상태에 있는 것이다.

빈곤을 더 넓게 평가하여 하루 소비 기준 3.65달러로 보면 중국은 1993년 87.1%의 인구가 빈곤 상태에 있었고, 2019년에도 빈곤율은 3.0%였으나 인도는 1993년까지는 82.3%로 중국과 거의 비슷했지만 2019년에도 절반 가까운 44.8%의 인구가 빈곤의 늪에 빠져 있다. 빈곤 기준을 2.15달러로 하면 인도의 10.0%는 중국의 2011년 수준이고 3.65달러를 기준으로 하면 인도의 2019년 수준은 중국의 2005년 49.0%와 2008년 39.7% 사이에 머무르고 있다.[1]

빈곤의 역사적 흐름을 보면 1993년에 양국의 빈곤상태가 비슷한 수준이었음에도 중국은 빠른 경제성장으로 빈곤율을 축소시켰고 인도는 그렇지 못했다. 중국의 빈곤 추방은 세계적으로도 찬사를 받을 만한데 3.65달러를 기준으로 하더라도 1993년 적어도 10억 이상의 빈곤인구에서 2019년에는 4천만 명 정도의 인구만이 절대 빈곤인구로 남아 있기 때문에 중국은 30년이 채 되지 않는 시간에 10억 명을 빈곤에서 탈출시킨 것이다. 이는 중국만의 자랑거리가 아니고 세계 차원에서도 큰 선물이었다고 봐야 한다. 물론 이 기간에 인도 또한 빈곤율을 대폭 줄였지만, 인도의 인구가 중국보다 더 빠르게 증가함으로써 실제로 줄어든 빈곤인구는 1억 명에 머물렀다. 즉 인도는 3.65달러를 기준으로 할 때 여전히 6억 명 이상의 빈곤인구가 있으며 이는 세계 빈곤인구의 상당 부분을 차지한다.

절대빈곤 문제를 해결한다고 해도 상대빈곤 문제가 여전히 남는다. 빈곤 감소의 한편에서 양국의 소득불평등도는 확대되었다. 소득불평등도를 측정하는 대표적인 방법은 지니계수와 소득 5분위 배율이다. 세계은행 DB는 1990년 이전 중국의 지니계수나 5분위 배율을 알려 주지 않는다. 1990년 중국의 지니계수는 32.2였고 90년대 지속적으로 증가하여 1999년에는 38.7로 높아졌다. 2002년에는 42.0이 되었고 2010년 43.7까지 상승했다. 1990~2010년까지 중국의 소득불평등은 지속적으로 악화됐던 것이다. 2011년에는 42.4로 미세하게 하락한 이후 2015년 38.6까지 떨어졌고, 이후 이용 가능한 가장 최근 자료인 2019년의 38.2까지 38대를 유지하고 있다. 소득 5분위 배율은 1990년 4.9배에서 역시 2010년 9.6배에 이르기까지 계속 증가했고, 2011년 8.9배로 낮아진 이후 2019년 6.8배까지 하락하고 있다.

인도의 지니계수는 1977년 33.3에서 1987년 32.6으로 비슷한 수준을 보였고, 1993년 31.7로 낮아졌다. 이후 2004년 34.4로 높아졌고, 2009년에서 2019년까지 간헐적으로 측정되었지만 대개 34~36 수준에 있다. 소득 5분위 배율은 1980년대 4.8배에서 2004년 5.1배로 증가했고, 이후 약간 증가하여 2015~19년 기간에는 5.2~5.5배 수준에 있다.[2]

인도가 중국보다 지니계수가 더 낮은 것으로 보이지만 문화·사회적 환경과 경제·사회적 여건에 따라 국가마다 불평등에 대한 용인도가 다르고 또 측정방법 역시 동일한 조건에서 측정되기 어렵기 때문에 국가 간에 지니계수의 크기를 비교하여 어떤 국가가 더 우월하다고 말하기는 어렵다. 실제로 중국의 지니계수는 다른 선진국에 비해 상당히 높은 편인데, 그렇다고 하여 꼭 중국이 더 나쁘다고 말하기는 어렵다는 것이다. 인도의 경우 오히려 국민 대다수가 빈곤하여 지니계수가 더 낮다고 봐야 한다.

그렇지만 한 국가의 시간 경과에 따른 소득불평등도의 변화는 의미가 있다. 중국의 사례에서 분명한 것은 소득불평등도는 경제성장 초기에는 낮았지만, 경제성장이 진행되면서 높아졌고 다시 낮아지는 단계에 있다는 사실이다. 인도는 중국만큼 분명한 추세를 보이지는 않지만 역시 시간경과에 따라 불평등도가 높아지고 있다. 경제발전 초기에는 소득불평등도가 확대되고 일정 단계가 지나면 소득불평등이 감소한다는 사이먼 쿠즈네츠Simon Kuznets의 주장이 중국에서는 어느 정도 타당하게 보인다.

양국에서 모두 심화되고 있는 양극화

토마 피케티의 기념비적인 연구 이후에 세계는 전반적인 소득불평등보다는 부와 소득의 양극화문제, 좀 더 엄밀하게는 상위 소득자의 소득과 부의 집중에 더 많은 관심을 기울이게 되었다. 세계화, 기술의 진보, 세계 정치의 보수화 등으로 상위 소득자의 소득집중도는 상승하게 되는데 소득분배에 관심을 가진 국제학자 네트워크인 WID.world가 작성하고 유지하고 있는 세계불평등 DB에 의하면 중국과 인도 모두 상위 소득자의 소득비중이 증가하고 있다.

중국과 인도의 소득 및 순자산 집중도 추이　　　　　　　　　　　　(단위: %)

			1990	1995	2000	2005	2010	2015	2021
중국	소득	상위 1%	8.2	9.4	10.5	14.3	15.2	14.0	15.7
		상위 10%	30.9	33.9	35.9	42.2	42.8	41.7	43.4
		하위 50%	21.5	18.5	17.4	14.4	13.8	14.4	13.7
	순자산	상위 1%	-	15.8	19.7	26.2	30.4	29.6	32.6
		상위 10%	-	40.8	47.8	56.9	62.8	67.4	68.8
		하위 50%	-	16.0	14.0	9.8	7.0	6.4	6.2
인도	소득	상위 1%	10.7	13.4	15.5	19.7	21.6	21.7	-
		상위 10%	34.4	39.3	40.9	46.6	53.2	57.1	-
		하위 50%	20.3	18.9	18.5	16.5	14.3	13.1	-
	순자산	상위 1%	-	23.2	23.5	23.8	30.5	31.9	32.7
		상위 10%	-	54.5	54.8	54.9	61.4	64.0	64.5
		하위 50%	-	8.3	8.3	8.4	7.0	6.0	6.0

자료: World Inequality Database

　　중국의 상위 1%의 소득점유율은 1990년 8.2%에서 2021년 15.7%에 이르기까지 일관되게 증가했다. 2015년 14.0%로 2010년의 15.2%에 비해 개선된 것 같았지만 코로나19로 인해 다시 악화된 것으로 보인다. 하위 50%의 소득비중은 1990년 21.5%였으나 역시 점진적으로 하락하여 2021년에는 13.7%를 차지하는데 그쳤다. 인도의 상위 1% 소득비중은 1990년 10.7%에서 역시 지속적으로 증가해 2015년 21.7%까지 상승했다. 하위 50%의 소득은 1990년 20.3%에서 2015년 13.1%로 하락했다. 중국에 비해 인도의 상위 1%의 소득점유율이 더 높고 하위 50%의 소득비중은 비슷하다.

중국과 인도 모두 부_{순자산}의 집중도는 소득의 집중도보다 더 높다. 소득이 높을수록 한계저축성향이 높기 때문에 시간이 지나면 고소득층의 자산이 더 늘어난다. 여기에 장기적으로 부동산 등 자산가격의 상승으로 고소득층은 더 쉽게 부를 축적할 수 있다. 이러한 사실은 통계적으로도 확인할 수 있는데, 중국의 상위 1% 개인 순자산 집중도는 1995년 15.8%에서 2021년 32.6%로 증가했고 상위 10%의 순자산 집중도는 이 기간에 40.8%에서 68.8%로 높아졌다. 그 결과 하위 50%의 비중은 16.0%에서 6.2%로 대폭 하락했다.

이러한 현상은 인도에서도 마찬가지이다. 상위 1%의 순자산 집중도는 같은 기간 23.2%에서 32.7%로 중국의 집중도 심화 경향보다는 낮지만 역시 빠르게 증가하고 있다. 하위 50%는 1995년 8.3%에서 6.0%로 변했다. 부의 축적에서는 중국이 인도보다 더 주의를 기울여야 할 것으로 보인다. 이러한 차이는 아마도 중국의 발전 단계가 인도보다 더 높기 때문에 나타나는 현상일 것이다.

중국은 공식적으로 공산주의를 포기하지 않았고, 아직도 많은 인구가 1978년 이전 계획경제 시대에 분배를 받았던 기억을 하고 있다. 이들은 이 시기에 대약진운동과 문화대혁명의 악몽 때문에 현재의 불평등을 감내할 수도 있고 중국이 미국과 갈등하는 동안은 국민의 에너지를 한곳으로 모을 수도 있겠으나 구세대가 사라지고 중국경제가 개선되지 않는다면 소득이나 부의 불평등은 중국의 가장 중요한 문제로 부각될 것이다.

인도 역시 마찬가지이다. 인도의 소득불균형은 팬데믹 시대에 더욱 주목을 받았다. 세계가 팬데믹에 고통받았던 2020년 인도에서도 경제규모가 1/10이나 감소하고, 수천만 명이 일자리를 잃었으나 소수의 부는 급증했다. 아다니그룹의 총수인 가우탐 아다니Gautam Adani의 재산은 두 배 이상 증가하여 320억 달러로 늘었고, 릴라이언스의 무케시 암바니Mukesh Ambani의 재산은 25% 이상 증가하여 750억 달러에 이르렀다. 10년 전에는 인도 상장기업 중 가장 이익을 많이 창출하는 20대 기업이 전체 상장기업 이윤의 1/3에 미치지 못했지만, 이제는 70% 이상을 차지한다. 2014년부터 18년에 항공산업에서 타이어까지 10개 산업에서 경쟁은 약화되었다. 2020년 4월부터 8월까지 외국인투자가 360억 달러가 유입되었다고 정부는 자랑하고 있으나 페이스북이나 구글을 포함하여 그 돈의 절반 이상이 암바니의 그룹에 투자된 것이었다.[3]

중국과 인도는 소득이나 지출의 불평등과 관련해 많은 주목을 받았다. 양국이 모두 개발도상국이라는 점, 인구대국이라는 점에서 경제성장에 따른 빈곤문제 해결, 그리고 소득분배가 세계경제에 큰 영향을 미칠 수 있기 때문이다. 소득계층별로 한계소비성향은 달라지기 때문에 소득분배가 불평등해질수록 소비지출의 증가폭은 낮다. 또 소득계층별로 소비 상품의 구성이 달라진다. 중산층이나 고소득층이 두터워질수록 가격보다 품질이 소비결정에 더 중요해진다. 이러한 요인 때문에 인구가 많은 중국과 인도의 소득분배는 자국 기업 뿐만 아니라 이 시장에 진출하기 위한 외국의 기업에게도 중요하다. 나아가 소득불평등의 악화는 저소득층의 교육기회 부족, 보건위생의 악화 등으로 인적자원 개발에 부정적인 영향을 미쳐 장기 경제성장 을 해롭게 한다.

인도를 압도하는 중국의 사회발전지표

사회발전수준에서도 역시 중국은 인도를 압도한다. 먼저 국민의 인적역량을 나타내 주는 문해율에서 양국은 큰 차이를 보인다. 중국 의 15세 이상 인구 중에서 2020년 현재 97.2%의 인구가 글을 읽을 수 있지만, 인도에서는 2018년 현재 74.4%의 인구만이 글을 읽을 수 있다. 중국인은 2000년 이미 90.9%가 글을 읽고 쓸 수 있었기 때 문에 20여 년 동안 비중이 크게 변화한 것은 아니지만, 2000년에 벌 써 높은 수준에 도달했다고 볼 수 있다.

인도는 2001년 불과 61%의 인구만이 글을 쓸 수 있었다. 17년 동안 큰 진보를 이루었으나 여전히 중국의 2000년 수준에도 미치지 못한다. 더욱이 인도의 여성 문해율은 2018년 65.8%로 남성 82.4%에 비해 상당히 낮고, 이는 중국의 여성 문해율이 남성과 큰 차이가 없다는 점에서 교육의 평등도에 양국이 상당한 성과의 차이 가 있음을 알 수 있다. 2001년 인도 여성은 47.8%만이 글을 알았는 데 남성 73.4%에 비해 큰 차이가 있었다. 15세 이상 여성 인구의 절

중국과 인도의 사회발전지표

	연도	1인당 GDP	문해율 (15세 이상 인구)		유아사망 (5세 이하, 1천 명당)	기대 수명	빈곤인구 비율 (2.15달러/ 2017)	이동전화 사용 (100명당)
			전체	여성				
중국	2000	959	90.9	86.5	36.7	71.9	46.0(1999)	6.7
	2010	4,550	95.1	92.7	15.8	75.6	13.9	63.7
	2015	8,016	96.8 (2018)	95.2 (2018)	10.7	77.0	1.2	92.7
	2021	12,556	97.2 (2020)	95.6 (2020)	6.9	78.2	0.1 (2019)	121.5
인도	2000	442	61.0 (2001)	47.8 (2001)	91.6	62.7	39.9 (2004)	0.3
	2010	1,351	69.3 (2011)	59.3 (2011)	58.1	66.9	32.9 (2009)	60.6
	2015	1,590	74.4 (2018)	65.8 (2018)	43.6	69.6	18.7	75.7
	2021	2,257	–	–	30.6	67.2	10.0	82.0

자료: 세계은행. World Development DB

반이 글을 몰랐다. 점진적 진보가 이루어지고 있으나 중국의 2000년 수준에 도달하는 데도 아직 많은 시간이 필요할 것이다. 인도에서 남성과 여성의 문해율 차이는 단순히 교육기회의 차이뿐만 아니라 여성의 사회적 지위와 관련해서 그 이상의 많은 의미를 시사하고 있다.

보건부문에서도 중국과 인도의 차이는 크다. 유아사망률, 즉 5세 이하 유아 상태에서 사망한 비율은 인도에서는 유아 1천 명 중 2000년 91.6명에 이르고 있었고 이는 중국의 36.7명에 비해 훨씬 많은 어린 생명이 꽃을 피워 보지도 못하고 세상을 떠난 것이었다. 2021년에도 인도의 유아사망률은 30.6명으로 중국의 2000년 수준과 큰 차이가 없다. 그러나 중국은 2021년 1천 명당 6.9명만이 5세 이하에서 세상을 떠난다. 유아사망률의 차이는 양국의 보건위생 수준의 차이와 영양상태와도 관계가 있다. 어린아이가 세상에 태어나서 자신의 자아를 실현해 보지 못하고 병과 영양부족으로 세상을 떠나는 것은 해당 어린이에게도 그리고 부모에게도 안타까운 일이다.

중국의 기대수명은 2021년 78.2세이다. 즉 2021년에 태어난 중국의 신생아는 거의 2100년까지 살아남아 손자들이 장성해 가는 것을 볼 수 있다. 2021년 인도의 기대수명은 67.2살로 중국인의 기대수명에 비해 11살이나 적다. 1960년의 기대수명은 중국에서는 33.3살이었고 인도에서는 45.2살이었다. 중국에서는 대약진운동의 정점에서 아사자가 대량으로 발생하였기에 인도보다 기대수명이 더 짧았다. 1980년 중국의 기대수명은 64.4세 그리고 2000년에는 71.9세가 되었고 2010년에는 75.6세였다. 인도는 1980년 53.6세로 중국의 그것보다 10살 이상이 낮았고 이러한 차이는 계속되고 있다. 중국이 경제성장 과정에서 달성한 기대수명의 증가는 왜 인류가 경제성장을 해야 하는가를 웅변으로 보여준다. 2000년 이후 중국의 기대수명은 6.3세 증가했으나 인도는 5.5세에 그쳤다. 역시 인도가 2000년 수준의 중국의 기대수명에 이르기까지도 몇 년은 더 기다려야 한다.

한 국민경제의 경제사회 발전 정도를 평가하는 다양한 지표가 있다. 여기서는 세 가지를 생각해 보자. 첫째는 미국의 NGO, Social

Progress Imperative가 각각 50개 이상의 지표를 조사하여 측정하는 사회진보지수SPI: Social Progress Index이다. SPI는 아마르티아 센 등이 GDP가 갖는 한계를 넘어서 시민의 사회적 진보를 측정하려는 시도에서 나온 지표이다.[4] SPI는 사회가 사람들이 정말로 관심을 갖는 것을 얼마나 잘 제공하는지를 측정한다. 건강하고 안전한 삶, 깨끗한 물과 안전한 주거, 자유로운 정보 접근, 기본적 권리의 보호 등에 관심을 갖는 것이다. 따라서 GDP와 같은 전통적인 발전척도를 보완하는 일상생활의 실제 모습에 대한 평가라고 할 수 있다. SPI는 3개 측면에서 분석된다. 기초적으로 인간에게 필요한 것들로서 영양 및 기초의료, 수도와 위생, 주거, 개인적인 안전을 고려하고, 웰빙의 기초로서 기초지식과 정보통신에 대한 접근, 건강 및 웰니스, 환경의 질이 고려된다. 그리고 기회 측면에서 개인의 권리보호, 개인적인 자유와 선택, 포용성, 고등교육에 대한 접근 등이 포함된다.[5]

중국과 인도 모두 사회진보지수가 매우 낮아 세계적 순위도 낮다. 2022년 사회진보지수에 의하면 중국의 순위는 169국 중 94위이고 인도는 110위이다. 중국은 SPI 지수가 65.74인데, 인간에게 필요한 기초에서는 83.74점을 얻었으나 기회 측면에서는 47.25점을 얻는데 그쳤다. 중국은 환경(39.53), 개인적 권리보호(29.70)에서 특히 낮은 평가를 얻고 있다. 인도는 SPI 지수가 65.24이며 웰빙의 기초가 52.0이고 기회는 54.77이다. 역시 환경이 27.86에 머물고 있다. 중국과 인도 모두 환경에서 낮은 점수를 얻고 있는데 경제발전과 환

중국과 인도의 인간개발지수 비교

순위	국가	인간개발지수				순위변화	연평균증가율			
		2000	2010	2015	2021	2015~ 2021	1990~ 2000	2000~ 2010	2010~ 2021	1990~ 2021
79	중국	0.584	0.691	0.733	0.768	19	1.90	1.70	0.97	1.50
132	인도	0.491	0.575	0.629	0.633	-1	1.24	1.59	0.88	1.22
19	한국	0.825	0.890	0.909	0.925	3	1.13	0.76	0.35	0.74

자료: UNDP

경의 보호라는 차원에서 양국 모두 지속가능한 성장에 문제가 있다는 평가를 받고 있다.

또 다른 지표는 인적자원개발을 나타내는 UNDP의 인간개발지수이다. 인간개발지수는 건강하고 오래 산다는 지표로서 기대수명, 지식의 축적을 반영하는 교육기간, 그리고 품위 있는 삶의 수준을 측정하는 구매력평가의 1인당 소득을 고려하여 측정된다. 2021년, 191개국에서 인도는 132위, 중국은 79위로 높은 편은 아니다. 소득수준이 반영되었기 때문이다. 그렇지만 2015년 이후 중국은 19위나 상승했고, 인도는 오히려 순위가 한 단계 낮아졌다. 대체로 성숙국의 인간개발지수 절대치를 상승시키는 것은 어렵다고 할 수 있는데, 2010~21년 기간에 중국의 인간개발지수는 연평균 0.97% 상승했고, 인도는 0.88% 상승하는 데 그쳤다.

세 번째는 글로벌 기아지수Global Hunger Index이다. 빈곤문제는 기아와 연결되기도 한다. 지수를 구성하는 항목은 인구 중의 어느 정도가 충분한 칼로리를 섭취하지 못하는 영양부족 상태인가, 5살 미만의 아이가 어느 정도 저체중인가, 저신장인가, 그리고 5살 아이 중에 사망률을 갖고 비교한 것이다.[6] 빈곤은 영양부실을 초래하고 어린이들의 발육에 문제를 안긴다. 심지어 어린 생명을 잃게 한다. 글로벌 기아지수는 50 이상이면 극도로 엄중한 상태Extremely alarming, 35.0~49.9는 경고적 상황Alarming, 20.0~34.9는 심각한 상태Serious고, 10.0~19.9는 보통Moderate, 그리고 9.9 이하는 낮은Low 상태라고 평가된다.

글로벌 기아지수에서 인도의 지수는 2022년 29.1로서 심각한 그룹에 속하고 통계가 갖추어진 대상국가 121국 중 107위에 그친다. 더 큰 문제는 2000년 38.8에서 2007년 36.3 그리고 2014년 28.2로 기아상태가 개선되다가 2022년 29.1로 개선이 중단되고 미세하나마 악화되었다는 것이다. 이는 파키스탄 및 북한과 비슷한 수준이다. 인도가 다소 무시하고 있는 파키스탄의 지수는 26.1로 99위이나 2014년의 29.6보다는 개선되었다. 심지어 북한의 지수는 24.9로 97위에 올라 인도의 상황보다 더 낮다고 평가된다. 중국은 기아문제가 낮은 17개국 중의 하나로 분류되는데 중국의 지수는 2000년에도 13.3으로 낮았고, 2022년에는 5 미만이다. 중국과 인도의 기아문제 차이는 매우 크다.

2. 전혀 다른 두 나라, 비교 불가능한 중국과 인도

　양국의 경제성과에 차이가 있는가, 있다면 그러한 요인은 무엇인가에 대해서는 다양한 해석이 있다. 먼저 양국의 경제성과에 차이가 있었는가에 대해서조차 이견이 있다. 단순히 경제적 성과를 1인당 GDP의 증가로 본다면 중국이 훨씬 좋은 성과를 거두고 있음은 분명하다. 2000년 중국의 GDP는 인도의 2.6배였으나 2022년에는 5.2배까지 벌어졌다. 1인당 GNI는 1.7배에서 2.6배로 증가했다. 상품수출에서도 중국과 인도의 격차는 커졌다. 유일하게 그 격차가 감소한 것은 상품수입이었는데 중국이 2000년 4.4배 많았으나 2022년에는 3.8배로 줄어들었다. 상품수입이 빨리 증가한다고 해서 자랑이라 할 수는 없다. 경상수지에서도 중국은 흑자를 계속 유지하고 있지만, 인도는 적자를 기록 중이다. 경상수지 흑자는 한 국민경제의 대외경쟁력을 나타낸다는 점에서 중국과 인도를 비교할 때 중요한 지표로 사용되어야 한다.

　경제사회적 발전에서 중국은 인도보다 훨씬 더 성공적인 결과를 만들었다. 중국의 문해율은 이미 2000년에도 남녀 공통으로 높은 수준이었다. 2020년 15세 이상의 중국 남성 97.2%가 글을 통해 정보를 얻을 수 있고, 여성의 95.6% 역시 글을 통해 지식을 쌓을 수 있었다. 이에 비해 인도 남성은 2018년 현재 82.4%가 글을 읽을 수 있지만, 여성은 불과 65.8%만이 글을 읽을 수 있다. 여성의 문해율은

중국과 인도의 주요 경제사회 수준 비교

		중국			인도			중국/인도(배)	
		2000	2010	2022	2000	2010	2022	2000	2021
GDP(억 달러)		12,113	60,872	177,314	4,684	16,756	33,851	2.6	5.2
PPP GDP(억 달러)		36,834	123,802	303,273	22,117	52,299	118,746	1.7	2.6
1인당 GNI		940	4,340	12,850	440	1,210	2,380	2.1	5.4
상품수출(억 달러)		2,492	15,778	35,936	424	2,264	4,535	5.9	7.9
상품수입(억 달러)		2,251	13,962	27,160	515	3,502	7,233	4.4	3.8
경상수지 GDP 비율		1.69	3.91	2.24	-0.98	-3.25	-2.38		
문해율 (15세 이상 인구)	남성	95.1	97.5	97.2 (2020)	73.4 (2001)	78.9 (2011)	82.4 (2018)		
	여성	86.5	92.7	95.6 (2020)	47.8 (2001)	59.3 (2011)	65.8 (2018)		
유아사망률 (5세 이하, 1천 명당)		36.7	15.8	6.9 (2021)	91.6	58.1	30.6 (2021)		
기대수명		71.9	75.6	78.2 (2021)	62.7	66.9	67.2 (2021)		
빈곤인구 비율 (3.65달러/2017, PPP)		62.8 (2002)	33.1	3.0 (2019)		62.3 (2011)	44.8 (2019)		

자료: WDI

2000년 47.8%에서 대폭 상승하기는 했으나 여전히 낮고 동시에 남성에 비해서도 낮다. 인도사회에는 남녀 격차가 존재하고 교육수준과 기회에서도 그 차이는 존재하고 있다. 기대수명에서는 2021년 중국은 78.2세, 인도는 67.2세이다. 양국 모두 그 이전 10년의 기대수명 증가에 비해 더 낮아졌는데 코로나19의 부정적 효과가 영향을 미쳤을 것으로 짐작되지만 중국과 인도의 격차는 더 벌어졌다.

양국의 경제발전 차이에 대해서 민주주의를 강조하는 사람들은 민주주의 국가인 인도에서 다양한 의사를 모아 이를 통합해야 하므로 점진적인 발전을 지향하지 않을 수 없고, 이 때문에 폭압적인 중국의 성장률보다 낮은 것은 문제가 아니라고 주장한다. 또한, 많은 인도인은 개방을 늦게 시작한 인도가 성장에 뒤진 것은 불가피한 일이라고 한다. 중국이 경제를 개방한 것은 1979년이었다. 인도가 개방을 추진한 것은 1980년대 라지브 간디 총리 때였다. 이 기간에 인도는 주로 라이선스 방식을 완화하는 방향으로 개방을 진행했다. 그렇지만 본격적인 개방은 1991년 이후였다. 따라서 인도 측 인사들은 중국과 인도의 경제발전 차이의 상당 부분이 개방의 시간적 차이에 불과한 것이라고 평가하는 것도 어느 정도 일리는 있다. 그렇지만 인도가 본격적인 개혁개방을 한 1991년 이후의 성장률도 중국보다 낮다는 점은 그들의 주장이 완전하지는 않다는 것을 시사한다.

그렇다면 중국과 인도의 격차는 어느 정도일까? 시간을 따지는 일은 부질없는 일이다. 인도가 성장하는 동안 중국이 그대로 있지는 않을 것이기 때문이다. 굳이 비교해 본다면, 인도의 2022년 구매력평가 1인당 GNI는 6,954달러로 중국의 2007~08년 수준이고, 시장가격 기준 1인당 GNI는 중국의 1999~2000년 수준이다. 시장가격 기준 1인당 GNI의 격차는 22년까지 벌어진다. 중국이 성장을 멈추고 기다리고, 인도 루피화의 가치가 현 상태로 유지될 때 인도가 연평균 7%의 소득이 증가한다고 해도 20년 이상이 되어야 중국의 소

중국과 인도의 발전격차

		1인당 GNI (2017, PPP)	1인당 GNI (2015년 가격, 달러)	도시화율	빈곤율 (3.65달러, 2017 PPP)	기대수명	유아사망 (5세 이하 사망, 1천 명당)	문해율 (15세 이상 여성)
인도 (최근년도)		6,954 (2022)	2,043 (2022)	35.87 (2022)	44.8 (2019)	67.24 (2021)	30.6 (2021)	65.79 (2018)
중국	2021	17,499	11,123	63.56 (2022)	3.0 (2019)	78.21	6.9	95.61 (2020)
	인도와의 비교	6,810 (2007) 7,458 (2008)	2,016 (1999) 2,172 (2000)	35.88 (2000)	49.0 (2005) 39.7 (2008)	67.29 (1987)	31.5 (2002) 28.9 (2003)	68.07 (1990) 51.14 (1982)

자료: 세계은행, WDI DB

득수준에 근접할 수 있다.

사회발전수준의 격차는 단순한 경제적 격차보다 더 차이가 있다. 산업구조를 비롯한 경제사회적 특성을 가장 잘 나타내는 도시화율은 인도는 2021년 35.87% 수준으로 중국의 2000년 수준과 같다. 빈곤율의 경우 하루 3.65달러 기준으로 인도는 2019년 44.8%에 이르는데 이는 중국의 2005년과 2008년 사이에 있다.[7] 적어도 15년의 격차가 있다. 인도의 기대수명은 2016~20년에 70세를 넘었으나 2021년에는 다시 67.2세로 하락했다. 코로나19의 높은 사망률에 영향을 받은 것이다. 중국의 기대수명이 71세에 있었던 기간은 1995~2000년이었고 2001년부터는 72세에 진입했다. 인도의 코로나19가 기대수명 추정에 예외적인 영향을 미쳤다고 하더라도 인도가 중국의 현재 기대수명인 78세 수준으로 진전되기까지는 보건위생의 급격한 개선이 없다면 20년 이상 소요될 것이다.

유아사망률은 보건위생, 의료, 영양 등을 종합적으로 나타내는 지표로 평가할 수 있다. 인도의 2021년 현재 5세 이하 유아사망률은 1000명당 30.6명인데 이는 2002~03년 중국과 비슷하다. 여성의 문해율은 교육수준과 여성에 대한 기회를 동시에 반영한다. 인도는 중국과 같은 수준이 되기 위해서는 훨씬 더 많은 시간을 기다려야 한다. 중국과 인도 사이에는 10년 정도의 발전격차가 있다는 평가[8]는 시간이 지나면서 오히려 벌어지고 있다. 중국과 인도를 하나로 묶어 친디아로 지칭하는 것은 인구가 비슷하게 많다는 것을 제외하면 거의 의미가 없다. 중국과 인도는 별개의 두 나라 이야기인 셈이다.

중국과 인도의 격차 요인을 한두 개로 정리하기는 어렵다. 크게 두 가지만 이야기하도록 하자. 첫째는 인구구조의 차이였다. 중국과 인도의 부양률은 큰 차이가 있었다. 1971년 아직 본격적으로 양국이 경제적 이륙을 하기 이전부터 현재까지의 부양률을 보면 중국의 부양률은 급격히 하락했다. 부양률의 하락은 생산가능인구가 부양해야 할 비생산가능인구에 비해서 더 빠른 속도로 증가했다는 의미다. 이에 비해 인도의 부양률은 하락했지만, 그 속도는 완만했다. 부양률의 차이는 양국의 저축률의 차이를 가져오고 투자율의 차이를 불러온다.

둘째는 경제정책의 선택문제이다. 중국과 인도가 모두 사회주의적 경제를 운영해 왔다. 중국은 초기에는 공산주의 이상국가를 지향하였고 인도 역시 사회주의를 지향해 수입대체공업화로 정부 주도의

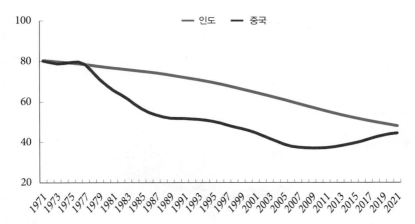

중국과 인도의 부양률 추이

자료: 2022년 UN 인구 통계

중공업 정책을 전개했다. 이러한 경제정책을 중국은 1980년대 개혁
개방을 통해 거의 포기하였고, 인도는 1990년 들어서야 개혁과 개방
을 시작하였다. 이러한 시기적 차이 외에도 그 강도는 훨씬 달랐다.
중국은 인도보다 더 철저한 개혁과 개방을 추진했다. 이러한 경제정
책의 차이를 야기한 것은 무엇이었을까?

　앞으로 이들에 대해 본격적으로 검토할 것이다.

두

갈

래

의

길

제3부

인도는 중국을 넘어설 수 있을까

제 6 장

수렁에 빠진
역사적 대국들의
현대국가 성립 초기 경제

1. 두 인구대국의 해도_海圖_ 없는 항해

근대화과정에서의 역사적 경험이 남긴 유산

중국과 인도의 경제적 성과에 차이가 있다고 인정하는 측면에서 논의를 전개한다면 그 이유는 무엇일까? 몇 가지로 나눌 수 있다. 가장 직접적인 것은 정책 선택이다. 정부가 자원을 동원하고 배분하며 수요를 창출하는 정책 조합은 경제성과의 차이를 만들어 낸다. 특히 글로벌 체제에 편입하는 과정에서 정부의 역할은 중요하다. 둘째는 그렇다면 경제정책은 정부가 임의로 선택할 수 있는 것인가 아니면 각국의 정치·사회·문화적 여건에서 결정되는가 하는 문제이다. 경제정책의 선택은 역사적·사회적 맥락 속에서 결정되고 당시에 처한 내·외부 환경의 상호작용 결과라고 할 수 있다.

역사적으로 중국과 인도의 경제규모가 산업혁명이 성공한 영국의 그것보다 더 컸던 시기가 있었다. (지금도 그렇다.) 미국이 독립한 18세기 후반에서 아직 산업화를 달성하지 못한 19세기 초반까지는 비록 영국이 산업혁명에 성공하였음에도 불구하고, 중국과 인도의 전체 GDP 규모가 영국보다 컸다. 1990년 가격을 기준으로 1500년 중국의 GDP는 618억 달러로 세계 GDP의 24.9%를 차지했고, 인도는 세계의 24.4%인 605억 달러 수준이었다.[1] 같은 해 서유럽의 GDP는 442억 달러로 세계 GDP의 17.8%에 지나지 않았다.

무굴제국의 전성기였던 1700년에는 인도의 GDP가 중국을 상회하여 세계의 24.4%를 차지한 데 비해 중국의 비중은 22.3%로 감소했다. 그러나 1820년 중국의 GDP는 다시 증가해 세계의 32.9%를 차지하였고, 이 비중은 서유럽 전체(23%)보다 거의 10%포인트나 높은 것이었다. 물론 중국과 인도의 경제규모가 서구 선진국보다 크다고 해서 중국인과 인도인이 다 잘 살았다는 것은 아니다. 인구가 많았기 때문이다.

중국과 인도의 시대는 18세기 말이면 끝이 보이기 시작했다. 1793년 중국과 통상 확대를 위해 베이징을 찾은 조지 매카트니는 건륭제를 만날 때 '고두' 문제로 중국 관리들과 실랑이를 벌여야 했다. 양쪽은 매카트니가 한쪽 무릎을 꿇으면서 고개를 숙이고 황제의 손등에 입을 맞추는 동작을 추가하면 고두를 면제받는 선에서 합의했다.[2] 건륭제를 만난 매카트니는 황제를 온화한 노신사라 표현했고 중국에 호의적인 기록을 남겼지만 동시에 영국인의 날카로운 눈으로 중국을 관찰했다. 그는 청나라를 "낡아서 금이 간 일급 군함"에 비유하고 오랫동안 "그 덩치와 겉모양으로" 이웃을 압도했지만, 무능하고 우둔한 지휘관들 때문에 "해안에 좌초하여 산산히 부서질" 운명이라고 말했다.[3]

중국은 영국에서 가져온 공산품을 조잡한 것이라고 했으나 영국의 산업혁명에는 속도가 붙고 있었다. 중국과 인도는 발전하지 못했고 결국 1870년이 되면 양국 GDP가 세계에서 차지하는 비중은 각각 17.1% 및 12.1%로 하락했다. 제1차 세계 대전을 앞둔 시점에서 중국과 인도의 비중은 더욱 낮아져서 8.8% 및 7.5%가 되었고, 1950년대에는 중국 4.5%, 인도 4.2%에 불과했다.

영국 동인도회사는 18세기 내내 중국에서 차, 도자기, 비단 등을 수입하면서 막대한 적자를 기록했다. 영국 외에도 서양 제국으로부터 유입되는 은은 중국의 강력한 힘이 되었다. 동인도회사는 대중국 적자를 보전하기 위한 환금작물로 인도에서 재배되는 양귀비를 선택했다. 인도의 풍부한 노동력을 이용하여 동인도회사는 양귀비의 수액을 모아 끓여 반죽으로 만들어 중간상에게 팔았으며 이들은 다시 아편을 중국에 판매했다. 영국이 중국에 판 아편은 1729년 200상자에 불과했으나 1816년 5,106상자, 1828년에는 13,131상자, 그리고 1832년에는 23,570상자에까지 이르렀다. 아편 수출로 영국에서 인도로, 인도에서 중국으로 그리고 다시 중국에서 영국으로 이어지는

삼각무역이 이루어졌다.[4]

중국은 아편 수입의 급증으로 영국과 교역에서 막대한 적자를 기록하게 됐다. 아편 한 상자에 59~73kg이 들어갔기 때문에 1820년에 중국에 유입된 아편의 양만 해도 중독자가 약 100만 명에 달할 것이라는 추정이 가능하다. 화남지역에서 아편 중독자가 증가했고 은의 유출도 많아졌다. 가경제嘉慶帝 시기인 1800~1813년 아편 거래를 금지했으나 효과가 크지 않았고, 오늘날 그 액수의 크기를 정확히 알기 어렵지만 1820년에 매년 약 200만 냥의 은이 중국 밖으로 유출되었고, 1830년 초에 이르면 900만 냥에 가까웠다.[5] 중국경제는 피폐해졌고 그 외에도 아편 중독자 증가, 아편을 둘러싼 부정부패가 큰 사회적 문제로 부각되었다.

도광제道光帝는 1837년 임칙서林則徐를 흠차대신으로 임명하고 아편 문제를 해결하기 위해 광동성으로 파견한다. 임칙서는 광동에 도착하여 빅토리아 여왕에게 공개편지를 보냈는데 "귀하의 나라에서는 아편을 금지하면서 중국에 파는 이유는 무엇인가?" 물었다.[6] 제국주의 시대에 앞장섰던 영국이 들어줄 리 없는 질문이었다. 임칙서는 영국 상선의 아편을 몰수하고 광동성 호문虎門에서 이를 불살랐다.

이를 빌미로 근대식 군함과 총포를 동원하여 영국이 중국을 침략한 것이 바로 아편전쟁이다. 전쟁의 결과 청은 상하이, 광저우, 닝보, 푸저우, 샤먼 등 5개 항구를 개항했고 홍콩을 할양했다. 중국의 국력은 아편전쟁을 기점으로 쇠퇴하기 시작해 청나라의 멸망으로 이어졌다. 신해혁명으로 근대국가가 시작되었다고는 하지만, 군벌들의 분할로 국가라고 할 수 없을 정도였다. 루쉰魯迅은 1921년 1월에 발표한 그의 소설 〈고향〉에서 "희망이란 것은 본래 있다고도 할 수 없고, 없다고도 할 수 없다. 그것은 마치 땅 위의 길과 같은 것이다. 본래 땅 위에는 길이 없었다. 걸어가는 사람이 많아지면 그게 곧 길이 되는 것이다."라고 끝맺었다. 아스라한 희망을 염원하는 것이었다.[7] 그러나 중국의 미래에 대한 희망은 쉽게 이루어지지 않았다. 주변 오랑캐의 하나라 생각했던 일본이 만주국을 설립하고 중일전쟁을 일으켜 수많은 사람을 살상했다. 중국이 세계의 중심이고 황제는 하늘을 대신하는 아들이라고 생각했던 중국인들은 참을 수 없는 정신적 고통을 경험했다.

인도의 뭄바이, 마드라스, 콜카타에 무역거점을 갖고 있었던 동인도회사는 1757년 플라시전쟁battle of Plassey으로 벵골지역의 왕국을 장악하고, 1773년 완전히 총독체제로 들어가면서 인도는 빠른 속도로 동인도회사의 식민지로 전락했다. 동인도회사는 때로는 전쟁으로, 때로는 위협과 인도 세력 사이에 이간을 통해서 인도 전역을 장악했다. 특정 지역은 완전히 합병하고 직접 통치하였는데 1803년에는 델리를, 1828년에는 아삼왕국을 합병했다. 펀자브, 카슈미르 등도 합병했다. 일부 지역에서는 회사의 자원 제약을 고려하여 전쟁 대신에 인도 지방 통치자들에게 일부 자율성을 주면서 동인도회사의 패권을 인정하도록 하는 조약 방식을 취하였다. 지방 통치자들도 자신의 영토를 보존할 방법으로 이러한 방법을 선호했고, 동인도회사역시 정치·경제적 비용을 고려하여 이 방법을 이용하였다. 19세기초에 이러한 지방 통치자들의 영토는 인도 전체의 2/3에 이르렀다.

동인도회사의 폭력적이고 약탈적인 인도정책은 많은 인도인의반감을 샀다. 1857년 세포이라고 불리던 동인도회사에 고용된 인도인 군인들이 반란을 일으켰는데 단일한 이유가 있다기보다는 오랜기간의 악정에 분노가 표출한 것이었다. 흔히 세포이의 난, 혹은 1857년 항전으로 알려진 이들의 반란은 인도의 처지에서 보면 일종의 외세에 대한 항거운동의 성격을 띠었다. 항전은 여러 지역으로 확산되었지만, 영국은 이를 진압했고, 영국 왕실은 드디어 동인도회사로부터 인도의 지배권을 인수하여 빅토리아 여왕이 인도 황제를 겸했다.

인도는 영국의 산업혁명에 필요한 원자재 공급처, 그리고 완제품수입처로 확실하게 전락하였다. 한때 인도가 자랑하던 벵골지역의섬유, 모슬린은 영국에서 수입되는 면제품으로 인해 사라져 갔다. 영국 당국은 다카지역 모슬린의 경쟁력을 떨어뜨리기 위해 과중한 세금을 부과하고 숙련공의 엄지손가락을 자르는 만행도 서슴지 않았다. "직물을 짜던 직공의 뼈가 인도평원을 하얗게 뒤덮었다"는 보고가 있을 정도로 인도의 직물산업은 쇠퇴했다.[8]

영국 식민지로 영국에 수탈당하고, 기계화 면직산업에 의한 인도면직물산업의 쇠퇴는 독립운동 과정에서 마하트마 간디가 스와라지와 스와데시를 주장하면서 물레를 지고 여행을 다닌 역사적 연원이기도 하다.[9] 자급자족과 자치 정신은 물레charkha로 나타났고, 그 물레는 여전히 인도 국기에 이미지로 남아 있다. 인도는 제국주의의 치하로 다시 돌아가지 않겠다고 다짐했다. 영국의 치하에서 인도는 사법 시스템, 철도, 영어를 도입했으나 영국은 경제적으로 인도를 수탈했다. 인도의 독립 지도자들은 외국 열강을 신뢰하지 않았다.

소련에서 성공한 사회주의 혁명의 영향

제국주의 열강의 대결은 20세기 들어 더욱 가열되었다. 영국, 프랑스, 독일, 오스트리아-헝가리 제국은 지구의 일부를 제외하고는 대부분을 지배했다. 그리고 이들의 대결은 제1차 세계 대전으로 나타났다. 러시아는 뒤늦게 제국주의 경쟁에 뛰어들었으나 일본에 패하는 수모를 겪었고 1차 대전에 참전했으나 역시 큰 성과를 거두지 못했다. 러시아의 차르와 귀족은 톨스토이의《전쟁과 평화》에 잘 그려져 있듯이 호화로운 삶을 누렸고, 농민들의 삶은 곤궁하였다. 농민들의 비참한 삶은 소련의 지식인을 자극하기에 충분하였고 그들 중에는 브나로드Vnarod운동에 참여한 사람도 있었지만, 또 혁명을 꿈꾼 레닌도 있었다.

중국의 지식인들은 레닌의 볼셰비키 혁명이 성공하기 이전에는 마르크스주의에 대해 잘 알지 못했다. 사회진화론의 입장에서 중국이 가야 할 길을 모색하는 사람들이 있었지만, 신해혁명 이후의 상황이 기대처럼 진행되지 못하면서 러시아 혁명이 성공하자 일부 지식인들이 공산주의에 관심을 갖기에 이르렀다. 중국이 농업사회였다는 점에서 마르크스의 도시 노동자 기반의 혁명이 적용될 수 없다는 의견도 있었지만, 같은 상황이었던 러시아가 혁명에 성공함으로써 중국에서 혁명이 가능할 것이라는 견해도 있었다. 1919년 레닌이 주도하여 결성한 코민테른은 소련공산당이 해외 혁명을 지원하기 위해 설립한 조직이었다. 코민테른 대표단은 1920년 중국을 방문해 베이징과 상하이에서 공산주의 운동 지도자들을 만났는데, 이때 마오쩌둥은 없었다. 그리고 1920년 11월 상하이에서 중국공산당의 간단한 창당 선언이 발표되었다.[10]

이 시기 중국 젊은이들은 신지식의 배움에 목말랐다. 많은 청년이 일본과 유럽으로 유학을 갔다. 특히 프랑스 혁명의 유산이 남아 있던 프랑스는 아시아에서 온 이상사회를 꿈꾸는 청년들에게 사회주의라는 자양분을 심어 주기에 충분했다. 베트남의 호치민이 그랬고, 태국의 프리디가 그랬으며 캄보디아 크메르 루주의 지도자들이 그랬다. 중국의 젊은이들 역시 영향을 받았다. 1920년대 프랑스에서 공부했던 저우언라이나 덩샤오핑이 프랑스의 자양분을 받았다. 마오쩌둥은 경제적 사정 등으로 유학하지 않았다. 그는 "동양문명은 세계문명의 절반에 해당해. 게다가 동양문명은 바로 중국문명이라고 할 수 있지" 하고 말한 바 있었다.[11] 그렇지만 마오쩌둥 역시 레닌의 혁명에는 큰 감명을 받았다.

인도와 영국의 관계는 단순하게 식민지와 식민 모국으로만 설명하기에는 부족하다. 인도는 나름대로 "영국 인디아"라는 이름으로 국제연맹의 회원국으로도 활동했고 올림픽에도 출전했다. 독립운동은 이미 19세기 말에 시작되었고 국민회의당이 설립되었다. 1920년대는 인도 독립운동의 최종단계였는데, 국민회의당은 간디의 비폭력 운동과 시민불복종 정신을 수용했다. 영국의 지배에서 벗어나기 위한 인도 건국의 아버지들에게 세계의 조류는 영향을 미치고 있었는데 특히 제국주의 시대에 진보를 이룬 러시아 혁명이 상당한 영향을 주었다. 대표적인 독립운동가였던 네루는 남달리 러시아 혁명에 영향을 받은 사람이었다.

인도에서도 사회주의는 1920년대 지식인 사회에 스며들기 시작했다. 네루는 레닌의 제국주의론에 상당한 감명을 받았고, 1927년 2월 브뤼셀에서 열린 반제국주의 연맹 1차 회의First conference of the Anti-imperialist League에 참석하여 국제적으로 사회주의 네트워크와 연계를 맺었다. 네루는 그해 11월 소련의 10월 혁명 10주년 행사에 참석하기 위해 그의 아버지와 함께 모스크바를 방문했다. 《프라우다》는 네루 일행을 제국주의와 식민주의에 싸우는 저명인사로 자세히 소개했다. 소련의 고위 인사들과 면담을 하고 공장을 방문했으며 문화행사에도 참여했다. 귀국한 그는 소련 방문기를 남겼는데 "10월 혁명은 의심할 여지없이 세계사의 가장 위대한 사건 중 하나였으며, 1차 프랑스 혁명 이후 가장 큰 사건이었고, 그 이야기는 어떤 이야기나 환상보다 인간적이고 극적인 관점에서 더 매력적이다."라고 썼다.[12]

네루는 이후 두 번 더 소련을 방문했다. 인도가 완전히 사회에 사회주의 패턴을 녹여 넣었던 2차 계획이 시작될 즈음인 1955년 7월과 미소 경쟁이 정점으로 치닫던 1961년 11월이었다. 모두 소련의 전성기 때였다.

네루는 1941년에 출판된 자서전에서 인도의 미래를 위해 마르크스주의, 자본주의를 깊이 생각했다고 밝혔다. 인도의 독립투쟁이 어느 정도 일단락되었지만, 대공황의 그늘이 아직 세계경제에 드리우고 있었던 때였다. 그는 러시아에서 일어나는 폭력과 억압에 대해서 비판적이었으나 자본주의도 폭력과 억압이 존재하고, 사회와 자산의 토대가 폭력이라고 생각했다. 굶주림에 대한 공포가 존재하는 한 정치적 자유는 의미가 없다. 그는 세계가 대공황에 빠졌을 때 소련이 이룬 업적을 인정했다. 그렇다고 러시아 방식의 공산주의를 맹목적으로 모방하는 것은 옳지 않은데, 공산주의의 적용은 해당 국가의 특정 조건과 역사적 발전단계에 달려 있다고 보았다.

즉 마르크스주의는 자국의 실정에 맞는 적용이 가능하다고 보았으며 인도가 당면해 있는 여러 문제, 특히 토지와 산업의 문제는 마르크스주의의 혁명적 계획으로만 풀 수 있다고 봤다. 그는 "마르크스주의 이론과 철학은 내 마음의 어두운 구석을 밝혔습니다. 역사는 나에게 새로운 의미로 다가왔습니다. 마르크스주의적인 (역사) 해석은 역사에 빛의 홍수를 던졌습니다"라고 쓸 정도였다. 세계 위기와 슬럼프는 네루에게 마르크스주의적 분석이 올바른 것으로 보였다.[13]

인도사회의 다원성

사회문화의 다원성은 인도의 경제정책을 결정한 중요한 요소이다. 다원성 혹은 다양성은 흔히 바람직한 이미지를 풍기지만 인도사회에서 다양성은 비용과 비효율을 만들어 내는 요소이다. 인도는 역사 이래로 현재의 인도가 건설되기 전까지 한 번도 통일된 적이 없었다. 무굴제국은 물론이고 영국의 식민지에서조차 많은 토후국이 존재했다. 민족, 종교, 언어, 소득 차이는 지역 간 국가의 통합을 어렵게 한다. 여기에 복잡한 카스트제도는 많은 구조적 문제를 일으킨다.

세계 최고의 길이를 자랑하는 인도 헌법은 이러한 다양성을 통일시켜 국가를 통합하겠다는 의지를 담고 있다. 언어만 해도 헌법은 힌디어를 공식 언어로 지정하고 있지만, 헌법 발효 후 15년 동안은 영어를 공식어로 사용할 수 있도록 했고, 또 주별로 대다수 인구가 사용하는 언어를 공식어로 인정받을 수 있도록 하고 있다. 나중에는 공식 언어법을 제정하여 20개 이상의 언어를 공식어로 인정하였다.

과도한 다양성이 초래하는 비용에 대해 인도는 끊임없는 고민을 했고, 이를 반영하여 세계에서 가장 긴 헌법이 제정된 것이다. 인도 헌법 전문에서는 인도 국민이 "주권적, 사회주의의, 세속적, 민주공화국SOVEREIGN SOCIALIST SECULAR DEMOCRATIC REPUBLIC을 구성하여 모든 국민에게 사회, 경제, 정치적 정의, 사상, 표현, 신앙의 자유, 지위, 기회의 공평을 담보하도록 한다"고 규정하고 있다. 여기서 특히 사회주의와 세속은 기존 '주권적, 민주공화국'만 규정했던 것에서 1976년

42차 개정을 통해 추가한 것이다. 사회적 형평 혹은 개혁 그리고 신앙 차원에서 세속성을 더 강조해야 할 만큼 인도사회가 개선되지 않았기 때문이다.

인도사회의 구성을 가장 특징적으로 나타내는 것이 카스트제도이다. 인도의 카스트는 기원전 15세기 아리아인들이 인도를 침입할 때 시작하여 기원전 10세기에 완성되었다. 아리아인은 토착민이었던 드라비다족을 지배하면서 승리자와 지배자로서 우월한 지위를 유지하기 위해 지배자와 피지배자, 승리자와 패배자의 계급구조를 제도화했다. 카스트제도는 너무나 복잡하므로 비전문가는 조심스럽게 이야기해야 한다. 중국이 단일국가로 다양한 사회적 안정성을 제공했다면, 인도는 힌두의 사회적 구조_{Hindu social structure}, 특히 카스트제도를 통해 사회적 안정성을 확보했다.

카스트는 먼저 바르나_{Varna: 色}와 자티_{Jati: 태생}로 구분한다. 일반적으로 카스트 계급제도로 알려진 브라만_{Brahman: 사제, 학자}, 크샤트리아_{Kshtriya: 지배자, 무사}, 바이샤_{Vaisya: 상인}, 수드라_{Sudra: 농민, 노동자}의 4계급을 바르나라고 한다. 이중에서 브라만, 크샤트리아, 바이샤 계급을 아리아인들은《베다_{Veda}》 경전에 따라 성인식을 치르고 성스러운 실을 두를 자격을 갖춘 드비자_{dvija: 두 번 태어난 자}로서 상층 카스트에 속한다고 본다. 반면 수드라는 온전한 사회적 인간으로 대접받지 못하며 많은 제약을 받는 하층 카스트로 분류되며 기타후진계층_{Obcs: Other Backwards Classes}으로 지칭된다.

수드라보다 더 낮은 불가촉천민Untouchable은 바르나 체계에서 제외되어 인간과 동물 혹은 문화와 자연의 경계에 위치한 존재로 간주되며 바르나에 포함되지 않는다 하여 Out Caste라고 한다. 현재 인도에서는 불가촉천민이 비인간적으로 인간을 모욕한다고 하여 헌법으로 정한 '지정 카스트Scheduled Castes'라는 공식 명칭을 사용한다. 또한 달릿Dalit으로 불리기도 한다. 힌두사회는 바르나에 따라 제대로 된 인간(브라만, 크샤트리아, 바이샤), 불완전한 인간(수드라), 인간 이하의 존재(불가촉천민)로 구분되어 있는 것이다.

자티Jati는 바르나보다 더 세부적으로 나뉜 계급을 가리키는 개념이다. 같은 브라만이라도 높고 낮은 브라만으로 구분된다. 다른 바르나 계급에서도 동일하여 자티는 대략 2~3천 개로 세분되는데 일부 학자들은 4천 개에 이른다고 주장한다. 인도사회에서 카스트라고 하면 바로 이 자티를 의미한다. 자티는 각 카스트 집단과는 구별되는 경계를 가진 지역적 집단으로서, 다른 카스트 집단과 일정하게 구별되는 생활방식과 행위규범이 있다. 따라서 카스트 계급 간의 사회적·의례적 관계는 자티에 의해서 이루어지는데 결혼도 출신 자티에 따라서 배우자를 선택한다. 즉 카스트의 성원은 자기와 같은 카스트에 속한 사람과 혼인해야 한다. 자티를 통해서 개인의 전통적인 세부 직업, 출신 지역, 사용 언어, 주식(주로 먹는 것) 등을 알 수 있다.

건국과정에 참여한 인도의 지도자들은 이런 인도의 관습과 문화, 사회조직의 다양성을 잘 알고 있었다. 이들은 이러한 문제를 풀고 사회적 정의가 달성되고 공정한 소득분배가 이루어지는, 그래서 어느 누구도 탈락하지 않는 사회를 꿈꾸었다. 헌법을 기초한 암베드카르는 불가촉천민 출신으로 지정 카스트, 지정 부족, 그리고 기타후진계층에 하원 의석을 할당하도록 했다. 이와 같이 누구도 탈락하지 않는 사회를 만들겠다는 꿈을 실천하기 위한 정치적 제도에 대응하여 인도의 지도자들은 경제정책을 선택했던 것이다.

세계의 기대를 받은 두 나라

인도가 영국에서 독립한 때가 1947년이었고 공산 중국이 첫발을 내디딘 것은 1949년이었다. 양국 다 경제적 기반이 취약한 상태에서 시작했다. 제2차 세계 대전이 끝나고 인도와 공산주의 중국이 출범한 1949년 이후로 양국은 경제발전을 위해 해도 없는 항해를 해야 했다. 중국은 국가체제가 갖추어지기도 전에 한국전쟁에 참전해야 했고 사회주의 실현을 위한 준비로 토지 몰수 등을 시행했다. 기대와 달리 증산은 이루어지지 않았다. 중국과 비교해 인도는 상대적으로 출발이 좋았다.

그러나 양국은 세계 인구 1, 2위 국가로서 거대한 잠재력이 있다고 여겨졌다. 인도와 중국은 21세기에 들어서야 비교 대상이 되거나 하나로 비추어진 것은 아니다. 아시아 신생국을 위한 모델이 인도냐 중국이냐를 놓고 당시 홍콩에서 막 발행된 한 잡지는 인도 모델이 아시아에 더 많은 참고가 될 것이라고 했다.[14] 인도를 중국보다 더 호의적으로 봤던 것은 중국은 분명히 공산주의를 지향했기 때문이었다. 중국 공산주의 확산을 막아야 하는 미국에게 인도는 손을 잡고 키워야 할 나라라고 생각되었다. 1951년 인도는 공식적으로 1차 5개년 계획을 시작했는데 "당시 미국은 논박할 수 없이 자유진영의 리더였는데 인도에 큰 희망을 갖고 있었다. 한국과 같은 동아시아 국가들이 구제불능basket cases으로 가고 있는데 인도와 아프리카는 가난에서 빨리 벗어날 수 있을 것이라는 것이 미국의 합의된 시각이었다."[15]

2차 대전 이후 독립한 세계의 많은 신생국도 중국과 인도에 주목했다. 누가 더 성공적으로 안정되고 번영된 나라를 만들어 갈 것인가에 대해서였다. 중국은 토지개혁 그리고 집단농장의 설치 등 사회주의 체제의 도입에 많은 폭력을 사용했다. 이에 비해 인도의 사회주의적 체제는 상대적으로 질서를 유지하고 있었다. 네루는 1954년 10월 중국을 방문해 주요 도시를 시찰했는데 귀국 후에 장문의 출장보고서를 발표했다. 그가 만난 중국 지도자들과의 면담 내용을 통해 중국의 사정을 인도 국내에 전달한 것이다. 공식적인 보고서는 중국에 호의적인 내용을 가득 담았다.[16] 그러나 그는 적어도 비공식적으로는 중국의 급진적 방법보다는 자신의 진화적인 방법이 더 우월하다고 확신했다.[17]

현실적 어려움에도 불구하고 제2차 세계 대전 이후 등장한 신생국 중에서 중국과 인도는 일단 많은 인구로 세계의 주목을 받았고,

동시에 세계경제에 중요한 파급효과를 미칠 것으로 기대되었다. 2차 대전이 끝나고 세계는 미국, 영국, 프랑스 등 자본주의 경제권과 소련과 중국의 사회주의 경제권으로 나뉘었다. 미국과 소련은 유럽에서 각각 북대서양조약기구NATO와 바르샤바조약기구를 주도하면서 적대적 관계를 쌓아 갔고, 아시아에서도 공산 중국의 확산해 대비해 미국은 1954년 동남아시아조약기구SEATO를 조직하여 유럽판 NATO와 같은 조직을 마련했다. 동아시아 국가로는 필리핀과 태국만이 SEATO에 참여했고 이 외에 미국, 영국, 프랑스, 호주 등이 참여했다. 말레이시아와 싱가포르는 아직 영국에서 독립하기 전이었다. SEATO는 중국의 확산으로부터 베트남, 캄보디아, 라오스를 보호한다는 암묵적인 목적을 갖고 있었다.

냉전시대에 미국정부와 학계에서 활동한 경제사학자 로스토W. Rostow는 1960년에 출판된 《경제성장의 제단계The Stages of economic growth》에서 인류의 경제발전단계를 전통사회, 도약의 전 단계, 도약단계, 성숙단계, 고도 대중 소비단계 등 5단계로 구분했는데, 이는 마르크스의 경제발전단계나 경제결정론에 대한 비판을 담고 있다. 로스토 교수는 산업혁명을 시작한 영국이 1780년대 이미 도약단계에 들어섰다고 평가했으며, 주요 국가들이 도약단계를 거쳐 고도 대중 소비단계로 진입한 시점을 제시하고 있다. 지속적인 성장을 할 수 있는 도약단계Take-off는 그의 경제성장론에서 가장 중요한 단계라고 할 수 있는데, 그는 중국과 인도가 1952년부터 도약단계에 들어섰다고 진

단했다. 물론 책에서는 아직 그 도약단계가 끝났는지는 분명하지 않다고 쓰여 있다.[18]

　도약단계의 정확한 정의는 어렵지만, 투자율이 10% 이상으로 상승하고, 한 개 이상의 빠르게 성장하는 제조업종이 존재하며, 근대부문의 성장이나 해외부문의 성장에 도움이 되는 정치, 경제, 사회의 제도가 존재해야 한다. 로스토는 도약단계는 흔히 정치적 변혁이나 개방 등으로 시작된다고 보고 있다.[19] 그는 중국의 공산화, 인도의 독립이라는 정치변혁을 통해서 도약단계가 시작되었다고 평가한 것이다. 중국과 인도에 주목한 것은 로스토만이 아니었다. 폴 케네디는 그의 《21세기 준비》에서 인도와 중국을 아직 빈곤한 인구대국으로서 21세기에 어떻게 해야 하는가를 다루고 있다.[20]

　로스토 이후에도 세계는 중국과 인도에 지속적인 관심을 보였다. 중소분쟁이 일어나자 미국은 중국을 소련에 대항하는 국가로 인정했고, 또 비동맹노선을 고수한 인도에 대해서는 미국과 소련 양 진영이 모두 관심을 보였다. 그렇지만 시간이 지나면서 중국에 대한 경제적 기대는 사라져 갔다. 중국은 소련과도 결별하고 독자적으로 선택한 실패의 길로 갔고 또 문화대혁명 기간에는 거의 문을 닫아걸고 있었기 때문에 중국경제의 상황도 잘 알 수 없었다. 이에 비해 인도는 비록 소련에 더 경도되어 있었고, 인디라 간디의 계엄통치가 비난을 받았지만 비동맹운동의 리더로서 미국과 소련의 구애를 동시에 받았다고 할 수 있다.

2. 현대국가 성립 초기의 경제정책

공산주의 초기의 중국경제

중국은 1949년 10월 1일 오후 3시 천안문 관망대에서 마오쩌둥이 "동포 여러분, 오늘 중화인민공화국 중앙 인민 정부가 출범합니다." 선언하며 시작되었다. 새 나라의 출범을 선포했지만 연설문은 국가의 이상이나 계획보다는 국민당에 대한 승리선언이자 중앙정부의 각 직책을 누가 맡는지 국민에 보고한 형식에 가까웠다. 제2차 세계 대전 이후 중국에서 전개된 국공내전은 1949년 2월이면 거의 끝났다. 수년간의 내전에서 국민당 장제스가 청두를 탈출하여 대만으로 이주한 것은 12월이었지만 마오쩌둥은 대내외에 공산당의 승리를 확고하게 알리기 위해 서둘러 국가 설립을 선언한 것이다. 마오의 건국선언은 장제스의 반동정부 아래 중국인민의 고통을 언급하였고 인민해방군이 자유를 가져왔다고 주장했다. 건국선언문에 있어야 할 미래의 청사진은 없었다. 준비되지 않은 건국이었다.[21]

2차 대전에서 승리한 미국과 유럽 강대국들이 자신들의 승리를 만끽할 시간도 없이 중국의 건국선언으로 이제 공산주의 국가의 성립은 되돌릴 수 없는 사실이 되었다. 자유진영을 이끈 미국은 공산 중국과의 수교에 소극적이었다. 미국 내에서 공산 중국을 인정하고 대사급 외교관계를 수립해야 한다는 의견도 있었으나 학자들도 이견을 보였고, 국민여론도 부정적이었다. 갤럽의 한 여론조사에 의하면

외교관계 수립 반대가 43%, 찬성은 20% 수준이었다.[22] 미국정부는 공산 중국을 인정하면 한국과 일본의 공산화를 막지 못할 것으로 우려했을 것이다. 결국, 중국은 미국과의 외교관계를 수립하지 못했다.

상상할 수 있는 일이지만 당시 마오쩌둥의 중국이 처한 상황은 엉망이었다. 경제개발 초기에 당연히 무역과 외국의 투자가 필요했지만, 미국정부가 인정하지 않은 공산국가에 외국인이 투자하기는 어려웠다. 어린 나이에 고향을 떠났던 화교들이 국가건설에 공헌하겠다는 마음으로 귀국하기도 했고, 또 성공한 화교기업인들도 건국에 감동하여 자금을 지원하기도 했지만 통일된 통화조차 없었고 인플레이션이 앙등하는 상황에서 이들의 노력도 중국에 큰 도움이 되지는 못했다. 마오쩌둥은 12월에 모스크바를 방문해 스탈린에게 경제적 지원을 요구했다. 소련으로부터 어느 정도의 지원을 받았고 경제정책 자문도 받았는데, 스탈린은 많은 소련인을 중국에 파견하여 자문관으로 활동하도록 했다. 그러나 중국경제가 바로 도약하기에는 상황이 너무 나빴다. 한국전쟁이 발발하고 중국은 북한을 도와 대규모 군대를 파견하면서 미국 중심의 연합군과 싸웠다.

마오쩌둥은 건국선언에서 공산주의 경제체제에 대해서 분명하게 이야기하지 않았다. 마오쩌둥을 비롯한 지도자들이 공산주의 정책에 대한 뚜렷한 시각을 정립하지 않았는지 아니면 중국의 현실에서 과격하게 이를 실현하기 어렵다고 생각했는지는 분명하지 않다.[23] 중국은 어정쩡한 상태에서 건국을 맞았다. 공산당 신정부를 환영하기 위해 천안문 광장에 모인 국민도 국민당과 공산당이 경제적으로 지향하던 목표의 차이를 명확하게 구분하고 있었는지도 분명하지 않다. 국민당 정부가 보여준 부패에 분노한 이들은 공산당을 선택했다.

지식인이나 기업인 역시 상황인식은 유사했던 것 같다. 동남아 화교의 대표적 자본가로서 고향인 샤먼에 샤먼대학 건립에 힘을 쏟고 지메이대학을 설립한 탄카키Tan Kah-kee조차도 국민당이 아닌 공산당 편에 섰다.[24] 공산주의 체제의 본 모습은 인민공사와 대약진운동이 등장할 때까지 불분명했던 것이다. 또한, 러시아가 1917년 혁명에 성공하고도 1920년대 신경제정책으로 자본주의적 시장경제정책을 채택한 것도 중국공산당 지도자들에게는 혼란을 주었을 수 있다.

2차 대전이 끝나고, 일본이 퇴각한 이후 국민당과 공산당의 싸움을 현지에서 관찰한 故 김준엽 선생은 국민당과 공산당의 협상에 대한 생생한 기록을 남겼는데 공산당은 앞으로 수립할 정부는 공산당 독재정권이 아니라 각당 각파로 구성하는 연합정부가 될 것이며, 토지정책에서도 지주가 받는 지조地租의 일부를 삭감하지만, 지주의 생명과 이권도 보장하고 절대로 무상몰수는 없을 것이라고 했다 한다. 공상계工商界에 대해서도 악명을 떨쳤던 4대 가족의 재산만 몰수할 뿐 그 밖에는 일체의 사유재산을 보호한다고 했다. 물론 선생은 공산당의 이러한 선전이 거짓말이라고 평가했으나[25] 후일에 결과적으로 거짓이 된 것이지 당시에는 어느 정도 진정성이 있지 않았을까 싶다.

중국공산당이 건국을 선언하기 며칠 전 중국인민정치협상회의 제1회 전체회의에서는 임시헌법 역할을 할 「중국인민정치협상회의 공동강령」이 통과되었는데 공동강령은 국유 경제, 사회 경제합작, 농민과 수공업자의 개인 경제, 자본주의 경제, 국가자본주의 경제라는 다섯 종류의 경제 성분이 신민주주의 경제를 구성하고 있음을 확정하고 국가는 이 다섯 종류의 경제 성분 모두의 발전을 지향하여야 한다고 하고 있었다.[26]

공동강령에는 토지개혁은 생산력의 발전과 국가 공업화의 필요조건이라고 규정했는데 정부는 1950년 6월부터 토지개혁을 단행했다. 중국 건국 이전의 전국 토지소유는 대략 농촌호구 수의 4%인 지주계급이 전국 경지면적의 50%를 소유하고 있었고 호구 수의 70%가 빈농과 소작인이었는데 이들이 소유한 토지는 15%에 불과했다.[27] 마오쩌둥은 진정한 창조적 혁명의 힘은 도시가 아닌 농촌에서 나온다고 믿고 있었고, 수천만 농민의 적극적인 지지와 참여로 혁명이 성공했다고 믿었다.[28] 이 점에서 농업혁명이 중요하다고 보았다.

마오쩌둥은 공산 중국 건국 이후 1949년 12월 16일과 1950년 1월 22일 모스크바에서 스탈린과 면담했다. 처음 방문은 스탈린의 생일 12월 18일을 축하하는 성격을 가졌다. 마오는 스탈린과 두 차례 만나 중국의 안정을 위해 필요한 평화유지와 자금 지원을 요청하였다. 특히 처음 회담에서 3억 달러의 차관을 요청했다.[29] 1927년 국공합작이 결렬된 이후 스탈린은 계속 중국공산당을 지원했다. 2차 대전 이후 국민당과 공산당의 내전 기간에도 마오는 소련의 도움을 받았으니,

소련은 실질적으로 공산주의 종주국 역할을 한 셈이었다.

마오쩌둥 정부는 토지개혁을 하고, 한국전쟁에 참전하였으며 1953년부터는 소련식 경제모델을 선택하여 1.5계획을 시행했다. 기존 국민당 정부의 기업을 수용해 국유기업 제도를 만들었고, 이어서 농업의 집단화를 시도했다. 마오는 이미 1943년에 가정 단위의 농업생산 방식이 봉건통치의 기초가 되었고 빈곤의 원인이라고 주장하면서 상황을 극복하기 위해서는 점진적인 집단화가 필요하다고 했다. 그리고 집단화에 이르는 유일한 길은 레닌의 말을 근거로 한 합작사를 거치는 것이라고 했다.[30] 농업합작사는 1955년 10월 당시 전국에 128만 개가 있었고, 12월 말까지 190만 개에 달하여 전국 농가구 전체의 63.3%를 차지하였다.[31]

중국의 공산주의 실험

중국공산당은 건국 초기에 소련을 스승으로 생각했다. 중국은 1954년 9월 헌법을 제정하였는데, 류사오치는 헌법 초안을 보고하면서 "1953년부터 중국은 이미 사회주의 목표에 따라 계획적인 경제건설 시기에 진입하였다. 우리는 국제적으로 소련 위주의 반제국주의 전선에 속해 있으므로 진정한 우호 원조는 오직 이 방향으로 가야 하며, 제국주의 전선의 방향을 찾아가서는 안 된다. 그러므로 소련공산당은 바로 우리의 가장 좋은 선생님이고, 우리는 반드시 그들을 공부해야 한다."라고 했다.[32]

당시 소련은 스탈린 체제(1941~1953)가 끝난 시기였다. 그래서 중국은 1955년부터 제1차 5개년 계획을 추진하면서 소련식의 중공업 우선 정책을 시작했다. 즉 소련의 경제개발 5개년 계획을 모델로 본격적인 국가재건에 착수한 것이다. 중국은 스탈린 시기의 철강 생산과 광물 채굴을 중심으로 한 산업발전을 목표로 삼았다. 자력갱생, 자급자족 공업화, 수입대체 등이 중국 경제정책의 목표였다. 스탈린 후반에서 흐루쇼프 체제(1953~1964) 전반까지 소련은 고도성장을 달성하면서 미국을 위협할 정도로 성장했다. 유명한 이야기이지만 흐루쇼프는 유엔 총회장의 연단을 치면서 "우리가 당신들을 묻어 버리겠다"고 호언하였고[33] 소련은 1957년 10월 스푸트니크 1호를 미국보다 먼저 쏘아 올렸다. 제3세계에 모범이 되기에 충분했다.

그러나 소련식 모델은 중국에 큰 효과가 없었다. 중공업은 자본재 산업이었고, 기술이 체화된 자본재를 수입해야 했으나 외환이 충분하지 않았다. 자본이 부족했던 농업 중심의 중국에서 중공업화는 어울리지 않았다. 중국기업을 육성하기 위해 이자율, 환율, 원자재 가격 등을 인위적으로 낮게 유지하자 또 다른 문제들이 등장했다. 경제는 마오쩌둥의 기대만큼 성장하지 않았다. 또한 마오쩌둥은 스탈린 사후 정권을 잡은 흐루쇼프를 마땅치 않게 생각했고, 오랫동안 마음속에 담고 있던 농촌 중시를 1950년대 후반에 인민공사라는 협동농장을 조성하면서 구체화했다. 소련과 다른 길을 모색한 것이다.

마오쩌둥이 이 시기에 취한 정책은 소위 총노선이었다. 빠르게 품질 좋은 제품을 더 많이 더 싸게 만들자는 것이 총노선정책의 핵심이었다. 마오쩌둥은 1957년 10월 볼셰비키 혁명 40주년을 기념하기 위해 소련을 방문했는데, 미국과 소련의 경제력의 장단점을 알게 되었다. 그는 소련에서 "흐루쇼프는 15년 후에 소련이 미국을 넘어설 것이라고 우리에게 말했다. 그렇다면 우리는 15년 후에는 영국과 비슷한 수준이거나 뛰어넘을 수 있을 것이다."라고 말했다.[34] 1958년에도 "7년 안에 영국을 앞서고 그 후 8년 혹은 10년 안에 미국을 따라가도록 노력하자"고 했다. 사실 마오는 대약진운동을 시작할 무렵인 1958년 "중국 안에 모든 것이 있는데 굳이 다른 대륙을 가 볼 필요가 있겠습니까"[35]라고 했다. 그가 중국 안에 모든 것이 있다고 주장한 것은 건륭제가 가졌던 것과 같은 생각이었지만 자신이 앞장서는 중국식 길을 가야 한다고 생각했던 것이다.

총노선, 대약진, 인민공사는 1958년 중국 정치경제의 핵심과 다름없었다. 마오쩌둥의 생각을 가장 특징적으로 반영한 정책이 바로 대약진운동the Great Leap Forward Movement이었다. 농업부문에서 지주 및 중간상 대신 협동농장cooperatives과 코뮌commune을 통해 토지의 소유관계뿐 아니라 생산조건도 개선하려고 했다. 먼저 중국은 농촌에 상호협조조Mutualaid team를 만들어 농민들의 농토를 통합 관리하도록 했고, 상호협조조 외에 다시 합작사agricultural producer cooperative를 설립하도록 하였다. 농기구, 토지, 가축까지 공유하는 시스템이었다. 여기에 마오는 한 걸음 더 나아가 자신이 직접 지은 이름인 인민공사, 즉 대규모 협동농장을 건설하기로 했다. 인민공사 안에는 농업합작뿐만 아니라 공업합작까지, 즉 공·농·상·학·병을 한곳으로 모아 용이하게 지도하려고 했다. 인민공사는 직업, 성, 연령, 교육 정도의 차이를 없애는 유토피아를 건설할 야망 속에 자체 흙으로 만든 고로를 갖춘 소규모의 제철소(토법고로)까지 만들었다. 자본재까지 자급자족한다는 계획은 흐루쇼프의 비웃음만 샀다.

1958년 5월 베이징에서 열린 중국공산당 제8회의 2차 회의는 대약진 회의 중의 하나였는데 공업 생산량 등에서 정부에 높은 목표치를 제출하였다. 6월에는 〈2년 안에 영국을 넘어서자〉라는 보고서가 중앙정치국에 제출되었는데 "1959년 중국의 주요 공업제품 생산량은 전력을 제외하고 철, 석탄, 동, 알루미늄, 원유, 시멘트, 화석연료, 금속기계, 면사 등 모두 영국의 생산수준을 넘어설 것"이라고 예측했고, 마오쩌둥은 "영국을 넘어서는 것은 15년도 7년도 아니다. 오직 2년에서 3년이면 가능하다. 2년 안에라도 달성할 수 있다"고 지적했다.[36] 과도한 부풀리기는 농업에서도 마찬가지였다. 1958년 곡물 생산량이 1957년 수준 대비 69%가 성장할 것이라고 밝힌 농업합작구가 있었다. "인민은 가능하며 지방은 많은 생산을 할 수 있다", "이루지 못할 것은 없으며 두려워한다면 이루지 못할 것이다" 등의 구호인지 찬양인지 분간할 수 없는 주장이 난무했다.[37]

대약진운동으로 정치적 이념, 경제발전 전략에 대한 중국과 소련의 시각 등이 달라졌다. 1958년 7월 흐루쇼프가 중국을 방문했는데 마오쩌둥은 그에게 1958년 중국이 철강 1,070만 톤을 생산할 것이라고 말했다. 이 생산량 수치는 1957년의 535만 톤의 2배가량인 1,070~1,150만 톤을 생산할 것이라는 목표에 근거한 것이었다. 흐루쇼프는 믿지 않았고, 중국에 파견된 소련의 전문가들도 실현하기 어려울 것이라고 말했다. 그들에게 인민공사의 강철 제련은 더 이상 필요 없는 구식 방식이었다.[38] 이런 연유 속에서 그 이전부터 흐루쇼프의 스탈린 격하운동에 상당한 불만을 갖고 있던 마오쩌둥은 흐루쇼프와 불화하게 된다. 마오쩌둥은 흐루쇼프의 소련을 수정주의라고 비난했다. 1960년 소련의 자문관들이 중국에서 철수했고, 1969년 국경분쟁으로 양국의 갈등은 최고조에 이르렀다. 대약진운동의 실패로 1960~61년 약 2천만 명이 재앙과 기근으로 희생되었다.

대약진운동에 실패한 마오쩌둥이 권력을 잃지 않기 위해 모색한 전략은 소위 문화대혁명이었다. 그는 1966년 5월 공산당에서 자신의 위신 약화를 만회하기 위해 중국의 대중을 동원하기로 했다. 마오쩌둥은 수정주의적 공산당 지도자들이 당과 중국을 잘못된 방향으로 이끈다며 만민평등과 자본주의적 색채 일소를 주장하면서 젊은이들이 나설 것을 요구하였다. 젊은이들은 홍위병Red Guards을 구성하고 중국의 기성세대 지식인을 공격했는데 많은 지식인이나 당 간부들은 지방으로 축출되었고, 대학은 문을 닫았으며 학생들도 시골로 내려가서 노동하도록 했다. 덩샤오핑 시대에 들어 중국공산당은 공식 평가를 통해 "1949년 인민공화국 창건 이래 당과 조국, 인민이 겪은 가장 심각한 좌절과 손실"을 초래한 참사라고 표현했다.[39] 이런 평가는 어떻게 보면 때 늦은 것이었는데 광기가 몰아쳤던 10여 년의 문화대혁명 기간에 150만 명이 살해당했고 중국은 다시 한번 후퇴하였다.

이 시기 경제의 중심은 국유기업이었으나 부실이 중요한 문제로 부각되었다. 정부는 자재를 분배하고, 국유은행이 자금을 공급했다. 정부는 경영자를 임명했고, 생산제품은 정부가 배분하고 손익은 정부에게 귀속되거나 부담하였다. 국유기업은 독자적 의사결정이나 생산성을 제고해야 할 인센티브가 없었고, 종업원은 국가공무원과 같았으며 국유기업은 퇴직 종업원의 사회보장 책임까지 담당했다. 1970년대가 오면서 중국의 이러한 경제 시스템은 인민의 삶을 개선하는 데 거의 한계에 이르렀다는 사실이 분명해졌다.

자급자족의 길을 택한 인도

1947년 영국의 「인도 독립법」으로 인도대륙은 인도와 파키스탄으로 분할되고, 자치국을 허용받았다. 네루가 인도의 초대 총리에 취임하면서 한 연설은 마오쩌둥의 연설보다는 질적으로 훨씬 품위가 있는 것이었다.

오래전에 우리는 운명과 밀회를 했습니다. 이제 약속을 실질적으로 이행할 때가 왔습니다. 자정을 치는 소리에, 세계가 잠들 때, 인도는 생명과 자유를 깨울 것입니다. 역사상 흔치 않은 순간이 왔습니다.

우리가 낡은 것에서 새로운 것으로 발돋움할 때, 한 시대가 끝날 때, 그리고 오랫동안 억압되어 있던 한 나라의 영혼이 말을 찾을 때입니다. 지금 이 엄숙한 순간에 우리가 인도와 인도 국민의 봉사와 더 큰 인류 대의를 위해 헌신하겠다는 서약을 하는 것은 적절합니다.

미래가 우리에게 손짓을 보내고 있습니다. 우리는 어디로 가고 무엇을 위해 노력해야 할까요? 보통 사람들, 인도의 일반인, 농민과 노동자에게 자유와 기회를 제공하는 것, 빈곤과 무지와 질병에 맞서 싸우고 끝내는 것, 번영하고 민주적이며 진보적인 국가를 건설하는 것, 그리고 모든 남녀에게 정의와 삶의 충만함을 보장할 사회적·경제적·정치적 제도를 창조하는 것입니다.[40]

네루는 이처럼 인본주의에 인류애를 가득 담아 인도의 세계적 사명을 이야기했지만, 현실은 녹록하지 않았다. 간디와 네루의 주도로 이루어진 독립과정에서 다양한 문제들과 싸워야 했는데 이 중에는 파키스탄과의 분리, 기존 인도의 공국들의 처리문제 등도 포함되어 있었다. 영국에서 독립하는 과정에서 종교적 갈등으로 독립운동의 상징이었던 간디는 열혈 힌두교 신도에 의해 생명을 잃었다. 종교갈등은 국가의 분리로 해결되는 듯했지만 만연한 빈곤, 카스트로 인한 통합의 곤란 등은 네루를 비롯한 초기 지도자들의 고민이었다. 그러한 고민은 네루의 취임연설에 녹아 있었고 오늘날까지 인도경제의 방향을 결정한 것이었다.

네루는 1947년 4월, 완전 독립 이전에 아시아 국가들을 초청하여 뉴델리에서 아시아관계회의Asian Relations Conference를 개최한 바 있었다. 참석한 국가는 28개국이었고, 인도, 인도네시아, 버마미얀마, 실론스리랑카 등에서는 20명 이상의 대표단을 파견하였다. 이들은 국가의 자유운동, 이주 및 인종문제, 경제개발과 사회서비스, 문화, 여성 등의 문제를 논의했다.[41]

아시아관계회의는 후속 회의는 열리지 못했지만, 대신 반둥회의를 통한 비동맹운동이 그 성격을 이어받았다. 제국주의 시대가 끝난 후 신생국의 진로를 놓고 1955년 아시아-아프리카 국가들이 인도네시아의 반둥에 모였는데 공식 초청국은 인도네시아, 인도, 버마, 실론, 파키스탄이었다. 인도네시아의 수카르노 대통령이 회의 의장을 맡았으나, 공식 초청국은 파키스탄을 제외하면 아시아관계회의에 가장 적극적인 국가들이었고, 실제로 반둥회의의 대표적인 주역의 한 명은 네루였다. 반둥회의는 1961년 비동맹운동으로 연결되었는데 비동맹은 나토NATO로 대변되는 미국 블록과 바르샤바조약기구라는 소련 블록에 참여하지 않으며 또 적대하지도 않는다는 의미였다.

네루가 인식한 인도의 역사적 사명은 정치·외교적으로 비동맹정책을, 경제적으로는 자립경제를 목표로 한 수입대체정책을 낳았다. 1960년대 세계 개발경제학계에서 개발도상국의 발전에서 수출의 역할은 큰 인정을 받지 못했다. 로젠스타인로단Paul Rosenstein-Rodan의 빅푸시이론, 넉시Ragnar Nurkse의 균형발전론 등은 수출을 성장의 엔진으로 보지 않았다. 이들은 농촌의 위장실업문제에 관심을 보이기는 했으나 개발도상국의 수출이 대체로 농산물 등 1차 자원이고 이들이 선진국에서 수입하는 상품은 공산품이라는 점에서 교역조건의 악화를 강조하였다.

인도의 1960년대는 이러한 경제학적 사조에 영향을 받았다. 인도는 자립성장self-sustained을 목표로 했다. 인도가 수출역량이 낮은 것은 아니었다. 인도산 황마jute 가공품은 1960/61년 세계 수출의 75%를 차지하였고 인도 총수출의 20% 이상이었다. 인도의 차도 1958/60년 간에 세계 수출시장의 42.8%를 차지했다. 면섬유도 1958/60년에 물량 기준으로 세계시장의 10%, 인도 총수출의 12%를 차지할 정도였다. 그러나 1995/96년에 황마제품의 시장점유율은 0.6%로 떨어졌고, 차의 세계 수출시장 점유율도 1993/94년 13.6%로 그리고 면섬유품의 경우 1994년까지도 아직 인도 총수출의 12%를 차지했지만, 세계시장 점유율은 3%에 불과하게 되었다.[42]

네루는 지적이고 비전을 가진 인물이었다. 1947년 독립부터 1964년 5월 사망할 때까지 총리로 재직하였고, 전국적으로 광범위한 지지를 받았다. 그의 주도로 인도는 영국식 내각책임제를 채택하였다. 그가 인도경제에 끼친 영향은 지대했다. 그는 독립운동 과정에서 반제국주의에 대한 확고한 신념을 갖게 되었고 경제관도 거기서 출발했다. 국민회의당이 미래 독립 이후의 경제건설을 위해 1938년에 다수의 지역을 대표로 국가계획위원회Planning Commission를 만들었는데 네루가 위원장이었다. 무역정책에 관한 그의 생각은 다음과 같다.

국가 전체의 목적은objective 가능한 한 국가의 자급자족을 달성하는 것이다. 국제무역은 분명히 배제되어서는 안 되지만 우리는 경제적 제국주의의 소용돌이 속에 빠지는 것을 피하기 위해 노력해야 한다. 우리는 제국주의 권력의 희생자가 되기를 원치 않으며 우리 자신을 제국주의 경향으로 발전시키는 것도 원치 않는다.[43]

건국 후 네루는 국가계획위원회 활동에 깊이 관여했고 자급자족으로 중공업과 가내공업cottage industry에 관심을 쏟았다. 초대 총리로서 네루는 한편으로는 중공업의 개발을 강조하고 다른 한편으로는 소규모 가내공업을 강조했다. 이를 통해 사회주의적 사회를 건설하려는 그의 비전은 1950년대 인도의 경제정책과 제도를 결정한 중요한 요소였다. 그는 계획위원회 위원장으로서 정책 입안에 직접적, 능동적인 역할을 했는데 모든 전략 이슈에 주기적으로 의견을 냈다.[44]

제2차 5개년 계획은 1956년에 시작되었는데 미래 인도경제의 성격을 결정짓는 중요한 계획이었다. 2차 계획안은 계획위원회의 구성원이었던 인도 통계학의 아버지라 불리는 마할라노비스Mahalanobis의 영향 아래 작성되었다. 흔히 마할라노비스 모델이라고 불리는 중공업 개발은 네루의 자급자족과 연계되어 있었고, 이는 기계산업을 개발하여 외부의 공급원에 미래 투자재를 의존해서는 안 된다는 의지의 반영이었다. 그런데 이 중공업을 개발하는 역할을 누가 해야 하는가 하는 문제가 있었는데 취약한 민간부문을 고려하면 정부가 더 맡아야 한다는 것이었다.

그는 네루의 경제관을 반영하여, "중요한 목적은 자본축적을 할 때 다른 나라에서 어렵게 생산재 공급을 확보하지 않아도 될 수 있도록 가능한 한 빨리 외국 수입 생산재에서 독립해야 한다"[45]고 했다. 인도 의회는 이미 1954년에 경제정책의 목표를 "사회의 사회주의적 패턴"으로 채택했고 이와 관련하여 산업정책결의안(1956)은 소위 마할라노비스 모델에 기초하여 중공업 개발에 중점을 두었다.

범주 A에 속한 17개 산업에 대해서는 국가(지방정부 포함)만이 담당하도록 하고 특히 무기, 원자력, 철도, 항공은 중앙정부가 하도록 했다. 범주 B는 12개 산업으로 공공 및 민간 모두가 영위할 수 있는데 민간부문의 영위하는 업체도 점진적으로 정부 소유로 전환되도록 했다. 범주 C는 나머지 산업들로서 민간부문에 맡겨 두었는데 그래도 정부는 어떤 유형의 산업생산도 운영할 권리를 갖도록 했다. 추가적으로 2차 계획은 고용창출과 소비재 생산을 위해 가내공업과 마을단위 산업을 포함하였다. 마할라노비스 권고안은 자원의 가용성, 인플레이션, 고용창출 등을 무시하였고, 2차 계획은 농업부문을 무시하였지만 마할라노비스의 권고내용은 1991년까지 35년간의 인도 경제정책의 프레임워크를 결정한 것이었다.

인도는 서구기술의 접목과 인센티브 시스템을 도입하여 그린혁명으로 1970년대 식량부족 문제를 해결했지만, 자본재(기계공업)에 대한 우선순위 부여, 소비재산업에 대한 기계화 주저, 자급자족, 외자수입에 대한 억제는 계속되었다. 1956~91년 기간에 고용증가율은 낮았고 산출증가율도 국제기준에 의해서는 낮았다. 낮은 산출과 낮은 고용증가로 인해 빈곤은 계속되었는데 아시아 국가들의 성공과 비교해 인도는 뒤쳐졌다.[46]

네루는 다원화된 인도사회에서 존경과 사랑을 받은 정치가였다. 그의 주요 경제적 비전은 공업화, 사회주의, 과학적 사고의 계발 등이었다. 인도의 미래를 위해 교육을 강조했으며, 종교적으로 세속주의를 확립하려고 노력했다. 또한 지정 카스트와 지정 부족을 위해 정부 공무원과 대학에 인원할당제를 실시하였다. 외교적으로 네루는 군부의 정치개입에 반대하였고, 비동맹운동의 강력한 주창자였다.

네루가 세상을 떠난 것은 1964년 5월이었다. 네루 사후 약 1년 반의 정치적 혼란기를 거쳐 1966년 1월 24일 네루의 딸 인디라 간디가 총리(1966.1~77.3, 1980.1~84.10)에 올랐다. 네루가 감옥에 있으면서 딸에게 보내는 편지 형식으로 세계사를 쓰기 시작했을 때 그는 13살이었다.[47] 그는 일찍부터 아버지의 개인 비서 역할을 하면서 정치에 뛰어들었고 1950년대 말이면 국민회의당의 총재까지 맡았다. 네루가 세상을 떠나자 국민회의당 원로들은 그를 총재로 추대했는데 네루 가문의 이름을 이용하되 실권을 자신들이 가질 수 있다고 보았기 때문이었다. 그러나 그는 간단한 사람이 아니었다. 당내투쟁으로 권력을 장악했으며, 국민회의당에서 나와 또 다른 국민회의당을 만들어 다시 정권을 장악하기도 했다. 그가 정권을 장악하고 두 번째 권력장악기가 끝나 가는 1981년 외환위기까지 인도는 정치적·경제적으로 독립 후 가장 고통스런 시기를 보냈다.

인디라 간디가 처음 총리로 취임했을 때는 미국이 베트남전쟁을 시작한 지 얼마 되지 않은 때였다. 그는 베트남전을 지원해 달라는 존슨 대통령의 요구를 거부하였고 존슨 대통령은 미국의 농업수출진흥 및 원조법PL 480에 의해 지원하던 식량원조를 놓고 인도를 괴롭혔다. 미국을 믿을 수 없다는 인식이 인디라 간디나 인도인 사이에 확산되었다. 간디는 더욱 좌측으로 이동했는데 중도좌파적인 10개의 프로그램Ten-point Program을 채택했다. 그중 하나는 은행국유화였는데 1969년 인디라 간디는 독단적으로 그리고 전격적으로 15개 은행을 국유화했다. 은행들이 농부나 영세사업자에게 대출을 잘 해 주지 않는다는 점을 이유로 들었다. 경제적 목적이 아니라 정치적 의도가 담긴 것이었다. 1971년 12월, 2차 파키스탄과의 전쟁에서 미국은 파키스탄 편에, 소련은 인도 편에 섰다.[48] 인도는 자본주의 미국으로부터 더 멀어져 갔다.

인디라 간디는 외국인 투자기업을 규제하여 지분을 40%로 제한함으로써 기존에 진출한 외국인기업을 인도인 소유 기업으로 바꾼다든지 철수하도록 했고, 1969년 기준으로 자산이 2,700만 달러 이상인 대기업에 대해 주요 부문의 투자를 제한했으며, 도시의 토지소유 상한제를 도입했고, 종업원 100인 이상의 기업에 대해 노동자를 해고할 수 없도록 함으로써 인도경제의 역동성을 떨어뜨렸다. 정치적으로 도입된 일부 정책은 이후 정치적인 사유로 폐지하기 어려워졌다. 1965/66년에서 1974/75년까지의 성장률은 2.6%에 불과했고 인구 증가에 따라 1인당 소득은 연평균 0.3% 증가에 그쳤다.[49] 이러한 성장률을 흔히 힌두성장률이라고 불렀다.[50]

그는 18년 이상을 인도정치에 가장 강력한 영향력을 행사했고 좌파적 정치에 경도했다. 인디라 간디 시절에는 아직 농업부문의 비중이 컸는데 가뭄이 자주 발생하여 농업이 타격을 입었고, 파키스탄과 두 번의 전쟁(1965, 1971), 동파키스탄의 방글라데시로의 독립, 두 번의 석유파동 등이 큰 영향을 미쳤다.

오랫동안 인도정치를 좌우했던 네루의 딸 인디라 간디는 1984년 10월 시크교도였던 자신의 경호원에게 암살당했다. 그에 이어 권력의 정상에 오른 사람은 아들 라지브 간디(1984.10~89.12)였다. 라지브 간디는 나름대로 인도의 저성장을 탈피하기 위한 개혁정책을 시작했다. 1980년대 개혁의 특징은 다음과 같이 나타났다. 먼저 자본재와 중간재 수입허가 품목 수를 확대하는 방향으로 수입자유화를 추진했고, 세제 우대, 자유로운 신용 및 외환 이용으로 수출 인센티브를 늘리고 일부 산업부문에 대한 허가 필요성을 완화하여 진입을 확대했으며, 핵심 중간 투입재의 가격 관리에 대한 통제를 완화했다.

제 7 장

각기 다른
개혁개방의 성과와
제조업의 현실

1. 양국의 개혁개방과 그 차이

중국의 위기와 개혁개방

마오쩌둥은 1976년 9월 세상을 떠났다. 그는 1943년부터 사망할 때까지 최고 지도자로서 중국의 모든 것을 결정했다. 사회주의 체제를 만들기 위한 대약진운동, 운동의 실패를 만회하기 위한 문화대혁명은 중국 근대사에서 커다란 비극을 초래했다. 아들이 부모를 고발하고 제자가 스승을 비난하는 시기가 있었고, 수모를 참지 못해 스스로 목숨을 끊은 지식인도 많았다. 마오와 함께 사선을 뚫고 대장정에 참여했던 류사오치나 펑더화이도 죽었고 그의 심복으로 문화대혁명 초·중반기에 마오쩌둥의 찬양에 앞장섰던 린뱌오도 가족과 함께 중국을 탈출하다 비행기 추락으로 모두 사망했다. 문화대혁명의 정점은 1966~67년으로 보지만 극단적인 정책의 후유증은 계속되었다. 이 시기는 마오쩌둥의 부인이던 장칭을 비롯한 4인방의 시기였고 저우언라이나 마오쩌둥은 각각 병으로 고통을 받고 있었다.

마오쩌둥은 죽기 전에 중국의 장래에 큰 영향을 미친 두 가지 중요한 결정을 내렸다. 그 하나는 미국과의 관계 개선이었다. 중소관계 악화는 미중관계 개선으로 연결되었는데 1971년 4월 중국 탁구팀이 미국 탁구팀을 초청, 핑퐁외교가 시작되었고 같은 해 7월 키신저가 비밀리에 중국을 방문해 병든 마오쩌둥을 만났다. 이어 UN 총회는 1971년 8월 미국이 반대하지 않는 가운데 대만 대신에 중국을 회원국으로 인정했다. 이와 동시에 중국은 UN 안보리 상임이사국이 되었다. 베트남전쟁이 진행 중이었고 중소갈등은 더욱 격화되었으며, 문화대혁명 기간에 마오쩌둥을 찬양했던 대중이 점점 회한을 느끼고 있을 때였다. 1972년 2월 닉슨 대통령이 베이징을 방문했고 1975년 포드 대통령이 다시 베이징을 방문하여 국교 정상화를 추진했다. 미국은 하나의 중국 원칙을 수용했다.

둘째는 4인방의 반대를 무릅쓰고 덩샤오핑을 복귀시킨 결정이다. 문화대혁명 시기에 마오쩌둥의 주요 정적들이 생명을 잃었으나 덩샤오핑은 목숨을 유지했고, 장시성의 트랙터 공장에서 노동자로 살았다. 그는 비굴할 정도로 철저한 자기반성을 담은 고백서를 썼는데 "당과 혁명 대중이 내게 가한 모든 탄핵과 문책을 진심으로 그리고 전면적으로 받아들인다"고 했고 "아무리 사소한 과업이라도 제게 주

신다면 과거 잘못을 속죄하고 새 삶을 살 기회로 삼겠다"고 했다.[1]

문화대혁명을 거친 중국은 마오쩌둥의 사망과 함께 격변의 시대로 접어들었다. 중국의 불안한 정치 속에서도 일정한 안정적 구심력을 가졌던 저우언라이도 마오에 앞서 1월에 세상을 떠났기 때문에 마오 사망 이후의 중국은 더 불안정해 보였다. 그의 뒤를 이은 화궈펑은 문화대혁명을 주도했던 4인방의 권력을 무너뜨렸으나 결국은 그보다 훨씬 경험이 많은 실용주의자 덩샤오핑의 부상을 막지 못했다.

마오쩌둥이 덩샤오핑을 복권했으나 덩샤오핑의 권력 장악이 순탄하였던 것은 아니었다. 복권 후에도 4인방의 견제로 1976년 다시 실각했다가 마오가 사망한 1977년 7월에서야 원로들의 도움으로 복직되었다. 그는 중국공산당 내에 있는 그의 지지자들과 협력하여 마오쩌둥의 후계자로 지목되었고, 자신을 사면해 준 화궈펑을 권력에서 축출하였다. 이때가 1978년 12월이었다. 덩샤오핑은 1979년 1월 중국의 최고 실권자 자격으로 미국을 방문하여 카터 대통령과 만났는데 이 작은 노인은 미국 조야에 깊은 인상을 남긴다.

덩샤오핑 시대의 개혁은 분권화로부터 시작되었다. 1978년 12월에 개최된 중국공산당 제11기 제3회 중앙위원회 전체회의(제11회 3중 전회)에서는 "당 사업 중심의 사회주의 현대화 건설로의 전환"을 선언하고, 개혁개방을 추진하기로 했다. 안후이성 샤오강Xiaogang 농부 18명이 1978년 12월 비밀리에 "가구별로 경작지를 분배해서 생산을 나누자"는 계약서에 손도장을 찍으면서 농업부문의 분권화가

시작되었다. 집단생산을 부정한 최초의 일이었다.[2]

정부는 이를 계기로 개혁정책을 시작할 수 있었다. 이제 농촌인민공사 체제 대신 가족 단위의 농업생산 체제가 들어섰다. 즉 농가가 토지를 소유한 촌락위원회 등 집체로부터 토지를 도급받아 생산 잉여물을 국가와 집체에 일정 부분 분배하고 가구가 잉여물의 지배권을 확보한 것이다. 이처럼 도급경영방식으로 변하면서 농산물 생산이 증가하고, 농민들의 생활수준도 향상되었다.

개혁의 또 다른 측면은 대외개방이었다. 중국은 제11회 3중 전회에서 대외개방을 기본 국책으로 결정했다. 외국인투자를 유치하기 위해 1979년 7월 정부는 대외개방을 주도하는 지역으로 광둥성과 푸젠성을 지정하고 1980년 8월에 광둥성의 선전, 주하이, 산터우를 그리고 10월에는 푸젠성 샤먼을 경제특구Special economic zone로 지정했다. 경제특구는 외자도입, 기술흡수, 수출 및 고용창출, 외화수입증대, 외국의 경영기법 도입을 일반적인 목적으로 하고 있으나, 중국은 여기에 더해 경제체제 개혁의 실험장을 목적에 추가했다. 중국이 전면적으로 체제개혁을 시도하기 전에 실험장 역할을 맡긴 것인데 이는 덩샤오핑이 말한 "돌다리도 두드리며 건너간다"가 철저하게 적용된 것이다.[3]

외국인투자 유치와 함께 중국은 수출진흥을 경제정책의 우선순위에 두었다. 1978년 말 미국과 국교를 수립하고 1979년 1월 덩샤오핑은 미국을 방문하여 카터 대통령을 만났다. 개방을 시작한 사실을 세계에 알린 것이다. 중국은 1984년부터 개방도시를 지정하고 여기에 국가경제기술개발구_{國家經濟技術開發區, ETDZ: Economic and Technological Development Zone}라는 공업단지를 건설하기 시작하여 1988년까지 14개를 설립했는데, 이후에도 경제기술개발구는 계속 증가했다. 1988년부터 신기술산업개발시험구_{High-tech Industrial Development Zone}가 건설되기 시작(예 베이징 중관촌)했다. 이와 같은 개방정책의 결과 1980년대 전반에는 세계경제 침체의 영향을 받아 경기가 다소 둔화하기도 했으나, 1985년 이후 다시 수출이 빠른 속도로 증가하면서 중국은 세계에 빠른 성장세를 보여주었다.

경제특구는 사회 인프라의 부족을 어느 정도 해결해 주었다. 대만, 홍콩, 동남아 그리고 한국, 일본 등 동북아 기업이 경제특구를 중심으로 투자를 시작했다. 이들은 중국의 풍부하면서도, 유교와 공산주의에 순치된 노동력을 이용하기 위해 중국에 진출했다. 대만과 홍콩기업들은 처음에 주로 광둥, 푸젠성 지역으로 진출했기 때문에 언어문제도 없었다. 대만정부는 공식적으로는 투자를 허가하지 않았으나 비공식적으로는 대만기업의 투자를 막지 않았다. 한국기업은 조선족 중국인들을 활용하여 언어문제를 해결할 수 있었다. 따라서 동아시아 기업들은 중국의 내수보다는 국내에서 경쟁력이 하락해 가던 사양산업을 이전하여 수출산업으로 생명력을 유지할 수 있었다.

중국의 내수 잠재력을 고려한 유럽의 자동차업체들이 중국의 문을 두드렸는데 중국 역시 자동차산업의 육성 필요성을 인식하고 있었다. 국내에 있던 중앙 기업으로서의 자동차업체(제1자동차와 제2자동차), 그리고 지방 기업이었던 상하이자동차를 유럽의 기업들과 연결하여 합작사를 설립하도록 했다. 중국은 외국계 자동차업체의 진출에 정부의 통제가 가능하도록 3대 3소라는 정책을 유지했다. 제1기차와 폴크스바겐, 제2기차(후에 둥펑자동차)와 프랑스의 시트로엥, 그리고 상하이자동차와 폴크스바겐의 합작사를 건설하도록 허가했다. 폴크스바겐이나 아우디는 이후 중국 자동차산업의 선도 브랜드가 되었다. 자동차산업은 중국이 후일 외국의 첨단기술기업이 내수시장에 진출하려 할 때 투자허가를 하되 첨단기술을 이전하도록 하는 "기술과 시장을 바꾼다"는 전략의 주요한 사례였다.

다른 한편으로 기업부문의 개혁도 시도했다. 국유기업은 중앙이 관리하거나 지방정부가 관리하는 형식으로 존재했는데 국유기업에 대한 정부의 과도한 개입이 기업의 효율을 저해한다는 사실을 인식하기 시작했다. 국유기업은 주인 없는 경영과 종업원 은퇴 이후의 복지까지 책임지면서 부실해졌다. 동시에 국유기업 부실은 국유은행 부실로 연결되었다. 이제 당국은 기업 관리의 자주권을 확대해야 한다는 생각을 하게 된 것이다. 1979년부터 국유기업의 이익 일부를 유보할 수 있도록 했고, 의사결정의 자율권을 확대했다. 비도시지역에서는 향진기업 설립이 장려되었다. 1980년대 중반부터 국유기업 민영화의 일환으로 주식제기업, 즉 회사화를 시작하고 소규모 국유기업의 임차제를 실시했다. 1990년대 초반 상하이와 선전에 증권거

래소를 설립하고 1990년대 중반부터는 대기업(기업집단) 육성을 시작(조대방소 抓大方小)했다.

　분권화의 또 다른 측면은 중앙과 지방정부의 분권화였다. 1980년부터 중앙과 지방의 직권을 분리하여 행정효율성을 높이고자 했다. 지방의 수입과 수입 사용권한을 확대하기로 했는데 이제 각 지방정부는 과거와는 달리 자치 지방의 발전을 원했다. 또 중앙정계로 진출할 간부의 선발도 지방의 발전이 주요한 기준이 되면서 지방정부는 경쟁적으로 외자유치 등 기업의 발전을 위해 노력하게 되었다.

　중국의 성장은 천안문 사태를 낳았다. 탱크 앞을 가로막은 청년의 사진과 영상이 세계를 전율하게 했으나 중국 당국은 개의치 않았다. 공산당 내에서 개방의 지속 여부를 두고 이견이 나타나자 덩샤오핑은 1992년 1~2월 남순을 통해 지속적 개혁의 필요성을 대내외에 과시하고 개혁에 반대하는 당의 보수파를 굴복시켰다. 덩샤오핑의 남순강화 이후, 10월 22일 중국공산당 제14차 전국대회에서는 사회주의 시장경제라는 개념을 처음으로 확립했다. 다소 모순돼 보이지만 중국은 이렇게 현실과 타협하면서 경제개혁을 계속 추진해 갈 수 있었다.

　한편 중국은 1980년 가장 값비싼 정책으로[4] 기억될 한 자녀 정책을 시작했다. 중국의 인구 증가를 억제하기 위해 취해진 이 조치는 개혁개방을 시작하는 단계에서 부족한 자본, 천연자원, 소비재문제를 해결하는 방안으로 시작되었다. 경제발전 초기에 대부분의 개발도상국이 직면하는 문제는 자본부족이다. 한 사람의 노동력이 얼마나 많은 자본을 사용할 수 있는가는 노동생산성을 결정하는 중요한 요소이다. 농촌에서 위장실업 상태의 노동력을 근대부문으로 이동시키는 일은 구조전환으로 대부분의 개발도상국에서 선택해야 하는 정책이었다. 그러나 이러한 과정이 순조롭게 진행되기 위해서는 도시부문의 자본이 충분해야 한다. 자본축적은 저축에 달려 있기 때문에 "식구 한 명 줄이는 것"의 중요성에 대해서 중국의 정책담당자들은 중요하게 생각했던 것이다.

한 자녀 정책은 중국의 경제사회구조에 엄청난 영향을 미쳤다. 경제적으로 한정해도 중국의 부양률이 하락하기 시작했다. 부양률은 생산가능인구(15~64세)가 비경제활동인구인 0~14세와 65세 이상의

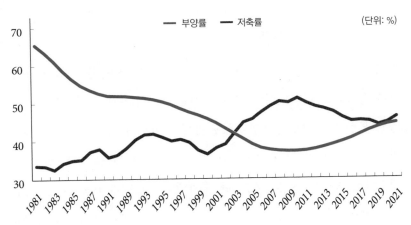

중국의 부양률과 저축률

자료: 2022년 UN 인구 통계

인구를 얼마나 부양하느냐인데 신생아 수가 급락했기 때문에 유소년 부양률이 급격히 하락한 것이다. 부양률 하락은 가계저축률을 높이는 요인으로 작용하였다. 이 때문에 1980년대 초반 33% 수준이던 저축률은 1980년대 중·후반이면 35% 이상으로 상승했다.

저축률 상승은 투자율 상승으로 연결된다. 저축률은 1992년 남순강화 이후 경제개혁이 가속되고 국유기업의 개혁이 이루어지면서 다시 높아졌다. 과거 정부가 책임지던 복지를 이제 개인이 책임져야 한다는 사실은 되돌릴 수 없는 것으로 인식되었기 때문이었다. 부양률은 2007~10년경 가장 낮은 수준이었는데 한 자녀 운동의 효과가 다한 이후였다. 이후 부양률은 다시 증가하기 시작했는데 그 결과가 저축률 상승과 하락이다. 저축률은 부양률이 낮아지면서 50% 이상으로 상승하였지만, 부양률 상승은 저축률을 다시 하락시키고 있다.

인도의 외환위기와 만모한 싱의 개혁

인도의 수입대체형 자본재산업 중심의 경제정책은 기대와 달리 낮은 성장률로 나타났다. 3차 계획(1961~66)의 목표 성장률은 5.6%였으나 실제 성장률은 2.7%에 불과했고 이후 3년은 계획조차 세우지 못했다. 제4차 계획(1969~74)에서도 목표 성장률을 5.7%로 수립했으나 실제 성장률은 2.05%에 불과했다. 그 결과 1981년 중국 수출액 220억 달러와 비교해 인도의 수출은 83억 달러에 불과했다. 대약진운동과 문화대혁명을 거치면서 피폐해진 중국의 수출액이 오랫동안 해외시장과 관계를 맺었던 인도의 수출액보다도 많았던 셈이다. 그렇다고 중국의 수출성과가 좋은 것도 아니었다. 같은 해 일본의 수출 규모는 1,515억 달러였고, 미국의 수출은 2,387억 달러였으며 한국조차도 213억 달러로 중국과 비슷했다.

인도는 녹색혁명을 통해 농업부문에서 일정한 성과를 냈으나 이를 다른 산업으로 전파하지 못했다. 지속적인 무역수지 적자와 경상수지 적자로 외환유동성 문제는 항상 인도의 경제운용을 괴롭혔다. 해외 차관IMF은 공공부문의 소비제약을 완화하고 공기업의 손실을 보전하는 데 사용되었다. 실제로 인도는 1991년 외환위기까지 외환유동성 위기를 여러 번 겪었고, 3번이나 IMF로부터 구제금융을 지원받았다.

첫 번째는 1966년 1억 8,750만 달러의 지원을 받은 것이다. 파키스탄과의 전쟁, 가뭄 등으로 인도의 외환유동성은 1965년 내내 압력을 받았고, 1966년에도 계속되었다. 1966년이 시작되었을 때 외환보유고는 식량 수입까지 여의치 않을 정도로 감소했다. IMF는 루피화의 평가절하를 조건으로 3월 2억 달러에 달하는 대기성차관을 승인했고 루피화는 1966년 6월 6일, 1달러에 4.76루피에서 7.50루피로 57% 평가절하했는데 수출경쟁력 향상을 기대한 것이다. 루피는 인도의 독립 이후 무역수지 적자에도 불구하고 1달러당 4.76루피로 고정되어 있었는데, 루피의 평가절하를 IMF의 압력에 굴복한 것으로 생각한 사람들이 많았지만, 인디라 간디 총리는 4월 24일 라디오

방송에서 그것은 결코 아니며, 정부는 사회주의와 민주주의 사회에 대한 약속을 이행할 것이라고 했다. 그러나 평가절하의 효과는 없었고, 인도는 더욱 사회주의 정책을 신뢰하게 되어 소련 쪽으로 기울었다.

둘째는 제2차 석유파동 이후 원유수입 급증으로 외환부족에 직면한 1981년이었다. 인도는 1980년 대폭적인 무역수지 적자를 기록했다. 물가는 10% 이상 뛰어올랐다. 미국의 레이건 대통령은 처음에는 인도에 대한 지원을 반대했지만 IMF는 1981년 11월 역사상 최대인 58억 달러를 지원하기로 했다. 이번에는 인도에서도 주요한 경제개혁과 개방정책을 추진했다. IMF 차입으로 네루와 인디라 간디가 이상으로 삼았던 자급자족경제를 포기하기 시작한 것이다. 이후 인도는 국내 민간부문에 대한 통제와 억압에서 벗어나 친기업적인 정책을 펼치기 시작했다. 인도는 대외무역을 일부 개방하고 일부 중요 부문에 민간 참여를 허용했다. 민간 참여가 가능했던 부문에서는 상당한 발전도 나타났다. 개방의 상징적인 프로젝트는 일본의 스즈키와 인도정부가 합작으로 설립한 마루티스즈키의 합작투자사업이다. 1982년 양측은 인도의 대외개방정책의 상징적인 사건이 된 합작사업을 출범시켰고 이 프로젝트는 오늘날 인도 최대의 자동차회사로 성장했다.

셋째는 1991년 위기였다. 1980년대 말까지 인도의 재정적자는 GDP 8% 이상으로 증가했으며, 외채는 1980년에 180억 달러에서

1991년 720억 달러로 급증했다. 중동에서는 1990년 이라크가 쿠웨이트를 침범하며 걸프전쟁이 발발했고, 그 결과 중동지역 인도 노동자로부터의 송금액이 감소했다. 쿠웨이트와 이라크에 대한 수출도 줄어들었으며, 유가상승으로 원유수입이 급증해 무역수지 적자가 증가했다. 유가상승으로 인해 1991년 인플레이션은 14%에 이르렀다. 인플레이션은 인도상품의 경쟁력을 더 떨어뜨렸다. 인도의 외채상환에 문제가 생겼고, 1991년 1월에서 6월까지 인도는 외환보유고를 떠받치기 위해 스위스유니언뱅크Union Bank of Switzerland와 영란은행Bank of England으로 금을 실어 보내야 했다. 인도는 1991년 6월 외환이 2주간의 수입을 충당할 정도에 불과하여 거의 국가부도 위기에 몰렸다. 정부는 1991년 8월 IMF에 경제개혁방안을 약속했다. 정부는 종합적인 구조조정을 시작했고, 산업정책, 무역자유화, 국내 가격정책, 공기업 개혁, 금융개혁, 조세개혁, 지출통제 등 경제 전 분야에서 구조조정이 진행되었다.

이 시기 인도는 또 다른 위기를 맞았다. 바로 인도의 전통적인 대외전략인 비동맹정책의 의미가 사라진 것이다. 1989년부터 91년을 거치면서 냉전체제가 붕괴하여 인도의 안보와 대외경제환경이 극적으로 변했다. 인도의 비동맹정책은, 1971년부터는 구소련 쪽으로 기울고 있었는데, 이제 쓸모가 없어졌다. 소련이 사라진 다음 인도는 중국을 직접 대면해야 했고, 유일한 초강대국인 미국과도 어느 정도 타협할 수밖에 없었다.

경제적으로 구소련 체제의 붕괴는 품질이 나쁜 인도상품을 구소련이 수입했다는 점에서 큰 시장의 상실을 의미하기도 했다. 예컨대 1990년 인도의 수출은 179.4억 달러였고 이 중 소련으로의 수출액이 28억 9,600만 달러로 16.14%, 미국으로의 수출은 26억 4,400만 달러로 14.74%였다. 이 시기가 소련경제가 붕괴하던 시절이었기 때문에 수입 자체가 많지 않았다는 것을 고려하면 인도의 대소련 의존도가 얼마나 높았는지 알 수 있다. 이 시기는 동북아 국가들이 미국을 최대의 시장으로 활용하면서 경제개발을 추진하고 있을 때였는데 인도는 소련 중심의 세계에 머물고 있었던 것이다. 소련의 붕괴로 인도는 큰 시장을 잃었고 이는 1991년 위기와도 연계되어 있다. 1995년 인도의 수출은 316억 9,800만 달러였는데, 소련으로의 수출은 10억 4,200만 달러로 감소했고, 대미 수출은 55억 500만 달러였다. 미국 비중이 17.4%였던 반면, 소련 비중은 3.3%로 하락했다.[5]

1998년 옥스퍼드대학 출판부에서는 흥미로운 책이 하나 출간되었다. 《인도의 경제개혁과 개발_India's Economic Reforms and Development_》이라는 제목이었는데 부제가 "만모한 싱을 위한 에세이_Essay for Manmohan Singh_"였다. 영국과 미국에서 활동하는 인도 출신 경제학자들의 논문을 편집한 것인데 필자의 면면이 여간 화려하지 않다. 나중에 노벨 경제학상을 받은 아마르티아 센, 노벨 경제학상에 근접해 있다고 평가받고 있던 자그디시 바그와티_Jagdish Bhagwati_ 등이 필자로 참여했다. 이들 쟁쟁한 학자들이 1992년 만모한 싱의 경제개혁을 상찬하기 위해 필자로 나선 것은 아마 첫째는 이들이 모두 경제학자 출신으로 재무장관을 거쳐 나중에는 총리가 된(2004.5~14.5) 싱과 개별적인 인연이 있기 때문이었고, 둘째는 적어도 이들의 평가에는 싱의 경제개혁이 인도 경제정책에서 역사성을 갖고 있다고 보았기 때문일 것이다.

인디라 간디가 자신의 경호원이었던 시크교도에게 암살되고 그의 아들인 라지브 간디가 총리에 오른 것이 1984년 10월이었다. 인디아항공의 조종사로 정치에 뜻이 없었던 그가 정계에 투신한 것은 하원의원이었던 그의 동생 산자이 간디가 1980년 비행기 사고로 세상을 떠난 것이 계기가 되었다. 그는 다음 해 동생의 지역구에서 의원으로 당선된 후 어머니를 도와 정치를 시작했다. 국민회의당이나 인도에서 네루 가문의 인기가 여전히 매우 높았기 때문에 그는 총리(1984.10~89.12)가 될 수 있었다. 1989년 12월 선거에서 국민회의당이 패하고 소수 정당 연합이 정권을 장악했는데 오래가지 못하고 혼란기를 거쳐 1991년 6월 국민회의당이 다시 정권을 잡았다. 라지브 간디는 91년 5월 21일 타밀 타이거LTTE와 연관된 사람들에게 암살된 뒤였다.

인도의 외환위기와 함께 등장한 나라심하 라오Narasimha Rao(1991. 6~96.5) 정부는 만모한 싱을 재무장관으로 임명하고 강력한 개혁을 시작했다. 과거 수입대체공업화의 각종 요소들을 LPG 모델Liberalization, Privation and Globalization Model로 줄여 나갔다. 1990년대 개혁은 1980년대가 내수시장의 자급자족 모델이었다면 친시장과 개방경제

모델이었다. 위기 이전에 산업개발규제법과 영세기업보호법으로 산업정책을 규제했다면 이제 산업개발규제법을 폐지하여 산업허가제를 폐지하고 공공부문의 독점을 극히 일부 산업에만 남겨 두도록 했다. 또한 영세기업보호법은 매우 제한적으로 운용해 나갔다. 투자는 지정분야 투자positive system에서 일부 분야만 투자를 제한하는 네거티브negative 제도를 도입했고, 투자허가 분야에 대해서는 자동승인과 허가를 요구하는 분야로 분류하였다.

대외개방과 관련해서는 외국인 직접투자와 포트폴리오 투자를 자유화했다. 일부 부문에서는 외국인 직접투자 한도를 40%에서 51%로 인상하는 데 그쳤으나, 인프라와 같은 일부 부문에서는 최대 100% 투자도 가능하도록 했다. 외국인 투자유치를 위해 외국인투자진흥위원회를 설치하여 원스톱서비스를 실시했다. 외국인 투자기업의 현지부품조달 증가 조건도 폐지했고 고정환율제와 외환관리법은 유연한 환율변동과 동시에 외국인 투자기업의 과실송금이 가능할 수 있도록 자유화하는 과정을 단계적으로 진전시켰다. 이 시기에 가장 강력한 제조업 경쟁력을 보유한 일본기업으로부터 투자를 유치하고자 동방정책Look East을 추진했다. 교역에서는 보호주의적 고관세 및 높은 비관세장벽은 점진적 관세인하로 전환해 나갔다. 수입허가제 축소, 비관세장벽의 누진적 절감을 포함하는 무역자유화, 금융 및 자본 자유화, 통신 등 주요 서비스산업에 대한 외국인투자도 허용했다.

전 세계를 뒤흔든 중국의 WTO 가입

중국에서는 개방 및 경제성장의 효과로 정치적 자유에 대한 기대가 높아졌고, 이는 천안문 사태로 이어졌다. 천안문 사태에 심정적 동조를 한 것으로 이해되는 자오쯔양은 가택연금에 들어갔고, 국제적으로 인권탄압에 대한 비판이 비등하여 경제제재가 이루어졌다. 이를 수습하기 위해 장쩌민 주석체제가 출범했지만, 갈등과 혼란은 계속되었다. 구소련 붕괴 이후 체제의 분열과 동유럽 공산 정권의 붕괴에 중국공산당도 우려하지 않을 수 없었다. 실질적인 지도자였던 덩샤오핑은 1992년 남순강화를 통해 지속적인 개방을 강조하였다.

서구의 제재는 중국의 거대한 시장 잠재력 때문에 충분히 힘을 발휘할 수 없었다. 외국인투자가 1990년대 초반부터 다시 유입되었다. 중국 당국은 수출진흥을 위해 이중환율을 허용하고 있었지만, 공식환율과 점진적으로 상승하던 시장환율 간의 괴리를 인정하고 1994년 1월 기존의 공식환율 5.8위안을 시장환율 수준인 8.7위안으로 조정하는 대폭적인 평가절하를 단행했다. 이로 인해 수출경쟁력이 개선되어 1993년 119억 달러에 이르렀던 무역수지 적자는 94년에는 52억 달러 흑자로 전환되었다. 수출은 1993년 917억 달러에서 94년 1,208억 달러로, 95년 1,490억 달러로 증가했는데 중국의 평가절하와 수출 증대, 특히 노동집약적 제품의 수출 증대는 세계에서 태국, 말레이시아, 인도네시아 수출시장을 잠식하면서 이들에게 타격을 주었고 1990년대 후반 아시아 외환위기의 주요한 원인으로도 작용했다.

중국은 2001년 WTO 가입을 계기로 개혁과 개방을 확대했다. 중국의 WTO 가입은 중국에게만 의미가 있는 것이 아니었고 미국과 세계경제 전체에 막대한 영향을 미친 경제적 사건이었다. 미국 클린턴 대통령은 중국의 WTO 가입을 지지해 왔는데, IT 제품을 비롯해 중국이 수년 내에 관세를 대폭 인하하고, 지적재산권을 보호하겠다는 약속을 했기 때문에 미국기업이 중국에서 큰 기회를 찾을 수 있을 것이라고 보았다. 나아가 중국을 WTO라는 국제무역의 규율 속에 끌어들임으로써 중국을 더 잘 관리할 수 있고 장기적으로 번영은 중국의 체제를 민주적으로 바꿀 수 있을 것이라는 기대가 있었다.

중국의 걱정도 컸다. 미국과 유럽 등은 중국의 WTO 가입협상에서 기존 다른 개발도상국에 비해 훨씬 강력한 조건을 내걸었다. 중국은 다자주의 체제를 받아들여야 했다. 공산품 관세를 인하하고 농산물을 수입해야 했으며, 서비스부문도 상당히 자유화하지 않으면 안 되었다. 특히 서비스산업에서는 도·소매업, 유통부문에 외국기업이 진출할 수 있도록 했고, 은행, 금융서비스, 보험 및 통신 분야도 외국인에 개방되었다. 나아가 투명성 제고 및 지적재산권 보호도 수용해야 했다. 그럼에도 중국은 시장경제국 지위를 얻지 못했다. 중국은 WTO 가입이 미칠 국내 산업에 대한 부정적 영향을 두려워했다.

그러나 WTO 가입 후 중국에 외국인 직접투자가 대규모로 유입되었고, 국내기업의 생산 및 경쟁력도 증가했다. 중국의 수출은 폭발적으로 증가했다. WTO 가입에 따라 중국은 기업구조와 금융구조

개혁도 추진했다. 그러나 국유기업 문제는 하루아침에 해소되지 않았고, 2000년대 중반 국유은행 부실화가 중국경제에 뇌관으로 작용할 수도 있다는 평가가 많았다. 당국은 중국공상은행, 중국건설은행, 중국은행, 중국농업은행 등의 부실처리를 위해 자산관리회사를 설립하는데 개입하기도 했다. 많은 사람들이 중국의 금융부실을 우려했으나, 중국경제가 고도성장하자 국유은행들은 기업공개를 통해 국내외에서 막대한 신규 자본을 유치하여 부실자산을 떨어내고 은행을 정상화했다. 한마디로 태풍이 불어올 때면 칠면조도 날 수가 있다는 말처럼 중국은 고도성장으로 내부에 존재하던 부실을 일거에 해결하였다.

외국인 직접투자는 고용창출, 자본형성, 수출창출 등 직접적인 효과도 있지만, 다국적기업으로터 내국기업으로 기술이 이전되고 다시 국민경제 내부로 확산되는 기술확산효과, 조립산업의 경우 중간재나 부품 등 후방산업을 개발하는 효과, 국내시장에서 경쟁이 심화되면서 기업의 효율성이 제고되는 스필오버효과를 낳는다. 그러나 투자유치국이 이런 효과를 자동으로 얻는 것은 아니다. 국내 인적자원의 기술흡수 역량, 제도적인 특성, 그리고 금융 발전 정도에 따라 그 효과는 달라진다. 이 점에서 중국은 외국인투자를 자국의 산업발전에 효과적으로 활용한 국가이다.

성장의 기폭제가 된 세계경제 체제 편입

중국과 인도는 모두 건국 이후 제국주의적 외세에 영향받지 않는 독립적인 국민경제를 만들고, 이를 통해 국민의 삶의 수준을 향상한 다는 목표를 갖고 있었다. 이러한 목표는 양국 모두 쉽게 달성하지 못했다. 중국에서는 마오쩌둥의 대약진운동이나 문화대혁명을 통한 이상적 공산 중국은 실현되지 못했고 수많은 사람이 굶주림으로 생명을 잃었다. 네루의 중공업과 소기업 형태의 소비재산업 중심의 산업정책과 페이비언주의적 사회개혁도 국민의 삶의 질을 개선하지 못했다. 인디라 간디 총리는 계엄령으로 국가를 이끌어 가면서 서구의 기대를 저버렸다.

경제난에 직면한 중국은 마오쩌둥 사후 덩샤오핑의 지휘 아래 개혁개방을 시작했고, 인도에서도 1984년 라지브 간디의 규제완화가 있었다. 물론 중국의 개혁개방은 중국의 과거를 모조리 부정하는 형태의 방향전환이었다면 인도의 개혁은 미적지근한 것이었다. 중국은 외국인 직접투자를 유치하여 수출부문을 위탁하였고 중저가의 공산품을 세계시장에 쏟아 내었다. 이에 비해 인도 역시 외국인투자와 대외무역을 장려했지만 중국과는 달리 라지브 간디 시절 인도의 해외시장은 소련시장 중심이었다. 공산진영의 붕괴는 인도의 대외무역에 큰 타격을 입혔고 인도는 외환부족문제를 겪고 IMF의 지원을 받았는데, 1991년에 발생한 일이었다.

양국의 경제정책은 자국의 위기를 통해 변했다. 중국은 마오쩌둥

사후 1978년 후반 덩샤오핑이 실권을 장악하면서 시작되었다. 계획경제의 구곡을 벗고 생산자에게 인센티브가 작동하도록 시스템을 개선했으며 외국인투자를 유치하여 자본, 기술을 도입하였고 이들에게 제조업부문 개발을 위탁하였다. 인도의 개혁은 1991년 외환위기 이후 본격적으로 실시되었다. 역시 개혁과 개방을 통해 인도에 덧씌워진 "라이선스 라자"라는 오명을 벗기 위해 외국인투자를 유치하고 산업의 진입장벽도 허물었다. 외국인투자가 증가한 것은 물론이다. 중국은 수출제조업의 발전과 함께 세계경제에 통합하려는 노력도 병행했는데 바로 WTO 가입이었다. 중국의 WTO 가입은 중국을 세계의 생산기지로 변모시켰다.

양국의 개방은 경제구조를 변모시켰다. 중국의 무역의존도는 1차 개방 이후 지속적으로 상승했다. 무역의존도는 1977년 10% 미만이었으나 1990년대 초가 되면 40% 이상으로 높아졌고 아시아 외환위기로 다소 감소했으나 WTO에 가입하면서 폭발적으로 증가했다. 2000년대 초반 중국의 무역의존도는 60% 이상이었다. 중국의 수출 증가는 미국의 막대한 무역적자의 원인이 되었고 글로벌 금융위기를 낳았다. 중국에서 성장전략에 대한 검토가 이루어졌고 무역의존도는 축소되었으나 중국경제 규모가 확대된 까닭이지, 무역량 자체가 줄어서는 아니다. 인도 역시 1990년대 초부터 점진적으로 무역의존도가 증가했다. 그리고 2000년대 초에는 무역의존도가 대폭 상승했는데 이 시기 국제 자원가격 상승으로 수입이 폭증한 것도 이유가 되었

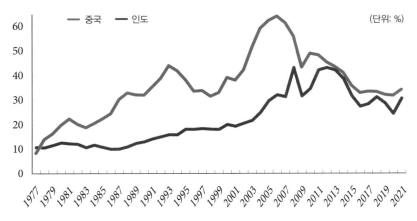

중국과 인도의 상품 무역의존도 추이

자료: 세계은행

다. 그렇지만 개혁과 개방으로 인도 역시 세계경제 편입이 가속된 것은 사실이다.

중국과 인도의 삶의 수준은 개혁개방 이후 교역 증가와 함께 진행되었다. 중국의 1980년대 이후 성장률은 세계적으로 높았으며, 2015~22년, 성장률이 대폭 낮아졌지만, 여전히 인도에 비해 높다. 인도 역시 1970~80년 성장률은 연평균 3.0%로 낮았지만 1980년 이후에는 성장률이 높아졌다. 흥미로운 점은 인도가 1991년 이후 진정한 개혁과 개방을 했음에도 중국에 비해 여전히 성장률이 낮다는 점이다. 다만 인도는 성장속도가 미세하나마 가속하고 있고 중국은 감속하고 있는데 그래도 양국의 성장률 격차는 여전히 존재한다. 특히 2015~22년 기간에 중국의 성장률 5.7%는 이전과 비교해 크게 낮지

중국과 인도의 GDP 증가율(2015년 가격 기준)　　　　　　　　　　　(단위: 달러, %)

	중국		인도	
	GDP(억 달러)	1인당 GDP	GDP(억 달러)	1인당 GDP
1970	2,321	284	2,015	361
1980	4,228	431	2,709	389
1990	10,274	905	4,652	534
2005	44,205	3,391	10,943	948
2015	110,616	8,016	21,036	1,590
2022	163,252	11,560	29,550	2,085
1970~1980	6.2	4.3	3.0	0.7
1980~1990	9.3	7.7	5.6	3.2
1990~2005	10.2	9.2	5.9	3.9
2005~2015	9.6	9.0	6.8	5.3
2015~2022	5.7	5.4	5.0	3.9

자료: 세계은행 WDI DB

만, 인도의 성장률 역시 낮아졌다. 인도의 성장률이 이와 같이 낮고 개혁개방에도 불구하고 그 이전과 성장률 격차가 크지 않은 점은 인도경제에 무언가 문제가 있다는 것을 뜻한다.

중국과 인도가 세계경제에 참여하면서 성장한 것은 분명하지만 경제성과에 차이가 있다는 점도 명확한 사실이다. 인도가 본격적으로 개방을 시도한 1990년대 이후를 비교해 봐도 중국은 인도의 성과를 무색하게 한다. 경제성과를 개방과 연관시켜 보면 양국의 경제적 성과의 한 측면을 이해할 수 있다. 즉 중국은 세계적으로 개방도가 높은 국가가 된 반면 인도는 그만큼 또 악명 높은 보호주의 국가이다. 중국은 2001년 WTO에 가입하면서 관세인하 등 수출입 자유화를 확대했지만, 인도는 1948년 GATT 원년 회원국으로서 자동으로 WTO 회원국이 되었기 때문에 WTO가 여러 차례의 무역협상을 통해서 자유화를 추진해 왔음에도 불구하고, 중국과 같은 외부충격은 없었다. 그래서 인도는 명목상 개방정책을 취하고 있으나 보호주의 성향이 가장 강한 나라 중 하나이다. 여전히 인도의 관세율은 높다. 인도의 양허범위는 2022년 현재 74.3%이고 중국의 그것은 100%에 이른다. 단순평균 관세율은 양허세율이 인도가 50.8%, 중국이 10.0%이며 실행 관세율은 인도가 18.1%, 중국은 7.5%이다.[6]

중국은 또한 FTA에도 적극적이다. 중국-아세안, 한중 FTA 등의 자유무역협정을 체결했으며 RCEP을 적극적으로 주도하고 있다. 인도는 2021년 말 현재 16개의 무역협정을 발효시켰고, 호주와 협상을 끝내고 발효를 앞두고 있다. 그 외에 14개는 협상 중이다.[7] 인도는 아세안 및 그 회원국, 한국, 일본 등 주요국과 FTA를 체결했을 뿐만 아니라 EU와의 FTA도 협상하고 있다. 그러나 인도가 체결한 무역협정 중에는 주로 서남아시아의 인근 소국과 체결한 협정이 많아 실제로 무역창출 효과를 낼 것인지는 알 수 없다. 또 무역협정을 체결했다고 해도 포괄률이 낮다는 문제점도 있다.

2. 제조업의 발전이 두 나라의 성장에 미친 영향

세계시장에서 두 나라 제조업의 역할 차이

현대국가 건국 이후 중국과 인도의 경제적 성과에는 큰 차이가 있었고, 그러한 차이의 이면에는 제조업 발전의 격차가 있다. 중국과 인도 모두 초기의 중공업 우선 정책, 국가 주도의 정책은 비효율적인 것으로 드러났고, 결국 중국이 먼저 개혁개방을 추진하면서 제조업을 육성하기 시작했다. 중국의 제조업 개발은 초기에 한국, 일본, 대만, 홍콩 등 동아시아 국가의 기업들이 주도했다. 중국에는 낡은 자본재와 기술을 이용한, 세계시장에서 통하기 힘든 전통적인 산업이 존재했고, 현대적 제조업은 전적으로 외국인 직접투자에 의존하지 않을 수 없었다. 다국적기업들은 중국 제조업의 잠재력에 생명력을 불어넣었고, 뒤이어 중국기업의 성장과 함께 중국을 세계적인 제조업 생산기지로 전환시켰다.

인도 역시 1990년대 이전에는 수출 가능한 제조업의 발전을 만들어 내지 못했다. 인도 제조업은 인도정부가 고관세 및 각종 수입규제 등으로 국내시장을 보호해 줌으로써 낮은 품질의 제품이 국내에서 소비되고 있었다. 1990년대 이후 개방을 통해 제조업 육성에 노력했고, 모디 정부도 제조업 육성을 강조했으나 인도가 중국과 같은 수준에 도달하기 위해서는 여전히 많은 시간이 필요하다.

그 결과 중국과 인도의 제조업이 경제에서 차지하는 역할에는 큰 차이가 있다. 제조업 부가가치 생산이 GDP에서 차지하는 비율은 중국이 2004년 32.0%였고,[8] 이 비중은 2014년까지 계속 30% 선을 웃돌았다. 이후 감소하기는 했으나 2022년 현재도 27.7%에 이르고 있다. 이에 비해 인도의 제조업 비중은 1997년 16.5%였으나 이후 계속 15% 선에 머물렀고, 2022년에도 13.3%에 불과하다.

경제발전이 성숙단계에 이르면 제조업 비중이 감소하고 이를 탈공업화라고 설명하고 있으나 인도에서는 아직까지 제조업이 경제성장을 이끌어 본 적이 없다. 인도의 제조업 비중이 경제에서 차지하는 역할은 첨단 선진국인 미국의 제조업 비중이 2006년까지도 13% 선을 유지했다는 점에서 어느 정도 이해할 수 있다. 물론 미국의 제조업 비중은 2021년 10% 선까지 떨어졌고 트럼프나 바이든 대통령이 미국경제의 위상 제고를 위해 제조업 육성에 다양한 노력을 하고 있다는 점을 유의해야 한다.

달러 표시 제조업 부가가치 생산은 2004년 중국이 6,252억 달러였고 인도가 1,122억 달러로 중국이 5.6배 많았지만, 시간이 지날수록 그 차이는 커졌다. 2014년에는 중국의 부가가치가 3조 1,842억 달러로 인도의 3,072억 달러와 비교해 10.4배 수준에 이르렀다. 그리고 2021년에는 중국의 제조업 부가가치 생산이 4조 9,090억 달러로 인도의 4,559억 달러의 10.8배가 되었다. 미국의 제조업 부가가치 생산은 2021년 2조 4,971억 달러로 중국의 절반 수준이다. 중국 제조업 생산은 2004년 미국의 1조 6,095억 달러의 38.8%에 불과했

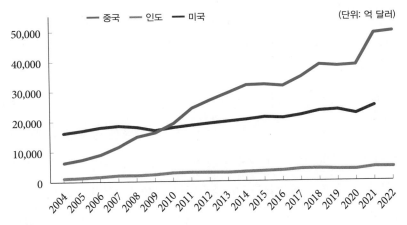

제조업 부가가치 생산액 추이 비교(명목)

자료: 세계은행

으나, 2010년부터는 미국보다 더 많아졌다.

　이미 지적한 바와 같이 2022년 현재 중국 제조업 생산이 미국 제조업 생산을 추월한 지 이미 10년 이상의 시간이 흘렀다. 이제 중국은 세계 공산품 생산의 중심지이다. 중국수출은 2021년 세계 1위로 15.1%를 차지하고 있으며, 미국의 7.9%에 비해 거의 두 배 수준이고, 수입은 세계 전체 수입의 11.9%를 차지하는데 이는 13.0%의 미국에 이은 2위이다. 이에 비해 인도의 비중은 수출 1.8%, 그리고 수입 2.5%이다.[9] 양국의 수출입이 세계에서 차지하는 비중은 1948년 수출에서 중국은 0.8%, 인도는 2.2%였고, 수입에서는 중국은 0.6%, 그리고 인도는 2.3%였으니 인도가 그 자리에 서 있는 동안 중국은 뛰었다고 할 수 있다.[10]

중국의 제조업 경쟁력은 상품수출에서 그 일단을 알 수 있다. 공산품은 중국의 총수출에서 1984년 47.7%였으나 인도는 이 시기에 수출의 52.8%가 공산품이었다. 양국에 차이가 있다고 하기는 어렵지만, 중국의 개혁개방 초기에 제조업 발전은 아직 낮은 수준이었다. 그러나 공업화 진전에 따라 공산품 수출비율은 중국에서 빠르게 증가했고, 2003년 90.6%로 공산품이 수출의 중심이 되었다. 이때 인도의 공산품 수출비율은 76.4%, 미국은 80.3%였다. 2021년 중국의 공산품 수출은 93.6%, 인도는 68.1%였다. 대신 공산품 수입비율은 극히 낮은데 중국의 공산품 수입은 1984년 69.2%에서 2003년에는 78.5%로 상승했으나, 2021년에는 55.7%로 낮아졌다. 즉 중국은 원자재를 수입하여 이를 가공한 후 공산품으로 세계에 수출한다.

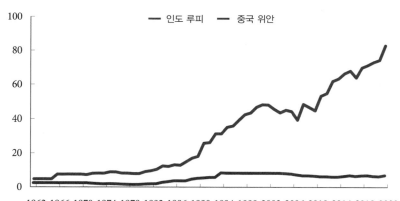

인도 루피 및 중국 위안화 대미달러 환율 추이(1962~2022)
자료: IMF

중국의 공산품은 세계를 장악하고 있다. 중국의 제조상품(공산품) 수출은 2021년 3조 1,460억 달러로 세계 전체 공산품 수출의 21.2%를 차지한다. 즉 세계수출에서 차지하는 비중보다 공산품 수출에서의 비중은 더 높다. 2000년 중국 공산품의 세계시장 점유율은 4.7%, 2010년에는 14.8%였으니 중국이 공산품 수출에서 세계시장에 얼마나 빠르게 침투해 왔는지 알 수 있다.

전자산업을 구성하는 사무용 및 통신기기 수출은 8,120억 달러로 세계 전체 수출의 31.8%를 차지하였고 수입도 6,240억 달러로 전체 수입의 21.9%에 이른다. 이 품목군의 2000년 비중은 수출 4.5%, 수입 4.4%였는데, 중국이 WTO 가입 이후 세계 전자제품 생산의 요충지로 떠오른 것이다. 섬유제품 수출은 2021년 세계 전체 섬유 수출의 41.4%를 차지하고 있고 의류 수출도 32.8%를 차지한다. 중국의 섬유 수입은 4.2%, 의류 수입은 2.1%로 중국이 섬유 및 의류산업에서는 일방적으로 세계에 제품을 쏟아 내고 있다. 전통적으로 내수산업으로 인정되었던 자동차 또한 930억 달러를 수출하여 2000년 세계시장의 0.3%에서 2021년에는 6.4%로 증가했다.[11]

중국이 세계 공산품 생산의 허브가 되면서 중국은 일부 산유국 등 자원 수출국을 제외하면 대부분 국가에 무역수지 흑자를 기록하였다. 좋은 품질에 저렴한 가격의 중국 제품이 세계시장에 수출되면서 인플레이션을 안정시키고, 세계경제를 골디락스goldilocks로 이끌었다는 평가도 많다. 그러나 이제 중국의 거대한 생산력은 세계 각국의 무역수지 적자를 확대하고 국제분업의 붕괴를 초래할 수도 있다. 즉 공업화과정에서 중국은 글로벌 밸류체인GVC의 확산에 도움이 되었으나 자국 내에서 중간재와 부품 그리고 소재산업까지 발전시키면서 다른 나라들에 부담이 되고 있는 것이다. 이에 비해 인도의 제조업은 세계시장에서 다른 국가의 위협이 되어 본 적이 없다. 풍부한 노동력을 가진 국가임에도 심지어는 봉제나 잡화부문에서조차 인도의 경쟁력은 낮다.

중국 제조업의 발전과 대비되는 인도의 열악한 환경

왜 인도가 중국보다 발전이 지체되었는지 살펴보면 한마디로 제조업 발전격차 때문이다. 중국 제조업 발전과정은 정확히 경제이론을 따르고 있다. 즉 중국은 농촌지역에 풍부한 노동력을 보유하고 있었고, 이들의 한계생산은 낮았다. 이에 자본이 부족한 중국은 외국인 직접투자를 유치해 외국인자본과 노동력을 결합시켰다. 즉 중국이 가진 비교우위요소를 활용하여 노동집약적 산업부터 육성한 것이다.

섬유, 의류, 잡화, 신발 등 중국의 젊은 여성들이 재봉틀을 가지고 생산할 수 있는 모든 제품을 저가에 생산했다. 이들은 대부분 아주 낮은 가격에 수출되었다. 노동집약적 산업의 발전에 따라 기술이 축적되었고 자본도 심화되면서 산업은 점점 고도화되었다. 대만기업의 투자에서 시작된 노동집약적 전자산업은 봉제산업에 비해 부가가치 창출 효과가 높았고 그 결과 임금도 상승하였다. 중국에서 구매력이 상승하면서 외국인 직접투자 일부는 중국 내수시장을 목표로 진출하게 되었다.

대부분 다국적기업은 대량생산체제를 갖추었는데 노동력은 풍부하였고 규모를 키울수록 생산단가가 하락하는 규모의 경제 효과가 크게 나타났기 때문이었다. 여기에서 중국기업이 등장하였다. 이들은 봉제산업에서 전자산업 그리고 자동차산업까지 다국적기업의 기술을 습득하고, 경영방식을 답습했으며, 규모의 경제를 추구하면서 공장을 키웠다. 정부는 정부대로 외국인투자를 유치하기 위하여 노력했다. 특히 지방정부는 독자적으로 인센티브를 제공하면서 대규모 기업을 유치하기 위해 노력했다.

시간이 흐르면서 중국은 첨단기술기업을 유치하기 위해 기술과 시장을 바꾼다는 전략으로 중국에 진출하려는 다국적기업을 선별적으로 유치하는 단계에까지 이르렀다. 동시에 정부는 도로, 항만, 철도 등 물적 기반 개선에 힘을 쏟았다. 즉 중국은 비교우위구조에 따라 산업을 개발하고 정부는 이를 지원하는 역할 분담을 하였다.

인도의 사정은 중국과 달랐다. 라지브 간디 시기의 개혁이 있었으나, 1990년대 이전에는 수입대체공업화가 중심 정책이었다. 네루의 경제적 시각에 따라 기계산업 중심의 중공업을 육성하여 외국의 자본재로부터 독립하고 국내에서는 경제정의와 공평을 위해 국영기업의 역할을 중시했으며, 대기업 대신 중소기업의 육성에 힘을 쏟았다. 더구나 약자인 노동자를 보호해야 한다는 생각을 했다. 인디라 간디 시기에 도입된 100인 이상 기업에 대한 노동자 해고의 경직성으로 기업들은 규모를 키우려고 하지 않았고, 후에 이를 완화했음에도 그 본질적인 성격은 변하지 않았다. 다국적기업 역시 해고문제에서 자유롭기 위해서 정규직 고용 대신 비정규직이나 파견 노동자들을 고용함으로써, 기업에 대한 노동자들의 충성도가 약화되는 현상도 발생했다.

이런 이유로 중국과 인도가 모두 노동력이 풍부한 국가임에도 불구하고 중국에서는 노동력을 활용하는 노동집약적 공업에서 시작된 공업화가 다국적기업을 거쳐 중국의 국유기업 및 사영기업의 기술 및 자본집약적으로 고도화되었지만, 인도에서는 오히려 국가 주도의 낡고 노후한 기술의 자본집약적인 공업화에 머문 것이다. 섬유산업으로 예를 들어보면 중국이나 인도가 모두 노동력이 풍부하고 역사적 강점을 갖고 있었지만, 중국은 의류산업을 수출산업으로 만들었고 인도는 그렇지 못했다. 미국이 중국과 인도에서 수입하는 의류는 2022년 중국에서 236억 달러에 달하지만 인도로부터는 60억 달러에 불과했다. 중국의 최대 수출액은 2015년 311억 달러에 이르렀다.

인도 제조업의 발전은 왜곡되었고 1980년대의 인도 제조업은 중대한 모순을 가지고 있었다. "인도 제조업의 모순"은 노동이 풍부하고 자본이 부족한 국가가 노동을 거의 사용하지 않고 자본은 아주 비효율적으로 사용했다는 것이다. 그 이유는 간단히 말하면 왜곡된 정책이었다. 고용을 농업에서 제조업으로 급속한 속도로 전환시켰던

미국의 의류(61+62) 수입   (단위: 백만 달러, %)

	전체 수입	중국	인도	중국 비중	인도 비중
2000	59,206	6,202	1,852	10.5	3.1
2005	70,807	16,808	3,058	23.7	4.3
2010	72,523	28,776	3,158	39.7	4.4
2015	86,103	31,050	3,706	36.1	4.3
2019	84,733	25,381	4,091	30.0	4.8
2022	105,353	23,647	6,005	22.4	5.7

자료: ITC DB

동아시아 국가들과는 달리 인도는 그렇지 않았다.[12]

인도의 제조업이 낙후된 또 다른 이유는 열악한 투자환경이다. 높은 법인세율을 비롯한 기타 세제의 낙후 외에 도로, 전력, 항만 등 사회간접자본 전반이 여전히 낙후되어 있다. 인도는 1990년대 개혁의 하나로 인프라 건설에 100% 외국인투자를 허용했지만, 정책효과는 크지 않았다. 한 예로 인도에는 전기를 사용할 수 없는 인구가 2010년대 말 아직도 10%를 넘어 세계 141개국 중 전기접근도에서 105위에 머무는데 이는 중국의 100% 보급, 2위라는 수준과 큰 차이가 있다. 전기의 품질 역시 세계 108위에 머문다.[13]

인도는 세계 최대의 철로 보유국 중의 하나이지만 중국이 전국을 고속철로 연결하고 있는데 반해, 여전히 투자재원 부족으로 고속철은 엄두도 내지 못한다. 일본의 JICA가 일본 사상 최대 규모인 6,500억 엔약 6조 원의 ODA로 인도의 고속철도(마하라슈트라-뭄바이-

구자라트-아마다바드)를 계획하고 있지만, 2009년부터 논의된 이 프로젝트는 2017년에야 착공하였고 2028년이 되어서야 완공될 것 같다.[14] 아시아개발은행ADB이 2030년까지 아시아 각 지역의 인프라 투자 수요를 추정한 바에 의하면 2016~30년 인도에는 4조 3,630억 달러, 매년 2,910억 달러의 투자가 필요한데 이는 GDP의 7.4%에 해당한다.[15]

　IT 소프트웨어에 대한 높은 평가가 잇달았으나 제조업 발전 없이 인도경제가 한 단계 상승한다는 것은 불가능하다. 인도는 아세안과 한국 및 일본과도 FTA를 체결했으나 중국과는 협상만 하고 말았다. 모디 정부의 메이크 인 인디아Make in India 정책도 제조업 경쟁력은 제고하지 못했다. 인도의 공산품 수출은 2014년 총수출의 62.6%, 2,021억 달러에서 2020년 71.0%, 1,962억 달러로 오히려 감소했다. 공산품 수출비율은 증가했으나 이는 이 기간에 총수출이 3,227억 달러에서 2,763억 달러로 감소했기 때문이다. 물론 2020년 실적이 코로나19로 영향을 받았고 2019년 공산품 수출은 2,303억 달러였지만, 5년간의 공산품 수출금액 증가폭은 그리 크지 않다. 제조업 생산 비중도 2022년 25%로 늘린다는 목표에 훨씬 미치지 못하는 13.1%에 불과한데 이는 2014년의 15% 수준에 비해 오히려 더 낮아진 것이다. 목표 비중은 터무니없는 것이다.

중국의 자립경제 가능성과 인도의 제조업 육성 전략

제조업의 발전과 함께 나타난 중요한 변화는 중국에서 외국인 직접투자기업의 역할이 감소하고 중국기업의 역할이 커졌다는 점이다. WTO 가입과 함께 다국적기업의 급격한 진출로 중국경제는 다국적기업 중심으로 주요 산업의 생산이 이루어졌다. 수출입에서 외국인 투자기업의 비중은 중국이 WTO에 가입한 이후 세계시장과 통합 정도가 높아지면서, 특히 수출비중이 빠르게 증가했음을 볼 수 있다. 본격적으로 중국의 저렴한 생산비용을 활용하여 해외시장에 수출하려는 기업들의 투자가 확대됐기 때문이다.

외국인 투자기업의 비중은 1997년 수출에서 약 40%, 수입에서 55% 수준이었다. 다국적기업들은 중국 지원산업Supporting industry의 미개발로 공산품의 가공조립에 필요한 원·부자재를 외국에서 수입해야 했다. 외자기업의 수출비중이 수입비중에 비해 낮은 이유는 두 가지로 생각할 수 있는데, 첫째는 아직 중국의 총수출에서 공산품 수출이 차지하는 비중이 85% 수준에 불과했다는 것이고, 둘째는 WTO 이전에 중국에 진출한 기업들 상당수, 예컨대 자동차업체들은 수출하지 않고 중국 내수시장에 판매했다는 점이다.

여기서도 비중의 증가는 물론이고 총수출 자체가 급속히 증가했다는 점을 기억해야 한다. 외국인 투자기업의 교역비중은 2005~07년 가장 높은 수준에 이르렀고 이후 감소했는데, 이는 중국경제의 발전 과정에서 중국기업이 빠르게 성장했다는 것을 의미한다. 민영기업을

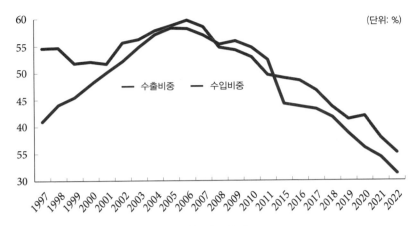

중국의 수출입에서 차지하는 외국인기업 비중 추이

자료: 중국 상무부 통계

중심으로 섬유, 전자 등 주요 수출산업에서 선진 기업의 기술을 습득한 중국기업이 외국인기업보다 수출과 수입을 더 빨리 증가시켰다. 이와 같은 중국기업의 경쟁력 상승으로 이후 외국인기업의 수출비중은 감소하여 2022년에는 거의 30% 초반 수준으로 하락했다.

　　외국인기업의 수입비중 감소는 중국경제의 또 다른 구조변화를 말해 준다. 수입비중은 2006년 60%에 이르렀는데 이는 중국의 국유기업이 석유, 철광석, 석탄 등을 수입하고 있다는 점에서 놀라운 것이다. 실제로 중국의 수입 중에서 공산품이 차지하는 비중은 2006년 70.8%였고 2022년 51.5%이다.[16] 다국적기업은 1차 산품 수입을 하지 않는다는 점을 고려한다면 2006년 경우 다국적기업은 전체 공산품 수입의 거의 85% 정도를 차지하고 있다고 봐야 한다.

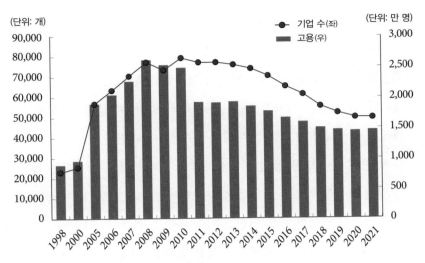

중국 내 외국인 투자기업 수와 고용 추이

자료: 2022년 중국 통계연감

    다국적기업의 수입비중 감소는 중국이 부품과 중간재산업을 육성함으로써 중국기업과 중국에 진출한 다국적기업이 중국 국산품을 사용하는 비중을 늘렸다는 것이다. 중국은 두 가지 방법으로 이러한 중간재와 부품의 수입대체를 이룩했는데 첫째는 중국의 부품산업과 중간재산업을 개발한 것이고, 둘째는 다국적 부품 및 중간재기업의 투자를 유치한 것이다. 한국의 삼성전자와 SK하이닉스도 중국에서 반도체를 생산하고 있으며 이들 중 상당 부분은 중국 안에서 소화된다.

    중국 제조업의 생산과 수출에서 다국적기업의 역할이 감소하고 중국기업의 역할이 증가하는 가운데 인도는 외국인 직접투자 유치를 통한 제조업 육성에 큰 관심을 보이고 있다. 제조업의 수출경쟁력을 강화하는 방법은 여러 가지이다. 과거 인도가 선택한 방법은 수입대체정책으로 국내기업을 보호하면서 경쟁력을 쌓아 간다는 것이었다. 그러나 이 방법은 역사적으로 성공사례가 없다. 수입대체정책은 경쟁에 노출시키지 않고 기업은 지대추구행위에 빠진다.

반면 수출주도형 공업화는 세계시장의 경쟁에 노출시키는 것인데 경쟁을 통해 기업은 품질을 향상시키려는 노력을 한다. 어느 정책이나 기업의 경쟁력 향상 이면에 기술 흡수가 전제되어야 한다. 그러나 국내에서 보호받고 일정한 시장을 확보한 기업은 기술을 흡수하기 위한 노력을 게을리할 것이다. 수입대체정책으로 국내시장에 안주하는 기업에게 개방과 자유화를 통해 경쟁에 직면하게 하는 방법을 생각해 볼 수 있으나 강력한 정책적 의지 없이는 불가능하다.

이제는 인도도 제조업 육성을 강조하고 있다. 2014년 출범한 모디 신정부는 네루시대부터 경제계획수립을 담당했던 국가계획위원회 Planning Commission를 폐지하고 국가개조위원회NITI Aayog를 설립해 정책을 총괄 기획하도록 했다. 모디 정부는 2017년에 소위 모디노믹스 Modinomics를 발표했는데, '모두의 참여와 발전, 전 국민의 기본권 유지가 가능한 빈곤해소 및 고성장'이라는 비전을 담았다. 계획은 개혁과 개방을 기반으로 친시장·친기업정책, 정부규제의 최소화와 최대의 효율적인 거버넌스 구축, 제조업 육성과 대외협력 강화로 외국인투자를 촉진하고자 한다. 또한 모디노믹스는 사회정의를 달성하고,

국민 모두를 위한 개발, 부패척결, 클린 인디아, 건강한 인도, 인프라 개선, 농업개혁, 세계 속의 인도, 여성주도 발전 등의 전략까지 포함된 인도 대전환transforming India 전략이라고 할 수 있었다.

모디노믹스는 특히 외국인 직접투자 유치와 제조업 육성을 중요한 내용으로 했다. 금융, 통신, 방위산업 등을 포함해 가능한 외국인 투자부문을 확대하고, 법인세율을 인하했으며, 특히 중소기업과 스타트업에 면세 혜택을 확대했다. 또한, 연방정부 및 주정부로 중복 및 분산되어 부과되었던 물품세, 소비세, 진입세 등의 각종 조세를 상품 및 서비스세GST : Good and Service Tax로 통일했다. 산업의 고도화에서는 제조업 고도화에 우선순위를 두었다.

제조업 육성을 위해 메이크 인 인디아 정책이 추진되었다. 이 정책은 인도의 젊고 풍부한 노동력을 이용하여 인도에서 제조하고 전 세계로 수출하여 인도를 중국을 대체하는 세계적인 제조업 허브로 육성하겠다는 것이다. 2022년까지 제조업 성장률을 연간 12~14%로 증가시키고, 제조업부문에서 일자리를 추가적으로 1억 개 창출하며, GDP에서 제조업부문 비중을 25%로 늘린다는 것이었다. 이를 위해서 정부는 2020년부터 생산연계 인센티브시스템을 도입했다. 13개 산업에 대해서 투자를 하는 경우 인센티브를 제공한다는 것이다. 이러한 노력에도 불구하고 제조업부문은 아직 인도경제를 선도할 정도로 도약하지 못하고 있다.

모디 정부는 또한 인도 투자환경에서 가장 중대한 장애로 작용했던 노동관계법을 2020년에 드디어 개정하였다. 이미 2019년 기존 임금 관련 법안을 통합하여 통합임금법을 발효시켰는데, 이에 따르면 인도 전체 노동자에게 최저임금을 적용하고, 최저임금은 5년마다 재검토하며, 남녀 동일 임금을 적용하기로 했다. 2020년에 개정된 법률은 기존의 9개 사회보장 관련 법률을 통합한 사회보장법, 또 다른 13개 법률을 통합한 직업·안전·보건·근로조건법, 그리고 노사관계를 다룬 3개의 법을 통합한 노사관계법이다.

사회보장법은 노동자의 보험, 연금, 출산휴가, 퇴직금 등을 규정하고 있고, 조직부문과 비조직부문 모두에 적용하도록 했다. 직업·안전·보건·근로조건법은 이주노동자에 대한 대우를 다룬다. 노사관계법은 최대 300명의 직원이 있는 기업이 직원을 해고하고 또는 공장을 폐쇄하기 위해서는 정부의 승인을 받지 않아도 되고, 종업원이 300명 이상인 경우에만 정부 승인을 받도록 했다. 과거 100인이었던 시기를 거쳐 200인 기준에서 300인까지 증가한 것이다. 새로운 법은 노동자의 파업에 관한 조건도 도입했는데, 60일간의 파업 예고기간을 갖도록 했다. 심지어 산업심판소 또는 노동심판소에 노사 간의 소송이 계류 중인 경우, 노동자는 소송 절차가 완료된 후 60일 동안 파업할 수 없도록 했다.

노동 관련 법이 통과하자 경제계에서는 환영했으나 일부 야당과 노동자들은 반노동법이라고 반대했다. 그러나 이 법안들이 통과된 2020년 9월 23일, 모디 총리는 트위터에 기쁨을 나타냈는데 그 가운데 한 구절이 "이 노동개혁이 "사업용이성"을 보장할 것입니다 These labour reforms will ensure "Ease of Doing Business""였다.[17] 여기서 사업용이성은 중의적인 의미이다. 실제로 노동개혁을 통해 기업들의 사업용이성이 개선될 수도 있고 또 다른 하나는 세계은행이 연례 발표하는 "Ease of Doing Business"의 국가 순위를 높인다는 의미가 있다. 세계은행은 2003년부터 각국의 사업용이성 순위를 발표하고 있는데 중국과 인도는 그 순위가 낮아 지도자에게는 큰 골칫거리였다. 실제로 중국에 많은 외국인 직접투자가 몰려드는 가운데 순위가 낮다는 사실은 현실을 반영하지 못한 것이었지만, 한편으로 인도에서는 외국인투자를 유치하고자 하는 의지를 무너뜨리는 일이었다. 그래서 양국은 사업용이성 순위를 올리는데 많은 관심을 기울였다.[18]

제 8 장

오늘날
당면한 문제

1. 중국의 경제성장, 어떻게 가능했나

중국의 경제성장에 생산성의 기여는

아담 스미스는 왜 어떤 나라는 다른 나라보다 더 부유한지, 국가의 부는 어떻게 창출되는지에 관심을 가졌다. 그는 국부의 지표인 한 국가의 1인당 연간 생산량, 즉 1인당 소득을 결정하는 가장 중요한 요소는 국민이 노동을 할 때 발휘하는 기교, 숙련, 판단이고 이들은 분업의 결과라고 했다.[1] 노동자의 생산성이 국가의 부를 결정하는 가장 중요한 요소라고 본 것이다. 그는 원시사회에서 축적이 진행되면서 자본이 노동의 효율에 영향을 미친다고 평가했다. 즉 생산을 결정하는 것은 노동과 자본이었다.

리카도나 마르크스를 거치면서 경제학은 분배문제에 집중하게 되었지만, 이후 한계학파에 이르면 분배는 생산요소가 생산에 공헌한 만큼 분배받는다는 논리를 수용함으로써 다시 성장의 문제로 돌아왔다. 20세기 전반 두 차례의 세계 대전을 겪으면서 성장에 대한 논의가 활발했는데 공급을 늘리는 방법은 무엇인지, 늘린 공급을 소비할 수요는 어디서 창출하는지와 관련된 것이었다. 수요가 부족한 상태에서는 전체 산업을 일거에 같이 육성하여 임금소득자들이 다양한 제품의 수요자가 되어야 한다는 균형성장이론 혹은 빅푸시이론이나, 동시에 전체 산업을 육성한다는 것은 불가능하므로 산업연관효과가 큰 일부 산업에 우선순위를 두고 투자해야 한다는 불균형성장이론이 유행하기도 했다. 이러한 성장이론의 기저에도 노동과 자본이 있다.

노동과 자본의 관계에서 또 다른 주목할 만한 견해가 루이스의 무제한적 노동공급과 관련된 것이다.[2] 농촌사회에 존재하는 한계생산이 마이너스인 노동력을 도시부문으로 이동시키면 농촌부문의 생산도 증가하고 도시부문에서 저임으로 근대적 생산활동—주로 제조업—에 종사할 수 있고, 기업가는 이윤을 재투자함으로써 자본을 축적하며 또 자본의 증가에 따라 노동의 한계생산이 증가하는 과정을 거친다는 것이다. 루이스의 이론은 중국의 상황을 잘 설명한다. 농민공이란 이름으로 농촌에서 이주한 노동력이 근대부문에 투입됨으로써 제조업을 발전시킬 수 있었던 것이다. 이러한 과정은 농촌에서 노동력이 추가로 이탈하면 생산이 감소하는 시기가 오는데 이를 전환점이라고 한다. 전환점에선 당연히 도시부문의 임금이 상승한다. 중국은 전환점을 지났다. 노동비용이 급격히 상승하고 있다.

이에 비해 인도는 아직 근대부문에서 충분한 고용이 창출되었다고 보기 어렵다. 기술인력이 필요한 IT서비스부문의 고용은 전체의 극히 일부이고 아직 비공식부문의 노동비중이 매우 높다. 인도의 경우 장기간에 걸친 민간부문 억제가 구조전환을 어렵게 했다고 할 수 있고 또 민족, 종교, 언어, 카스트 등의 이질성 때문에 농촌인구의 도시 이동이 어려웠을 수도 있다. 물론 농업에서 관개시설 부족 등으로 노동집약적 생산방식에서 쉽게 벗어나기 어렵기도 했다. 따라서 동질적인 중국에 비해 구조전환이 어려웠다.

한편 1950년대 들어 경제성장에 노동과 자본의 기여분을 측정하기 위한 시도가 있었는데, 그 결과 경제성장에 노동과 자본으로 설명되지 않는 나머지 부분이 있다는 사실을 알게 되었다. 이를 솔로Solow는 기술진보라 생각했는데 미국의 노동생산성, 즉 1인당 소득의 증가는 87.5%가 기술의 진보technical change에 의한 것이며 나머지는 자본이용의 증가에 의한 것이라는 사실을 밝혀 냈다. 이 시기의 경제학자들은 기술의 변화에 의한 성장, 즉 총요소생산성 상승을 잔차residual 혹은 무지의 척도mesures of our ignorance라고 부르기도 했다. 한 국민경제의 성장은 노동이나 자본의 투입이 무한대로 증가하지 않고, 또한 생산요소의 축적이 심화될수록 수확체감의 법칙이 작용하기 때문에 선진국이 될수록 둔화하기 마련이다. 결국 성장률을 유지하거나 혹은 제고하기 위해서는 무지의 척도라는 총요소생산성TFP 증가율을 올리는 수밖에 없다.

　무지의 척도에 대해 관심이 증가하였고 노동과 자본에 대해서도 좀 더 세분화하는 노력이 진행되었는데 한 예가 데니슨Denison의 연구이다.[3] 노동투입의 경우도 단순한 노동자의 수 외에 교육이 중요했으며 자본축적에서도 구축물 및 장비가 주택이나 토지 등 다른 자본스톡에 비해 더 중요했다. 총요소생산성 증가의 경우 과거의 무지의 척도를 좀 더 분해했는데 지식의 증가, 자원배분의 개선, 규모의 경제 등으로 구분이 가능해졌다. 예컨대 데니슨이 1950~62년 미국 국민소득의 성장 원천을 측정했더니, 생산요소의 투입증가가 58.7%, 총요소생산성 증가가 41.3% 기여했다. 요소투입에서는 노동투입이 33.7% 기여한 가운데 노동자의 수가 27.1%, 교육이 14.8% 기여했으며,[4] 자본투입 25% 기여 중에서, 비주거용 구축 및 장비가 13%를 기여하고 있었다. 총요소생산성 증가분 41.3% 중, 지식의 증가가 22.9%, 자원배분 개선 8.7%, 시장의 성장에 영향받는 규모의 경제가 10.8%, 기타 -1.2% 등의 결과를 가져왔다.[5]

　그렇다면 전통적인 경제이론에 따라서 중국과 인도는 어떤 미래로 나아갈 것인가? 중국의 성장은 생산요소 투입의 증가와 기술진보(총요소생산성 증가)로 분해하면 주로 생산요소의 투입증가로 나타난다. 중국경제의 투자율이 높다는 점은 잘 알려져 있고 이는 중국경제의 한 특징이다. 이는 달리 말하면 동일한 성장을 하는데 더 많은 투자가 필요하다는 것이고 자본이 비효율적으로 사용되고 있다는 뜻이다. 중국경제가 생산요소의 투입에 의해 성장하고 있다는 사실은 꾸준히 지적되어 왔다. 예를 들면 중국의 경제성장률은 2001~07년 11.2%였고, 2007~10년 10.3%였는데, 노동증가에 의한 기여분이 각각 1.0%였고, 이 중에서 노동시간의 증가에 의한 성장률이 0.8%와 0.4%, 그리고 노동의 질적 개선에 의한 부분이 0.2%와 0.6%였다. 자본축적을 통한 성장률은 8.6%와 11.1%였다. 결국 중국의 성장률은 2001~07년에는 총요소생산성TFP 성장이 1.6% 기여했으나 2007~10년 기간에는 1.8%이었다.[6] 중국경제가 노동력이 감소하고 자본축적의 수확체감이 더 크게 작용할 때 장기성장에 문제가 있다는 것이다.

노동자 1인당 생산성의 분해도 같은 결론을 내리고 있다. 노동자 1인당 생산의 증가를 노동력의 질적 개선, 1인당 자본사용량, 그리고 총요소생산성 상승으로 분해할 때, 1979년부터 글로벌 금융위기가 발생한 2008년 이전 30년 동안 노동자 1인당 생산량 증가의 절반은 자본심화에 따른 것이었다. 자본증가에 의한 성장 기여는 2008년 이후 더욱 심화되어 1인당 생산량 증가의 80% 이상을 차지하게 되었다. 중국의 높은 투자증가는 부분적으로 2009년 글로벌 경기침체에 대응하여 처음 도입되고 이후 2015~16년 성장 둔화를 완화하기 위해 도입된 대규모 재정부양책에 의해 주도되었다. 반면 2009년 이후의 총요소생산성 증가율은 연간 0.7%로 급격히 감소했다.[7]

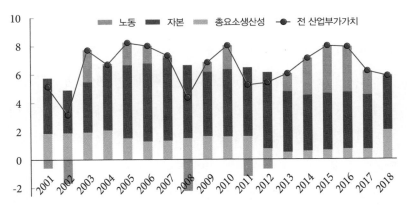

인도의 전 산업부가가치 증가율과 요소 및 총요소생산성 상승률

자료: Bishwanath Goldar 외, p.688.

한편 인도의 경우 GDP 성장률과 같은 개념인 전 산업부가가치 증가GVA와 요소투입 증가율, 총요소생산성 증가율을 분석한 연구에 따르면 인도 역시 요소투입의 증가가 총요소생산성 증가보다 경제성장에 더 크게 기여하고 있다. 2001년부터 18년까지 자본의 성장기여율이 가장 높았다. 총요소생산성은 연도별로 상당한 진폭을 보였는데 일부 해에는 마이너스 성장률을 보이기도 했다. 그래도 2013~17년에는 현저한 상승률을 보였고 경제성장에 크게 기여하고 있었다.[8]

중국의 경제성장 배경은 무엇인가

신고전파 경제학의 성장이론은 과연 성장과 발전의 모든 원인을 설명해 줄 수 있을까? 사실 총요소생산성 증가에 영향을 미치는 요소를 모두 파악하고 이들을 모델 내에 포함한다는 것은 가능하지 않다. 이런 점에서 모델이 설명할 수 없는 영역이 존재한다. 신고전파 성장이론에 의하면 노동과 자본을 열심히 축적하고 세계에서 기술과 자본이 자유롭게 이전하면 수확체감의 법칙이 작용하여 세계 각국의 경제는 수렴할 것이라는 낙관적 전망이 만들어진다. 그러나 제2차 세계 대전 이후 개발도상국에서 고소득국으로 반전한 국가의 사례를 살펴보면 신고전파의 수렴이론이 얼마나 허무맹랑한가를 알 수 있다.

고소득국의 기준은 2022년 1인당 GNI 13,845달러로 전 세계에서 고소득국에 속하는 국가는 60개국이다.[9] 이중 인구 2천만 명 이상의 국가는 불과 12개국으로 미국, 일본, 독일, 프랑스, 영국, 이탈리아, 한국, 스페인, 캐나다, 폴란드, 사우디아라비아, 그리고 호주이다.• 유럽에서는 2차 대전 이후 독립한 폴란드 외에 모두가 전통 강국이고, 자원 부국 사우디아라비아와 호주가 여기에 속한다. 즉 과거 제국에 속하지 않았던 비자원국은 한국밖에 없다. 인구 1천만 명 이상으로 범위를 확대해도 칠레를 제외하면 모두 유럽 국가이다.

경제학자뿐만 아니라 비경제학자 사이에서도 오래전부터 국가의 성장률이 왜 서로 다른가에 대한 여러 논의가 있었다. 경제학자들은 흔히 자본축적의 속도, 기술의 진보와 기술진보에 영향을 미치는 교

• 대만은 1인당 GNI 3만 달러 이상에 인구 2천만 명 이상의 국가이지만 중국의 일부라는 중국의 견해를 세계은행이 인정하고 있어 세계은행과 IMF의 회원국이 아니고 그 결과 World Bank Development Indicators DB에서 자료를 제공하지 않는다. 실제로 제2차 세계 대전 이후 독립한 국가 중에서 인구 2천만 명 이상, 소득 3만 달러 이상의 국가로 발전한 사례는 한국과 대만뿐이다.

육, 정부정책을 주로 거론한다. 그러나 자본의 축적을 가져오는 저축성향, 교육에 대한 수요를 결정하는 국민성은 나라마다 다를 것이고 이런 것들은 비경제적 요인이 영향을 미친다. 즉 기존의 전통적인 성장이론에서 포함하기 어려운 요소들이 많이 있고, 이러한 요소로 흔히 거론되는 것은 제국주의 유산, 지리 및 기후의 차이, 그리고 정치체제 등이다.

제국주의 식민지배의 유산은 중국과 인도에도 영향을 미쳤다. 비록 중국이 19세기 중반 이후 직접적인 제국주의 식민지배를 받았다고는 할 수 없으나 서유럽과 일본에게 당한 수모는 잊을 수 없는 상처로 남았고, 또 공산국가로 출범한 중국의 리더들은 마르크스-레닌 노선을 따르는 것이 당연한 것이었다. 공산 중국은 레닌의 말처럼 자본주의의 최후의 단계로 제국주의를 인식하고 있었다. 인도는 오랫동안 영국의 지배를 받아 왔기 때문에 정치체제에서 경제제도에 이르기까지 영국의 영향을 받았다. 독립 후 네루 역시 제국주의의 복귀를 두려워했음은 물론이다.

기후와 환경이 경제에 미치는 영향 역시 많은 사람이 인식하고 있다. 2022년 인구 1천만 이상의 고소득국 중에서 남반구에 위치한 국가는 호주와 칠레에 불과하다. 사막지대로 알려진 사우디아라비아조차 북반구에 위치하고 있다. 북은 부유하고 남은 가난하다는 남북문제는 오래전부터 인식되고 있었다. 지리의 중요성을 일찍부터 연구해 온 제프리 삭스는 좋은 지리적 환경이 경제성장에 매우 중요하다고 주장한다. 어떤 지역은 풍부한 천연자원의 혜택을 받을 수 있고 바다와 가까워 국제무역이 쉽고 또 어떤 지역은 다른 성공한 국가들과 인접해 있어서 외부효과를 누릴 수 있으며, 농업경영이나 인간의 건강에 유리한 조건을 갖는다. 삭스는 온대지역에 비해 열대지역 국가들이 지속적으로 가난한 이유를 농업, 보건, 자원 그리고 과학과 관련된 요인으로 평가한다. 열대지역은 농업생산성이 여러 이유로 떨어지고, 말라리아 등 전염병에 취약하다. 또한, 과학기술은 인구가 많을수록 생산성 향상 수요가 높고 혁신 가능성의 확산도 쉽다.[10]

중국은 온대지역 그리고 인도는 아열대지역에 있지만, 양국 모두 면적이 넓어 중국의 남부는 아열대 기후를 보이고 인도의 북부는 온대지역에 위치한다. 중국이 인도보다 우월한 점은 지리적으로 동아시아의 고도성장지역과 근거리에 있었다는 것이다. 경제성장의 파급효과는 모범role model이 주변에 있었다는 점 외에 그래서 중국이 쉽게 배울 수 있었다는 점에서 그리고 동아시아 기업들이 중국에 투자할 수 있다는 점에서 지리적으로 중국은 인도에 비해 우위에 있었다고 할 수 있다. 이는 지역적 발전의 외연적 연장과 같은 것인데 동아시아가 소위 안행형雁行型 성장을 하면서 중국도 무역과 투자를 통해 동아시아의 밸류체인에 자연적으로 포함되었다는 것이다. 성공한 이웃 국가를 둔 것, 지리적 요소는 동유럽의 체제 전환 국가들이 다른 지역보다 용이하게 고소득국에 진입한 데서도 그 중요성을 알 수 있다.

국가 간 발전속도의 차이에 영향을 미치는 또 다른 요소는 문화

혹은 문화적 환경이다. 동아시아의 고도성장에 유교가 긍정적인 영향을 미쳤다는 사실은 자주 거론된다. 문화를 어떻게 정의할 것인가에 대해서도 의견은 분분하다. 문학, 미술, 음악 등을 문화라고 할수도 있고 한 국민의 가치관, 사고체계, 관습, 생활양식, 지향점 등을 문화라고 할 수도 있다. 크루그먼은 아시아에서 외환위기가 났을때 아시아의 경영문화인 연고자본주의가 위기의 원인이라고 주장했다. 아예 문화가 절대적이라고 주장하는 사람도 있다. 데이비드 랑드는 모든 것은 문화가 결정한다고 주장했다.[11] 왜 동남아나 다른 지역에서 중국 화교들이 성공하는가에 대한 배경으로 중국이 가진 문화의 힘 덕분이라는 사실에 주목할 필요가 있다.

중국과 관련해서 참고할 만한 또 다른 주장은 애쓰모글루Daron Acemoğlu와 로빈슨James A. Robinson의 경제발전은 제도가 결정한다는 이론이다. 경제 및 정치제도가 일부 계층을 위한 채굴적extractive 제도냐아니면 모두를 위한 포용적inclusive 제도이냐가 중요하다는 것이다. 포용적 경제체제를 만드는 것은 정치제도인데 중국의 경우 경제제도가 채굴적 제도에서 포용적 제도로 전환하면서 성장을 했는데 정치제도는 아직 공산당의 채굴적 제도를 유지하고 있어 "권위주의적 성장"을 했다는 것이고 이러한 권위주의적 성장은 장기적으로 지속가능하지 않다는 것이다. 중국의 성장도 비록 그 정도는 차이가 있지만, 구소련의 일시적 성장과 같은 운명에 처할 것이라는 주장이다.[12]

2. 중국과 인도, 내부로부터의 도전

노쇠한 중국과 열악한 인적자원의 인도

인구는 양과 질 모두 경제성장을 결정하는 중요한 요인이다. 인도의 인구는 이미 2023년에 중국의 인구를 추월한 것으로 추정된다. 중국의 인구는 2020년경을 정점으로 감소 추세다. 중국인구는 2030년에 14억 1,600만 명이 될 전망이고 인도는 그보다 많은 15억 1,500만 명이 되어, 거의 1억 가까운 차이를 보일 것으로 예상된다. 인도는 인구만 많은 것이 아니다. 중위연령이 2020년 27.3세로 중국의 37.9세에 비해 훨씬 낮다. 2030년 양국의 중위연령은 중국 42.7세, 인도 30.9세로 10년 이상의 차이가 있다. 2040년이면 중국은 48세가 되지만 인도는 34.6세로 거의 15세 가까이 벌어진다.

이제 중국은 이미 선진국에 진입한 한국과 일본과 비슷할 정도로 고령화문제가 중요한 과제로 등장하게 된다. 중국의 빠른 고령화는 생산가능인구의 축소를 불러온다. 일반적으로 생산가능인구를 15~64세로 구분하지만, 이 책에서는 좀 더 현실에 맞게 20세부터로 계산해 보았는데 인도에는 여전히 10대 노동력이 있지만 적어도 중국은 이제 10대에 생산활동에 종사하지 않는다고 봤기 때문이다. 중국의 생산가능인구는 2020년 이후 지속해서 감소하고 있다. 이에 비해 인도의 생산가능인구는 2050년까지는 꾸준히 증가할 것이다. 2030년 중국의 생산가능인구는 8억 8,200만 명이지만 인도는 9억

중국과 인도의 연령별 인구 전망 (단위: 백만 명)

		2010	2015	2020	2025	2030	2040	2050
중국	총인구(A)	1,348	1,394	1,425	1,424	1,416	1,378	1,313
	중위연령(세)	34.1	35.6	37.9	40.0	42.7	48.0	50.7
	0~19(B)	349	339	336	310	275	204	200
	20~64(C)	883	915	909	902	882	813	718
	65+(D)	116	140	180	212	258	360	395
	C/A(%)	65.5	65.6	63.8	63.3	62.3	59.0	54.7
	(B+D)/C	0.53	0.52	0.57	0.58	0.60	0.69	0.83
인도	총인구(A)	1,241	1,323	1,396	1,455	1,515	1,612	1,670
	중위연령(세)	24.3	25.5	27.3	29.0	30.9	34.6	38.1
	0~19(B)	506	505	494	475	460	434	409
	20~64(C)	671	743	810	870	922	991	1,011
	65+(D)	63	74	93	110	133	186	250
	C/A(%)	54.1	56.2	58.0	59.8	60.9	61.5	60.5
	(B+D)/C	0.85	0.78	0.72	0.67	0.64	0.63	0.65

* UN의 인구 전망은 3개의 시나리오를 상정하고 있으나 여기서는 중간치를 선택하였다.
자료: UN, 2022년 세계 인구 전망

2,200만 명으로 예상된다.

중국은 생산가능인구의 절대 수준이 감소하는 것과 동시에 연소자 인구도 줄어들고 있음에도 불구하고, 고령자 급증으로 부양률은 계속 증가한다. 예컨대 2020년 생산가능인구가 비생산가능인구를 부양해야 하는 비율은 20세를 기준으로 0.57명이지만 2030년에는 0.6명으로 증가하고 2040년에는 0.69명까지 증가하게 된다. 이에 비해 인도의 부양률은 2040년까지는 계속 감소할 것이다. 부양률의 하락은 거시경제적으로 다양한 의미가 있다. 복지수요 증가는 정부 재정지출의 확대가 필요하고 결국 저축률 감소와 내수 부진으로 나타나게 될 것이다. 이는 경제의 역동성을 해친다. 실제로 생산가능인구의 규모도 앞으로는 인도가 중국보다 더 많아진다.

노동력이 많다고 반드시 성장에 유리한 것은 아니다. 노동의 질적 측면은 현대산업의 발전에 중요한 요소가 된다. 인도는 2023년 들어 중국인구를 넘어섰다고 흥분하고 있지만, 빈곤문제를 완전히 해결하지 못했다. 높은 실업률, 낮은 교육수준은 인도의 장기적 발전을 저해할 것이다. 노벨 경제학상을 받은 인도 출신 경제학자 아마르티아 센은 다음과 같이 말한 적이 있다.

인도는 교육을 받지 못하고 건강하지 않은 노동력으로 세계적 경제 강국이 되려고 노력하는 세계 유일의 국가다. 이런 일은 지금까지 없었던 일이고 앞으로도 없을 것이다. ··· 인도는 미국, 유럽, 한국, 일본, 홍콩, 싱가포르, 대만, 중국 등 이들 모든 국가와 달라지려고 노력하고 있다. 이것은 경제학이 생각하는 좋은 방법이 아니다. 따라서 근본적으로 발전을 이해하는 정부의 접근 방식은 잘못되었다.[13]

인도는 천재의 나라라고 알려졌다. 부족한 정규교육에도 불구하고 힌두사원에서 석판에 숫자를 써서 정수론의 세계를 개척한 라마

누잔Srinivasa Ramanujan의 천재성은 세계 수학계가 인정하고 있다.[14] 인도의 유명한 공과대학에서 육성한다는 천재 이야기도 흔히 인도의 우수 인재를 거론할 때 인용되는 것이다. 그러나 천재 몇 명이 14억이 넘는 인구를 부양할 수는 없다. 국민 전반적인 교육수준이 상승해야 하고 시스템이 작동하도록 해야 한다. 오히려 인도의 천재는 미국이나 유럽에서 다국적기업의 부속품이 되는 경우가 많다. 지난 수십 년간 인도의 천재보다 중국의 범재가 훨씬 더 많은 부가가치를 창출했다. 인도가 국민교육을 등한시한 것은 아니다. 헌법에서까지 교육을 강조하고 있다. 문제는 초등교육보다 대학교육에 더 많은 관심을 기울였다는 것이다.

1960년대 동아시아에서 한국, 태국 등이 강력한 가족계획을 실시했다. 노동력이 더 많은 자본을 사용할 수 있어야 생산성이 향상될 수 있다. 생산성을 나타내는 가장 기본적인 지표는 1인당 소득이다. 인도의 1인당 소득은 중국 대비 1/4 수준이라는 점에서 이는 인도 국민의 노동생산성이 중국에 비해 1/4에 불과하다는 의미이다. 산업현장에서 1인당 노동생산성은 노동자가 얼마나 많은 자본을 사용할 수 있는가 그리고 노동자가 가진 기능, 지식에 달려 있다. 여기서 기능과 지식은 총요소생산성을 결정한다. 총요소생산성은 생산요소가 풍부한 곳에서는 높을 수 없고, 자원 공급이 제약되면 기술과 지식에 관심을 높이면서 상승한다.

따라서 1차적으로 경제성장을 결정하는 요소는 투자이다. 투자는 기계, 장비, 공장 등일 수 있지만 항구, 도로, 철도 등에 대한 투자를 포함한다. 과거 인도의 투자율은 극히 낮았고 중국의 투자율은 높았다. 투자를 늘린다는 것은 저축이 선행되거나 아니면 외국인투자를 유치해야 한다. 실제로 인도는 막대한 경상수지 적자를 기록하고 있고, 이는 현재 투자율이 국내저축률보다 더 높다는 것을 의미한다. 경상수지 적자는 외국인투자—직접투자 및 간접투자, 차입 등을 통해 보전되지만, 이는 외채의 증가를 의미하기 때문에 계속 투자율을 높일 수는 없다.

21세기에도 공산주의 일당독재가 여전한 중국

중국은 1980년대 개혁개방 이후 맹렬한 속도로 달려왔다. 과거 열강들의 무력 아래 좌절과 수모를 겪은 이후 새로운 이상국을 꿈꾸며 실험했던 여러 시도가 무참하게 실패로 돌아선 후 시작된 개혁개방은 도광양회를 거쳐 대국굴기와 중국몽으로 나타났다. 그러나 이 과정에서 인권과 같은 소위 보편적 가치는 고양되지 못했다. 장쩌민 시대에는 서구의 비판에 아시아적 가치를 갖고 맞대응했고, 티베트나 위구르 문제에 대해서는 국내 문제라고 일축해 왔다. 홍콩과 대만에 대한 위협적인 자세도 마찬가지이다.

중국은 수천 년 인류의 역사 중에서 서구식 민주주의의 기간은 아주 단기적인 것이라고 평가하는 것 같다. 더구나 자신의 주머니가 차오르는 동안 국민의 불만을 잠재울 수 있었고, 그 기간에는 국민적

자부심마저 부여해 줄 수 있었다. 그러나 권위주의 체제에 대한 국민의 불만을 얼마나 오랫동안 잠재울 수 있을지는 아무도 모른다. 코로나19와 경제침체로 인해 국민 상당수의 불만은 점차 높아져 가고 있다. 이제 중국인의 국민적 자부심은 저물어 가고 있다.

서구의 압력에 중국은 시진핑 1인 체제로 대응하고 있다. 시진핑은 공산당 총서기, 국가 주석, 그리고 중앙군사위원회 주석으로 최고 영도자가 되었다. 서구의 기대와는 달리 중국은 2018년 헌법을 개정하여 사회주의를 더 강조하고, 덩샤오핑이 마련한 것으로 이해되는 주석의 임기를 아예 폐지하고 시진핑의 영구집권을 가능하게 하였다. 헌법 전문에는 쑨원, 마오쩌둥, 덩샤오핑의 이름과 함께 시진핑 사상이 등장하게 되었다. 중국이 세계의 압력에 대응하기 위해서 암묵적인 합의 아래 시진핑을 얼굴로 삼아 일사불란한 체제를 꾸려 가고 있는지, 아니면 시진핑의 권력욕에 의해 과거 마오쩌둥이 경쟁자들을 제거한 상황을 재현하고 있는지는 아직은 알 수 없다. 그러나 중국이 민주화가 퇴보하고 시장과 자본이 지배하는 사회가 되어 버린 지금 낡은 옷을 걸치고 있는 것만은 분명하다.

중국은 미국과 경쟁하고 있다. 그러나 싸움의 양상은 중국이 결코 성공할 수 없는 것처럼 보인다. 미국은 적어도 인적자원에서는 무한한 공급이 가능해 보인다. 일론 머스크는 남아공에서 태어나 모험정신과 기업가정신을 실현할 수 있을 것으로 보고 미국에 정착했다. 세계의 인적자원이 미국에서 꿈을 펼치려고 한다. 엔비디아를 공동

창업한 젠슨 황도 대만의 타이난에서 태어났다. 유학을 위해 미국에 진출했던 많은 중국인들도 미국 땅에 남았다. 젊은 모험심 가득한 세계의 인재가 미국에서 새로운 산업을 만들어 낸다. 그래서 시장이 중심이 되어 자원을 배분한다. 세계의 인력과 자본이 중국의 WTO 가입 이후 중국으로 몰려들었으나 이들은 중국에서 사업을 하기 위한 것이었다. 그리고 투자지역으로서 중국의 매력은 사라지고 있다. 미국에 비해 중국에서는 공산당 원로들이 나라를 이끌고 있다.

민주화문제를 깊이 다루는 것은 이 책의 범위를 벗어나지만, EIU의 평가에 의하면 중국의 민주화 수준은 2022년 권위주의 체제로 세계 167개 국가 중에서 156위에 그치는데 2021년에 비해 8계단이나 하락했다. 몇 개의 범주로 구분되어 조사되는 민주화 수준의 종합지수는 매년 하락하고 있다.[15] 중국의 민주화문제에 대해서는 서구의 비판도 비판이지만 국내에서 통제가 지속가능할 것인지도 불분명하다. 냉혹한 인권탄압으로 상징되는 독재가 경제성장에 좋을 수도 있다는 것을 일반화하는 것은 아니다. 비록 중국이 극도의 예외상황을 보여주기는 했지만 많은 아프리카 국가를 생각해 볼 때 우리는 독재체제가 경제성장에 도움이 되지 않는 사례를 얼마든지 찾을 수 있다.

이와 마찬가지로 민주주의가 경제발전에 해가 되지 않는 예도 찾아볼 수 있다. 인도는 비록 중국과 비교해 성장수준이 낮을 뿐 2000년대 이후에는 높은 성장을 구가하고 있으며 한국, 대만, 일본 등 아시아의 다른 국가들에서도 민주주의가 뿌리를 내림에도 높은 성장을

고소득국의 민주화 수준 비교(2022)

	소득(달러)	인구(만 명)	민주화지수	민주화 순위
미국	76,370	33,329	7.85	30
스웨덴	62,990	1,049	9.39	4
호주	60,430	2,598	8.71	15
네덜란드	57,430	1,770	9.00	9
독일	53,390	8,408	8.80	14
캐나다	52,960	3,893	8.88	12
영국	48,890	6,697	8.28	18
벨기에	48,700	1,167	7.64	36
프랑스	45,860	6,794	8.07	22
일본	42,440	12,512	8.33	16
이탈리아	37,700	5,886	7.69	34
한국	35,990	5,163	8.03	24
스페인	31,680	4,762	8.07	22
사우디아라비아	27,590	3,641	2.08	150
체코	26,590	1,053	7.97	25
포르투갈	25,800	1,038	7.95	28
그리스	21,740	1,057	7.97	25
폴란드	18,350	3,756	7.04	46
루마니아	15,660	1,896	6.45	61
칠레	15,360	1,960	8.22	19
중국	12,850	141,218	1.94	156
인도	2,380	141,717	7.04	46

자료: WDI DB 및 EIU 민주화지수

보여주는 증거를 어렵지 않게 찾을 수 있다. 이를 통해 우리는 민주주의에 의해 지탱되는 경제개혁 역시 성공할 수 있고 개혁이 성취될 경우 정치·경제적 안정성은 반대의 경우보다 더욱 확고한 것을 알 수 있다.

민주화와 경제발전의 관계에 대해서는 그리고 민주화가 경제발전을 촉진시킬 것인가에 대해서는 분명한 답은 없지만, 선진국이 된 국가 중에서 민주화 수준이 낮은 나라가 없다는 점도 분명하다. 중국에서 단일대오를 형성하기 위한 정부의 의도가 그대로 실현될 수 있을 것 같지는 않다. 중국에서 대량생산되는 애국심 고취의 영화는 중국 내에서 인기를 잃고 있으며 한국 아이돌 가수의 팬들은 정부의 통제에도 불구하고 뉴욕 맨해튼 거리의 전광판을 사서 생일축하 광고를 하고 있다.

중국인들은 한 세대 전과 비교해 분명 훨씬 느슨해졌다. 그들은 아직 정치적 변화를 가져올 만큼 자유롭지는 않지만 대체로 정치를 무시할 만큼은 자유롭다. 이런 중국은 1989년 천안문 사태의 결과로 아직 일당독재를 유지하고 있다. 수많은 사람이 아직 표현과 결사 그리고 믿음의 자유를 얻기 위한 투쟁으로 감금되어 있으며 이들에 대한 고문과 비인간적 대우가 일반적으로 일어난다. 중국의 자유화에 대한 요구는 지속될 것이다. 중국인들은 구글과 페이스북의 규제에도 불구하고 외부로 연결되는 망을 찾고 있으며, 한국 아이돌의 팬클럽은 여전히 활기를 띠고 있다. 코로나19로 중국 당국이 엄격한 봉쇄를 했던 막바지에 중국인들은 더 이상 참지 못하고 시위에 나서 당국을 당황하게 만들었다. 중국이 전면적 소강사회를 선언했지만 여전히 중국인들은 갑갑한 생활을 하고 있는 것이다.

경제적으로 중국은 자유시장 경제제도를 운용하고 있는 것 같다. 그러나 경제에 대한 국가의 개입은 여기저기서 발견된다. 개인의 창의력을 통해 성장한 기업인들도 국가의 눈치를 보지 않을 수 없다. 알리바바를 창업한 마윈은 2020년 말부터 수개월 동안 세인들의 시야에서 사라졌으며, 일본에서 장기 거주하고 있는 것도 사업 때문만은 아닐 것이다. 뛰어난 상인정신으로 무장한 중국인들이 중국을 벗어나 다른 나라로 떠나는 문제도 있다. 국가 주도의 산업정책, 심지어 기업정책이 중국과 같은 거대한 나라에서 작동할 수 있을 것인지 많은 사람이 묻고 있다. 중국의 고도성장 시대에는 정부 주도로 계획을 하고 이를 시행할 수 있었다. 그러나 경제구조가 고도화되고, 이해관계자가 많아졌으며, 규모가 커진 상태에서 정부가 전지적 능력을 가지고 모든 것에 개입하기란 불가능하다. 명령에 따른 경제운용에 당장 문제가 발생할 것이고 자원배분에도 문제가 생긴다.

인도의 다원주의와 카스트라는 문제

인도의 다원주의 역시 중요한 결함을 갖고 있다. 다원주의는 민주주의의 효과적인 작동을 방해한다. 인도 민주주의의 한 면모는 1969년 중반 인디라 간디의 은행 국유화과정에서 볼 수 있다. 그는 갑작스럽게 14개 은행을 국유화했는데 농촌 등에 대한 자금 지원 확대가 목표 중의 하나였다. 그의 국유화에 국민회의 내·외부에서 다양한 반대의견이 나타났고 그는 수개월 동안 이들을 설득하기 위해 많은 편지를 보냈다. 심지어는 일반 국민의 편지에도 답장을 하면서 국유화의 필요성을 이야기하고 후속조치를 당부하기도 했다.[16] 그러나 연말에 국민회의는 그를 출당시켰고 그는 새로운 국민회의Congress R를 설립했다.

또 다른 핵심적인 문제는 카스트제도이다. 인도에서 일반 국민은 카스트에서 벗어나기 힘들다. 19살 된 달릿 출신의 스마트폰 스크린 공장에 다니는 청년이 고향의 농토에서 일하면서 소를 돌보지 않는다는 이유로 고향에서 올라온 사람들에게 델리에서 멀리 떨어지지 않은 곳에서 바지가 벗겨지면서 몽둥이로 얻어맞는 일이 벌어졌다.[17] 물론 비슷한 시기에 또 다른 18살 청년은 같은 달릿 출신이지만, 학교 졸업시험에서 다섯 과목 모두 100점을 맞아 전국 최고 성적을 받았는데 뉴스에서 그는 역사를 공부하여 엘리트 관료가 근무하는 인도행정서비스Indian Administrative Service에 들어가고 싶다고 말하기도 했다.

달릿 출신인 암베드카르를 중심으로 기초한 인도 헌법은 모든 시민이 법 앞에 평등하다고 선언했고, '불가촉성'을 폐지하고, 힌두 관습을 처벌할 수 있도록 했으며, 국가가 사회의 많은 약자들의 상황을 개선하도록 명령했다. 법률로 기관, 주립학교, 정부 공무원직에 할

당을 하면서, 시간이 지나자 낮은 카스트의 부르주아도 생겨났다. 암베드카르는 지정 카스트에 대한 우대조치로 장기적으로 카스트의 불평등을 해소하여 인도가 사회적 정의를 달성할 수 있는 국가로 발전할 수 있을 것으로 믿었다.

약자에 대한 우대정책은 어떤 측면에서는 제로섬 게임 같은 성격을 갖고 있다. 달릿에 대한 유보에 차상위 계층인 수드라계층도 쿼터를 요구하게 되었다. 1979년 1월 의회에서 이 문제를 논의하기 위한 만달위원회Mandal commission가 구성되었고 위원회는 1980년 대통령에게 OBCs가 전체 인구의 52%를 차지하기 때문에 이들에게 27%를 유보해 줘야 한다는 결론을 담은 보고서를 제출했다. 그로부터 10년이 지난 1990년 싱 총리는 의회에 만달위원회의 제안을 실행할 것이라고 발표했다. 1992년 대법원이 직업과 대학의 유보 비율을 50% 이상 하지 못하도록 판결하면서 2022년 현재는 49.5%까지 유보하도록 했다. 지정 카스트, 즉 달릿에 15%, 소수민족에 7.5%, 수드라에 27%를 할당하고 그 외에 경제적 약자 계층에 10%를 할당하도록 했다. 신체 장애인에게도 4%를 할당했다. 이는 공기업, 정부, 대학에 적용되고 있다.

암베드카르의 비전은 달성되지 못했다. 인도 가톨릭교도 2천만 중 약 65%가 달릿 출신으로 보이는데 거슬러 올라가면 이들의 조상은 카스트의 압제로부터 벗어나기 위해 개종한 것이다. 그러나 2만 7천 사제 중에서 달릿은 불과 5%이며, 추기경 6명, 대주교 30명 중에 달릿 출신은 아무도 없었다. 인도의 이슬람사회에서도 이와 같은 구별이 암묵적으로 존재한다. 유보제도 덕분에 일부 사람은 좋은 자리를 확보하지만, 하위 카스트의 고위직 상승은 제한적이다. 1990년부터 2010년까지 경제성장으로 수많은 하위 카스트를 포함한 수천만 명이 빈곤에서 벗어났지만, 카스트그룹 내부를 포함해 부유층과 빈곤층 간의 전반적인 불평등은 확대되었다.

정부에서도 민간부문과 마찬가지로 최고위층은 카스트 피라미드의 상위 3계층 또는 바르나, 즉 브라만 또는 성직자, 크샤트리아 또는 전사, 및 바이샤 또는 상인계급에 의해 거의 독점되었다. 그들은 13억 인도인구의 20% 가량을 차지한다. 과소평가되고 있는 것은 인구 2억 2천만의 달릿, 1억 9천만 명의 이슬람교도, 혹은 지정 부족의 인구 110만 명뿐만 아니라 피라미드의 가장 넓은 계층인 수드라, 즉 기타후진계층OBCs도 포함되어 있다.

중앙정부 최고위직 89명 중에서 불과 4명만이 하위 카스트에서 왔고 노동 카스트수드라 출신은 한 명도 없었다. 대법관 31명 중에서 2/3가, 그리고 모든 주지사의 절반 이상이 상위 카스트 힌두였다. 주요 힌두 및 영어신문의 편집인 등 고위직 121명 중에서 15명을 제외하면 모두 상위 카스트였고, 달릿은 한 명도 없었다. 카스트 내부에서만 결혼하는 것은 카스트의 가장 큰 특징이다. 한 조사에 의하면 불과 6%만이 카스트를 초월한 결혼이었다.[18] 인도는 세계 최대 인구 국가이지만 사람의 능력은 정규분포를 따를 것이다. 일부 계층의 인구에게만 더 많은 기회가 있고, 많은 사람이 기회를 잡지 못하는 사회가 충분한 생산성을 발휘하기는 어렵다.

인도의 다원주의 기반 민주적 제도는 겉은 그럴싸하지만, 경제적 효율을 발휘하기가 어렵다. 분권화된 정치로 인도의 의사결정과정은 지나치게 느리다. 그런 느린 결정이 완벽한 결과를 초래하지도 않을 뿐더러 검토를 거듭하다 결국 유야무야되는 경우도 많다. 앞서도 언급한 세계은행이 조사했던 국가별 사업용이성 순위를 보면 인도는 중국과 큰 차이가 있다. 이는 대부분 다원주의에 입각한 인도의 정책 결과라고 할 수 있다.

진정한 의미에서 인도의 개혁은 1991년 경험한 경제위기를 통해 시작되었다. 그러나 인도는 개혁과정에서 중국과 비교해 훨씬 더 많은 정치적 반대에 부딪쳐야 했다. 일례로 몇 년 후부터 인도는 경제자유화에 대한 거부감을 표현하기 시작했는데 이런 차이가 이 시기 인도와 중국 간의 해외투자 유치에서 성과 차이를 발생시켰다. 한국의 포스코는 인도의 오디샤주에 일관제철소를 건설할 계획이었고 중앙정부의 강력한 지지를 받았음에도 10여 년 만에 프로젝트는 무산되었다.

중국의 중진국 함정과 인도의 제조업 도약 가능성

중국의 2022년 1인당 GNI는 12,850달러로 중상위소득국 상단에서 고소득국 진입을 앞두고 있다. 신고전파 경제발전이론의 예측과는 달리 개발도상국이 중소득국에서 고소득국으로 발전하지 못하고 계속 중소득 그룹에 머무는 것이 더 일반적이다. 이러한 현상을 중진국 함정Middle income trap이라고 한다. 중국이 중진국 함정에 빠질 것이라는 견해는 이미 2010년대부터 제기되어 왔다. 그 이유는 생산성 증가가 둔화된다는 것이다. 중국의 국유공업기업의 자산은 2011년 전체 공업기업 자산의 41.7%였으나 매출비중은 27.2%에 불과했고, 2022년에는 각각의 비중이 37.7%와 28.2%를 차지하고 있다. 이에 비해 사영기업의 비중은 2011년 18.9% 및 29.4%에서 2022년 27.9%와 36.5%로 변했다. 즉 국유기업은 더 많은 자원을 사용하면서도 생산성은 더 낮다.[19]

문제는 사영기업의 역동성도 감퇴하고 있다는 점이다. IMF의 이코노미스트들은 중국의 젊은 제조기업들의 생산성 상승이 둔화하는 가운데 다음 여섯 가지 특징이 있음을 발견했다.

먼저, 젊은 기업의 매출점유율이 감소했는데 창업 10년 미만의 제조기업의 매출비중이 2004/5년 70% 정도에서 2017/18년에는 약 30%로 감소했다. 두 번째는 기업의 일생주기에서 성장세가 기존 기업에 비해 상대적으로 떨어졌다. 기존 기업의 성장률에 비해 젊은 기업의 3년 평균 성장률이 2000년대 중반에 비해 2010년대 중반에는 더 떨어진 것이다. 셋째는 이러한 성장률의 상대적 격차가 젊은 기업의 생산성증가율이 상대적으로 낮고, 무형자본에 대한 투자의 상대적 감소 때문이었다. 넷째, 젊고 작은 기업일수록 기존의 대규모 기업에 비해 자본 평균생산이 높았다. 다섯째, 기업의 자본 평균생산의 증가에 대한 자본 증가의 반응은 약화되었으며, 여섯째는 국유기업과 민간기업 사이에 크고 지속적인 생산성 격차가 있다는 것이다. 그 결과 지역별로 살펴보면, 국유기업이 자산에서 더 큰 비중을 차지하는 경우 비즈니스 역동성이 약한 경향이 있다는 것이었다.[20] 이러한 결과는 국유기업에 비해 사영기업의 생산성이 더 높지만 10년 미만 사영기업들의 역동성이 떨어지고 있다는 의미다. 이와 같은 한창 성장가도를 달려야 할 젊은 기업의 생산성 둔화와 역동성 감퇴는 중국 경제의 지속적인 성장 가능성에 의심을 안겨 주고 중국이 중진국 함정을 극복하지 못할 가능성을 높게 보는 근거가 된다.

중진국 함정의 측정 기준은 두 가지로 제시된다. 1인당 소득이 중소득국 수준에 장기간 계속 머물러 있는 것과 상대적으로 미국 소득에 대비하여 일정한 수준에서 장기간 벗어나지 못하는 것이다. 1991년 한국의 1인당 GNI는 7,570달러, 중국의 1인당 GNI는 350달러였다. 2022년 한국의 1인당 GNI는 35,990달러, 중국은 12,850달러가 되었다. 숨 가쁘게 달려온 중국의 소득은 34배 증가했고 한국의 소득은 4.6배 증가했다. 상대적으로 평가할 때는 해당 국가의 1인당 GNI가 미국 대비 일정한 수준을 벗어나지 못하고 있는 것을 말한다.

아시아에서 대표적으로 중진국 함정에 빠져 있는 말레이시아와 태국의 사례는 이를 잘 설명한다. 말레이시아의 1인당 GNI를 미국 1인당 GNI와 비교했을 때 1980년 말레이시아는 미국의 14%에 이르

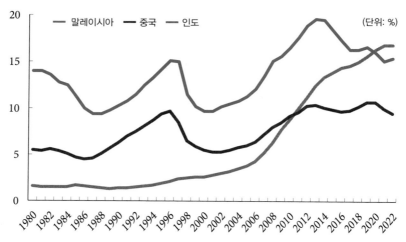

말레이시아, 태국, 중국의 1인당 GNI의 미국 대비 비율

자료: 세계은행, WDI DB 자료 이용 추산

렀고, 2013년에는 20%에 이르렀으나 이후 오히려 감소하여 2022년
에는 15.4%로 낮아졌다. 즉 말레이시아는 40년 동안 1인당 GNI가
미국의 14~20% 선에 머물러 있다. 태국의 1인당 GNI는 말레이시
아보다도 낮은데 1996년 미국 대비 9.7%였으나 2022년 현재도
9.5%로 같은 수준을 유지하고 있다. 2000년대 중반 태국의 군부쿠
데타 이후 태국경제는 역동성을 살리지 못하고 있어 태국의 1인당 소
득이 미국의 20% 수준에 오르기 위해서는 상당한 시간이 필요하다.

말레이시아와 태국에 비해 중국의 1인당 GNI는 개방을 시작하
던 1980년 미국의 1.6%에 지나지 않았으나 지속적으로 비율이 높
아졌다. 특히 21세기 들어 그 증가율이 가속되어 2012년에는 태국의

1인당 소득을 상회하였고, 2022년에는 16.8%로 말레이시아를 능가했다. 중국의 1인당 GNI 상승 속도는 2005년부터 가속도가 붙어, 이를 고려할 때 코로나19 이후 침체한 중국경제가 완전히 붕괴하지 않는다면 곧 미국의 20% 수준에 도달할 것으로 보이고, 적어도 추세로는 곧 미국의 20% 수준을 넘어설 것으로 전망된다.[21] 그러나 이미 지적했듯이 생산성 상승 둔화와 기업부문의 역동성 감퇴가 중요한 문제로 떠오르고 있다. 공산당 지도부가 중국경제의 이러한 문제를 어떻게 해결할 것인가는 중국이 고소득국으로 진입하는 데 가장 중요한 문제가 된다.

그동안 중국의 경제성장은 제조업이 세계시장에 편입되었기 때문에 가능했다. 개별국가가 글로벌 밸류체인GVC에서 어떤 위치를 점하는가는 매우 중요하다. 산업혁명 이후 한 나라에서 발전한 산업은 성숙단계가 되면 후발국으로 이전했다. 아시아에서는 일본이 먼저 특정 산업을 시작하고 성숙화되면 그 산업을 후발국이 이어받은 것과 같은 현상이다. 특히 아시아에서 이런 국가 간 산업 이전은 아시아 고도성장의 주요한 배경으로 생각되었는데 일본-아시아 신흥 공업국-선발 아세안-중국으로 이어지는 국가의 발전에는 일본에서 시작된 산업이 순차적으로 아시아 신흥 공업국으로 이전하고 다시 아세안 선발국 그리고 중국으로 이어졌다는 것이다. 안행형 발전이란 이름으로 불린 이 논리는 이제는 더 이상 작동하지 않고 있다. 동남아 외환위기 시기에 붕괴되었다고 평가된다.[22]

산업의 국제 이동은 기술발전에 따라 특정 산업 전체의 이동이 아닌 한 산업의 공정 간 분업으로 나타났다. 생산공유production sharing 라는 생산 분업은 기계, 전자산업의 경우 특정 제품에 많은 부품이 소요되고 각 부품 혹은 공정은 아시아 각국의 부존자원과 기술 수준에 따른 비교우위구조에 따라서 분업에 참여한다는 것이다. 따라서 한 국가는 국제적으로 시장이 큰 제품의 생산공유에 참여하는 것이 중요해진다. 여기서 한 단계 더 나아가 글로벌 밸류체인 연구가 이루어졌는데 이는 개별국가 간 차원이 아닌 세계 전체의 효율증진이라는 측면에 착안한 것이다. 한 상품의 부가가치에서 외국으로부터 수입품이 얼마나 사용되고 있는가 자국에서 얼마만큼의 부가가치를 첨가하여 수출하는가의 문제이다. 생산공유나 글로벌 밸류체인에 참여하려면 반드시 자국의 비교우위가 있어야 한다.

그동안 국제분업에서 중국은 중심적인 역할을 했고 인도는 배제되어 있었다. 그러나 이제 중국을 둘러싼 국제분업의 변화를 어떻게 중국, 아시아, 인도가 활용할 것인가가 성장에 중요한 과제가 된다. 두 가지 이유가 있는데 그 하나는 중국이 비교우위 측면에서 지속적으로 제조업 생산기지로서의 역할을 할 수 있겠는가이다. 중국은 루이스의 전환점을 지난지 오래되었고 이 때문에 임금이 빠르게 상승하고 있다. 중국기업뿐만 아니라 다국적기업이 중국에서 수익성을 유지하기 위해서는 기술개발이나, 노동절약적 생산방법을 동원해야 한다. 각각의 기업이 순조롭게 이러한 방향으로 나아갈 수 있다면 문제가 없겠으나 그렇지 못한 기업도 많을 것이다. 중국에서 탈출하는 기업들을 유치할 수 있는 부존자원이나 사회적 생명력을 유지하는 것이 중요하다.

다른 하나는 일시적일지 아니면 장기적으로 계속될지 알 수 없으나 경제성장에서 미국의 대중국 압력문제이다. 미국은 중국의 제조업 생산력 증강에 가장 강력하게 반발했다. 바이든 정부는 정치안보와 경제를 혼합하여 대중국 압력을 강화하고 있다. 미국은 반도체산업에서 중국의 성장과 기술확보를 차단하기 위해 주요 반도체 국가인 한국, 대만, 일본을 설득하고 있다. 중국 첨단산업의 성장을 억제하는 것이 실제로 중국의 산업발전을 막고 미국의 패권을 유지시킬 수 있을 것인지는 분명치 않으며 역사적으로 그러한 시도는 별로 성공하지 못했다.

미국의 대중국 압력은 세계적 차원에서 보면 자원배분의 비효율을 낳고 세계경제에 부정적 효과를 가져오지만 정치적으로 상당한 우군을 확보하고 있는 것도 사실이다. 고도성장의 결과 세계에 중국몽을 이야기하고, 이를 바탕으로 약소국에 압박을 서슴지 않는 소위 전랑외교戰狼外交[23]에 대해서 주변국의 불만이 점증하고 있다. 동시에 미국과 중국의 갈등에서 미국이 중국에 밀려 패권을 잃지는 않을 것이라는 믿음도 작동하고 있어서, 가능하면 미국과 우호적인 관계를 유지하려고 한다는 것이다. 결국 이 때문에라도 생산활동에서 리쇼어링 혹은 프렌드쇼어링이 나타날 수 있다. 중국이 부가가치가 높은 제조업을 어떻게 육성해 나갈지는 중진국 함정을 극복하기 위한 가장 중요한 요소이다.

인도는 아직 중하위소득국에 속하고, 빠르게 성장한다고 해도 인구증가율, 통화의 가치하락 등을 고려하면 중상위소득국으로 진입하는 데도 수년이 걸릴 것이다. 인도는 제조업 육성을 위해 다국적기업의 투자를 유치하고 있다. 문제는 적어도 인도정부나 인도 제조업계조차 아직 인도기업의 경쟁력을 확신하지 못한다는 점이다. 시장경제제도가 계획경제보다, 그리고 대외지향적 정책이 대내지향적 정책보다 더 우월한 결과를 낳은 이유는 바로 경쟁을 통한 효율성 제고가 가능하기 때문이다. 물론 과도한 경쟁은 아예 유치산업의 싹을 자라기 어렵게 할 수 있기 때문에 경우에 따라서는 유치산업보호론의 타당성도 인정된다. 문제는 유치산업이 유치단계를 벗어났는지를 평가하기 어렵다는 점이다. 유치산업에 종사하는 기업인들은 지속적으로 보호를 요구하고, 종국적으로 경쟁력을 제고하기 위한 보호는 경쟁력 증강을 저해한다.

인도의 제조업 상황은 경쟁력 향상을 위한 보호가 제조업 발전의 장애로 작용한다. 인도는 2013년부터 한중일, 아세안, 인도, 호주, 뉴질랜드가 협상을 시작했던 RCEP에 끝내 불참하였다. 인도가 RCEP에 불참한 이유는 제조업부문에서 중국과 직접 경쟁하기 어렵다는 점이었다. 이 점에서 인도가 RCEP에 가입하지 않는 것은 미래에 상당한 영향을 줄 것이다.

인도는 방글라데시, 스리랑카, 네팔 등 다수의 주변국과 FTA를 체결했는데 이들의 경제규모를 고려하면 무역과 투자의 확대라는 FTA의 효과가 클 것 같지는 않다. 2005년 인도는 처음으로 싱가포르와 실질적인 FTA를 체결했다. 싱가포르가 아세안의 중심국가라는 점이 작용했다. 이후 인도는 2009년 한국, 아세안 그리고 2010년에는 일본과 FTA를 체결했다. 이들 FTA는 다른 지역에서 체결된 FTA에 비해 그 수준이 매우 낮았음에도 인도의 무역수지 적자가 증가하여 인도 안에서 비판을 받았다. 이 시기에 중국과 FTA 체결을 위해 공동연구를 했으나 연구결과는 "연구를 해 보기로 한다"로 끝낼 정도로 소극적이었다.

유럽의 EFTA 및 EU와 각각 2007년과 08년 협상을 시작했으나 2013년 모두 협상을 중단하였다. 일찍이 FTA 협상은 협상가들의 해외여행과 언론노출에 그치고 말았다. EU와의 협상 중단은 유럽 자동차와 주류에 대한 인도의 소극적인 개방의지, 공공조달시장과 금융보험 등 금융시장 개방에 대한 거부감 때문이었다. 2010년에는 뉴질랜드와 그리고 2011년에는 호주와 FTA 협상을 시작했으나 이들과 인도가 RCEP에 참여하면서 2013년 이들과의 협상도 중단했다.

인도는 RCEP 협상에서 무역수지 적자 특히 중국과의 무역적자 확대를 두려워했다. 또한, 서비스시장과 투자부문에서도 인도는 개방에 소극적이었다. 국내에서는 농업, 노동조합, 유제품조합, 환자들의 반대가 컸다. 마침내 2019년 수많은 협상에 협상을 거친 후에 인도는 RCEP에서 철수했다. 인도가 RCEP에 불참하면서 인도와 중국의 교역에서 무역창출효과는 낮아질 것이고, 인도에 대한 제조업 투자는 수출부문보다는 수입대체, 즉 내수분야를 더 선호할 가능성이 크다. 즉 인도 제조업부문은 일시적으로 중국의 공산품으로부터 시장을 지킬 수 있겠지만 장기적으로 경쟁력 향상이 어려울 것이다. 더욱이 중국시장이 더 커진다면 인도의 대중국 수출은 계속 원자재 중심의 수출구조를 보이지 않을 수 없고 중국과 RCEP을 체결한 한국, 일본, 아세안 등은 인도보다 우월한 상황에서 수출할 수 있게 된다.

인도에서 다국적기업은 자동차산업과 전자산업에서 중요한 역할을 하고 있다. 인도는 자동차 부품산업에서 일정한 경쟁력을 갖고 있으나 충분하지 않다. 인도에 진출한 자동차업체들이 협력업체와 동반진출을 추진하고 있어 역시 효과가 있다. 그러나 전자산업의 경우 가장 기초가 되는 반도체부문이 존재하지 않는다. 미국이 중국에 대한 반도체부문의 기술이전을 규제하는 과정에서 인도는 반도체산업 육성에 강한 기대를 걸고 있다. 그렇지만 반도체산업이 쉽게 육성될 산업이 아니라는 점이 중요하다. 인도가 개방에 소극적인 한 그리고 인도에 전자산업의 기반이 강하지 않은 한 반도체산업에 대한 야망을 조기에 실현시키기는 어렵다.

중국과 인도,
두 나라의 미래는 어떻게 될 것인가

1. 외부의 도전: 공공의 적 중국과 구애가 이어지는 인도

미국에 "No"라고 말하는 중국

20세기는 미국의 세기였다. 미국의 공업 생산과 GDP는 1870년대 이미 영국과 같아졌고, 이후 서서히 최대 경제국으로 부상한다. 미국이 세계 패권국이 된 것은 제1차 세계 대전 이후의 일이고 세계 대공황까지도 미국은 영국의 위상을 완전히 무시한 것은 아니었다.[1] 그렇지만 미국은 제2차 세계 대전의 발발과 함께 세계 리더의 위치를 맡지 않을 수 없었다. 전쟁 종료 전 개최된 브레턴우즈 회의에서 미국은 영국을 제치고 확실히 패권국의 지위를 부여받았다. 미국의 세기가 된 것이다. 미국이 영국의 경제규모보다 더 커졌으나 세계의 리더 자리에 등극한 것은 상당한 시간이 지난 다음에서야 가능했다.

중국과 미국의 경제규모 지표 비교

(단위: 10억 달러)

		2008	2010	2012	2014	2016	2018	2020	2022
중국	GDP (PPP, 국제달러)	10,043	12,380	15,125	17,121	18,712	21,740	24,284	30,327
	제조업 부가가치 (미 달러)	1,476	1,924	2,690	3,184	3,153	3,868	3,861	4,976
미국	GDP (PPP, 국제달러)	14,770	15,049	16,254	17,551	18,695	20,533	21,060	25,463
	제조업 부가가치 (미 달러)	1,804	1,792	1,927	2,046	2,098	2,330	2,239	2,497 (2021)

자료: 세계은행 WDI DB

　　미국이 영국의 공업 생산을 제치고 150년의 시간이 지난 2016년, 중국의 구매력평가ppp GDP는 미국의 그것보다 더 커졌고 제조업 생산에서는 이미 2010년부터 중국이 미국을 앞서 나갔다. 미국이 영국에서 리더십을 인수한 것은 경제규모의 역전에도 불구하고 수십 년이 지나서야 가능했던 것처럼 중국의 경제규모가 미국보다 더 커졌다고 하지만, 중국이 원하는 대로 세계 패권국이 되기까지는 수십 년이 더 걸릴 것이다. 리더십은 단순하게 GDP나 공업 생산액만으로 결정되는 것이 아니기 때문이다. 더구나 미국과 영국은 같은 뿌리에서 나왔지만 중국과 미국은 전연 다른 역사, 문화, 체제를 갖고 있다.

　　중국은 구매력평가 GDP로는 이미 1999년 일본을 제치고 미국에 이어 세계 2위의 경제대국이 되었다. 제조업 부가가치 생산은 2007년, 명목 GDP는 2010년에 일본을 제쳤다. 아시아 경제를 보는 관찰자들은 21세기의 시작은 아시아 경제의 주도권이 일본에서 중국으로 넘어가는 시기로 생각했다.[2] 그러나 세계는 이에 대해 크게 주목하지 않고 있었고 미국도 마찬가지였다. 중국은 2008년 베이징 올림픽의 성공적 개최로 발전상을 세계에 알렸다. 같은 시기 서구는 글로벌 금융위기로 어려움을 겪었다. 경제성장에 기반을 둔 민족주의와 애국주의로 물든 중국인들은 덩샤오핑이 남긴 도광양회韜光養晦에 만족할 수 없었다. 후진타오 체제가 출범한 2002년부터 대외정책은 변하기 시작했다. 이 시기 중국의 대외정책을 표현하는 단어는 화평굴기和平崛起였다. 평화롭게 세계와 조화를 이루면서 부상하겠다는 의미다.

오바마가 대통령에 취임한 것은 2009년 1월이었다. 초기에 오바마는 중국의 역할을 인정하는 듯한 자세를 취했다. 그러나 2012년 시진핑 체제가 등장하면서 양국관계에는 금이 간다. 시진핑은 공산당 총서기로 취임한 직후에 세계 속에서 중화민족의 위대한 부흥이라는 중국몽을 설파하고 세계를 순방하면서 일대일로BRI를 제안하였고 이를 지원하기 위한 국제은행으로 아시아인프라투자은행AIIB 설립을 주도했다. 시진핑은 2013년 6월 미국을 방문해 오바마와 회담을 했는데 여기서 시진핑은 신형대국관계New Pattern of major-power relations를 제안했다. 중국이 미국과 같은 반열에서 인정받겠다는 것이었지만 내용이 있는 것은 아니었다. 그해 9월 시진핑은 카자흐스탄에서 육상 실크로드를, 10월 인도네시아에서는 해상 실크로드와 함께 AIIB의 설립을 제안했다. 나중에 일대일로BRI라 불리게 된 육상 및 해상 실크로드는 중국과 아시아, 유럽, 아프리카를 연결하겠다는 것이었다. 미국과 동일한 패권국이 되겠다는 생각을 한 것이다.

글로벌 금융위기로 중국의 무역이 잠시 위축되었지만 수출은 다시 증가했고 미국의 대중국 적자도 다시 증가했다. 중국이 내수 중심, 서비스 중심의 경제로 성장모델을 바꾸겠다고 했으나 수출과 투자가 성장을 견인했던 기존의 모델을 하루아침에 바꿀 수는 없었다. 오바마 정부는 아시아로의 복귀 정책Pivot to Asia과 함께 환태평양경제동반자협정TPP을 주도했다. 누가 보더라도 경제적으로 중국을 봉쇄하겠다는 전략이었다. 오바마 정부에서 미국의 대중국 무역수지 적자는 트럼프의 당선에 기여한 것으로 평가되는데 트럼프는 선거운동 과정에서 중국이 미국의 일자리를 빼앗고 있다고 주장했고, 당선되면 바로 중국을 환율조작국으로 지정하겠다고 선언했다.[3]

중국을 곧바로 환율조작국으로 지정하겠다는 약속은 지키지 못했지만, 트럼프는 2018년 7~9월에 340억 달러에 달하는 중국 수입품에 25%의 관세를 부과했다. 대부분의 경제학자들이 고용창출이나 무역적자 해소 등에 미치는 관세의 효과에 회의적이었으나 트럼프는 밀어붙였다. 중국도 가만 있지 않고 곧 동일 금액의 미국 수입품에 25%의 관세를 부과했다. 트럼프는 2019년 5월에는 중국의 통신장비기업인 화웨이Huawei를 안보상 이유를 들어 미국기업과 비즈니스를 금지하는 기업 명단에 올림으로써 제재를 가하고 2천억 달러에 달하는 중국산 수입품에 25%의 관세를 부과하기로 했다. 8월에는 마침내 중국을 환율조작국으로까지 지정하였다. 중국도 보복으로 600억 달러의 미국상품에 같은 25%의 보복관세를 부과했다.

2020년 1월 양국의 협상으로 무역전쟁은 일시적으로 소강상태에 들어갔으나 정권이 교체되었음에도 트럼프를 이은 바이든 대통령 또한 대중국 압력을 더욱 강화했다. 바이든 정부는 좀 더 광범위하게 중국을 압박했다. 2022년 8월에는 반도체과학법CHIPS and Science Act 및 인플레이션 감축법IRA을 제정했는데 중국의 반도체와 전기차산업의 발전을 견제함과 동시에 이 분야의 첨단기업에게 미국 내 투자에 인센티브를 제공하는 것이었다.[4]

동시에 트럼프가 2017년 11월 베트남에서 개최된 APEC에서 발표한 "자유롭고 개방적인 인도-태평양", 즉 인도-태평양 전략을 이어받았고 여기에 더 나아가 인도-태평양 경제 프레임워크IPEF를 추진하기 시작했다. 트럼프는 미국이 인도-태평양 지역의 일원이고 인도-태평양은 미국의 안보와 번영에 중요하다고 선언했다. 미국은 인도-태평양 전략을 구체화하면서 아시아 일부 국가에 참여를 독려하였다. 트럼프의 인도-태평양 전략은 당시 아세안에서는 큰 환영을 받지 못했다.[5]

바이든 정부도 국내정책에서는 트럼프와 다른 모습을 보였으나 대중국정책에 관한 한 트럼프의 정책을 계승하였다. 바이든 정부는 쿼드QUAD를 정상급 조직으로 격상시켰으며, 호주 및 영국과는 오커스AUKUS를 출범시켰다. 또 인도-태평양 전략을 더욱 정교하게 다듬었다. 인도-태평양 지역의 발전 방향을 자유롭고 개방적인 인도-태평양, 지역 안팎으로 연결 구축, 지역의 번영 촉진, 인도-태평양 안보 강화, 초국가적 위협에 대한 지역적 회복력 구축 등으로 들었다. 실제로 인도-태평양 전략은 중국을 봉쇄하기 위해 동맹국을 동원한다는 것과 같았다. 백악관이 밝힌 인도-태평양 전략 속의 인도-태평양에 대한 약속이라는 부문에는 다음과 같이 전략의 필요성을 언급하고 있다.

이처럼 미국의 관심이 높아지고 있는 것은 부분적으로 인도-태평양 지역이 특히 중국으로부터의 증대하는 과제에 직면하고 있다는 사실에 기인한다. 중국은 경제, 외교, 군사, 기술력을 결집해 인도-태평양의 세력권을 추구해 세계에서 가장 영향력 있는 대국이 되는 것을 목표로 하고 있다. 중국의 위압과 침략은 전 세계적으로 확산되고 있지만, 인도-태평양 지역에서 가장 심각하다. 호주를 향한 경제적 강제부터 실효 지배선을 놓고 벌이는 인도와의 분쟁, 대만에 대한 압력 증가, 동중국해와 남중국해에서 이웃나라에 괴롭힘에 이르기까지 이 지역의 동맹국과 파트너는 중국의 해로운 행위 때문에 많은 비용을 부담하고 있다. 그 과정에서 중국은 또한 항행의 자유를 포함한 인권과 국제법, 그리고 인도-태평양에 안정과 번영을 가져온 다른 원칙도 침해하고 있다.[6]

한편 미국은 인도-태평양 전략의 지역의 번영을 위한 전략 속에 IPEF를 주도하겠다고 밝히고 있다. 이는 인도-태평양 전략의 10대 행동계획에서 두 번째로 제시된 것이다. 바이든 대통령과 참여국 정상들은 2022년 5월 일본 도쿄에서 공식적으로 번영을 위한 IPEFIPEF for Prosperity를 출범하기로 했다. 백악관은 다음과 같은 입장을 발표한다.

오늘 일본 도쿄에서 바이든 대통령은 호주, 브루나이, 인도, 인도네시아, 일본, 한국, 말레이시아, 뉴질랜드, 필리핀, 싱가포르, 태국, 베트남과 함께 번영을 위한 IPEF를 출범시켰다. IPEF 참여국은 세계 GDP의 40%를 차지한다. 미국은 인도-태평양 경제대국이며, 이 지역에서 미국의 경제적 리더십을 확대하는 것은 미국 노동자와 기업은 물론 인도-태평양 지역 사람들에게도 좋다. IPEF는 미국과 동맹국들이 미국 노동자, 중소기업, 목장주들이 인도-태평양에서 경쟁할 수 있도록 보장하는 도로교통법칙을 결정할 수 있도록 할 것이다. 대통령이 말했듯이, 인플레이션을 해결하는 것이 경제적 최우선 과제이며, 이 프레임워크는 장기적으로 공급망의 탄력성을 높여 비용을 낮추고 소비자에게 더 높은 가격을 초래하는 비용이 많이 드는 중단으로부터 우리를 보호하는 데 도움이 될 것이다.[7]

미국은 IPEF의 참여국에 미국 기준을 적용함으로써 노동자, 중소기업, 목장주 등 미국 경제주체들의 이익을 창출할 것이라고 보는 것이다. 이 때문에 IPEF는 기존의 무역협정이 갖는 시장접근을 강조하지 않고 무역의 새로운 규준을 도입하려고 한다. 디지털무역, 공급망 안정, 청정경제, 공정경제 등 4가지 지주이다.[8] 이들 분야를 미국 외의 국가, 특히 아세안 중에서 참여하는 7개 국가가 맞출 수 있을지는 불분명하다.

미국의 압력에 대한 중국의 대응은 세련되지 못했다. 베이징 올림픽 이후의 민족주의적 자부심, 애국심은 일반 국민들만 가졌던 것은 아니다. 중국의 정치지도자들도 마찬가지였다. 후진타오 말기부터 중국은 남중국해 문제에 핵심이익을 강조했고 과거 중화 심지어 천자국이라는 사고를 하기 시작한 것 같다. 하노이에서 2010년 7월 개최된 아세안지역안보포럼ARF에 참석한 중국의 외교부장 양제츠는 남중국해에 대한 참여국들의 외교적 공세에 대해 "중국은 대국이고 다른 나라는 작은 나라이다. 이것은 그냥 사실이다"라고 외교관으로서는 할 수 없는 말을 쏟아 놓았다.[9]

실제로 중국의 외교는 부채함정외교 혹은 전랑외교戰狼外交라는 이름으로 불린다. 전자는 일대일로BRI 등을 통해 중국이 개발도상국에 막대한 자금을 대부하면서 개발도상국이 중국에 부채를 지도록 하고, 결국 차입국의 주권과 전략적 이점을 상실하게 한다는 것이다. 전랑외교는 중국이 자국의 입장에 반하는 주변국에 대해서 정치·경제적 수단을 이용해 위력을 과시하는 외교행태를 말한다.[10]

중국은 왜 이렇게 변했을까? 외교안보 분야의 원로 문정인 선생이 중국의 지성인들과 다양한 주제로 토론을 하여 《중국의 내일을 묻다》라는 책을 발표한 것이 2010년이었다. 책은 화평굴기론을 처음 언급한 정비젠鄭必堅 교수와의 2004년 대담으로 시작한다. 1990년대 후반 이후 공산 독재국가인 중국의 부상은 세계평화에 위협이 될 수밖에 없다는 중국위협론과 개혁개방 이후 중국은 내부적 모순과 부조리 때문에 망할 것이라는 중국붕괴론에 대한 대응으로 나온 것이었다.[11] 정비젠은 중국의 부상은 과거 강대국들의 부상과는 근본적으로 달라 패권추구로 연결되지 않을 것이며, 평화로운 대외여건을 충분히 활용하여 자신을 발전시키고, 이를 통해 세계평화를 수호, 증진할 수 있다고 했다. 정비젠뿐만 아니라 2009년에 문정인과의 대담에 참여한 대부분의 학자들은 중국이 패권을 추구하지 않고 협력할 것이라고 이야기하였다. 미국의 압력에 대한 대응일까 아니면 과거의 중국은 세상의 중심이라는 사고와 행동이 되살아난 것일까?

중국의 부상에 대한 세계의 인식, 특히 주변국의 인식은 중국이 기대하는 것과는 다르게 나타난다. 미국과 중국은 자국에 우호적인 국가들을 모아 그룹화하려고 한다. 미국의 인도-태평양 전략과 중국이 일찍부터 시작한 BRI가 그 하나이다. 중국은 특히 아세안과의 관계 증진에 상당한 관심을 갖고 있다. 싱가포르의 정부연구기관인 ISEAS가 매년 초 발표하는 아세안 엘리트 대상의 여론조사 결과는 아세안이 중국을 어떻게 생각하고 있는가를 잘 말해 준다. 중국이 특히 공을 들이고 있는 아세안 엘리트들은 아세안에 대한 미국과 중국

아세안 여론 주도층의 미국과 중국에 대한 평가 (단위: %)

구분		중국			미국		
		2021	2022	2023	2021	2022	2023
동남아에 대한 영향력	정치 및 전략	49.8	54.4	41.5	28.5	29.7	31.9
	경제	75.9	76.7	59.9	6.6	9.8	10.5
세계에 바르게 기여할 것인가?	신뢰한다	19.0	26.8	29.5	47.0	52.8	54.2
	신뢰하지 않는다	59.6	58.1	49.8	31.1	29.6	26.1

* 신뢰성은 '무응답'을 수록하지 않음. 무응답을 포함하면 100%가 됨.
자료: ISEAS

의 영향력에서 중국의 영향력이 미국보다 훨씬 크다고 생각하고 있다. 정치·안보에서도 중국의 영향력이 미국보다 더 크고, 경제적 영향력 차이는 특히 크게 나타나고 있다.

그러나 세계에 올바르게 기여할 것인가에 대한 부분에서는 아세안 엘리트들은 중국을 의심하고 있다. 2023년 초에 발표된 조사 결과에 따르면 중국이 세계에 올바로 기여할 것이라고 믿는 비중은 29.5%에 불과했고 믿지 않는 사람이 49.8%였다. 이는 앞선 2년의 조사보다는 개선된 것이지만 신뢰하지 않는 비율이 신뢰하는 비율의 2배에 가까운 것이다. 이에 비해 미국에 대한 시각은 중국과는 정반대이다. 미국의 역할에 대해 신뢰하는 비율이 신뢰하지 않는 비율보다 2배 이상 더 높다. 이러한 문제를 어떻게 해결하면서 미국과 경쟁하느냐는 중국이 직면한 과제이다.

인도식 자부심과 현실의 간극

미국의 인도-태평양 전략 10대 행동계획에는 개별국가를 언급한 계획이 두 개 있다. 그 하나는 5번째의 SUPPORT INDIA'S CONTINUED RISE AND REGIONAL LEADERSHIP이고 7번째는 EXPAND U.S.-JAPAN-R.O.K COOPERATION이다. 인도의 지속적인 성장과 지역 리더십 지원은 그만큼 중요하다. 행동계획 5번째는 미국의 인도에 대한 구애를 담고 있다.

우리는 남아시아의 안정을 촉진하기 위해 미국과 인도가 지역 그룹을 통해 함께 협력하는 전략적 파트너십을 계속 구축할 것이다. 보건, 우주, 사이버 공간 등 새로운 영역에서 협력하고 경제 및 기술 협력을 강화하여 자유롭고 개방적인 인도-태평양에 기여할 것이다. 우리는 인도가 남아시아와 인도양에서 같은 생각을 가진 파트너이자 리더이며, 동남아시아에서 활동하고 연결되어 있으며, 쿼드 및 기타 지역 포럼의 원동력이자 지역 성장과 발전을 위한 엔진임을 인식하고 있다.[12]

실제로 미국이 중국을 견제하는데 인도가 중요하기 때문에 미국은 인도의 역할을 강화시켜 동반자로 삼겠다는 것이다. 그러나 인도가 순순히 미국의 의도에 따라줄 지는 분명하지 않다. 인도는 행복한 상황에 놓여 있다. 인도의 전문외교관 출신으로 주중대사(2009.6~13.12)와 주미대사(2013.12~15.1)를 연이어 지내면서 중국과 미국을 경험하고, 외무장관(2019.7~2023.10. 현재)으로 모디 정부에서 핵심적인 역할을 하는 수바르마냠 자이샹카르Subrahmanyam Jaishankar가 2020년에 발간한 *The India Way: Strategies for an Uncertain World*는 인도가 가진 생각을 잘 드러내고 있다.[13] 자이샹카르는 인도인민당BJP 소속으로 모디 정부에서 중요한 역할을 하고 있는 정치인으로, 모디 정부 출현이 인도정치의 지평을 넓혔다고 생각한다.

자이샹카르는 세계의 거버넌스가 다극체제로 가고 있다고 믿고 있고 이러한 시기에 인도의 대외정책은 과거와 달라져야 한다고 본다. 즉 친구도, 동맹도 없는 오직 친구로 위장한 적frenemy만 있는 현대 세계에서 인도는 오직 거래 논리로 대외정책을 설정해야 한다고 보았다. 실용주의를 넘어 기회주의를 모색해야 한다는 것이다. 인도는 "글로벌 모순으로 인해 창출된 기회를 식별하고 활용함으로써 국가이익을 증진"한다는 전략을 부끄러워하지 않고 국익을 극대화해야 한다고 주장한다.[14] 그는 3개의 원칙을 제시하는데, 동맹을 피하고, 다극 세계에 내재된 갈등을 이용하며, 그 결과로 나타나는 모순을 수용하는 것이다.

자이샹카르는 민족주의가 동맹보다 우선한다고 생각하고 국익을 위해 동맹을 거부하면서 다원주의를 옹호한다. 그래서 인도가 쿼드 QUAD의 일원으로 활동한다면 동시에 상하이협력기구Shanghai Cooperation Organization에서도 활동해야 한다고 본다.[15] 중국의 부상에 대해서는 제2차 세계 대전 이후 비서구권 국가로서는 진정으로 부상한 사례라고 생각하고 있는데 인도의 민족주의를 바탕으로 중국의 부상에 따른 강대국 간의 갈등과 알력을 이용하고 기회를 만들어야 한다고 주장한다. 그 가운데 인도는 주도권을 확보할 수 있다고 본다. 또한 자이샹카르는 이러한 인도의 전략이 일견 모순되어 보이기도 한다고 인정한다. 그러나 인도는 유동적인 국제 무대에서 이미 강대국이 되었기 때문에 인도가 일부 적과 거래하더라도 파트너가 불쾌할 수 없을 것이라고 판단한다. 자이샹카르는 중국과 인도를 적대적으로 보지 않는다. 그의 오랜 중국대사직 경험 때문인지 서구 중심의 세계에서 중국이 부상하는 가운데 인도의 부상도 아시아 부상의 부분으로 생각할 수 있다는 것이다.

자이샹카르의 인도 외교정책은 모디 정부의 세계 인식을 잘 나타내고 있다. 강력한 힌두 민족주의를 기반으로 현실정치에서 타협하지 않고 인도의 이익을 수호해야 한다는 것, 주요국이 인도에 구애하고 있으므로 패권을 잡을 수 있다는 확신, 그리고 거래상의 이점을 극대화하기 위해 한쪽을 선택해서는 안 된다는 것이다. 이를 고려하면 미국이 인도-태평양 전략을 추진하면서 인도에 공들인 효과는 별로 없다는 사실을 알 수 있다. 좀 더 정확히 말하면 인도는 미국의 기대를 거의 배반하고 있다고 표현해도 틀리지 않다.

인도의 이러한 자신감은 어디서 오는 것일까? 자이샹카르의 책을 접한 미국의 한 인도 전문가는 인도가 중국의 부상을 너무 순진하게 생각하고 있다고 평가한다. 실제로 인도의 이러한 전략은 과거 네루식 방식의 재연에 불과하고, 또 인도가 구축하고자 하는 전략을 수행할 전략적 수단이 무엇인지 의문이 남는다고 평가한다. 남아시아에서 인도가 가부장적인 역할을 한다고 믿지만 인도의 1인당 소득은 방글라데시에도 밀려 있다고 비판한다. 그리고 그는 중국이 앞으로 인도의 이익을 위협한다면 결국 서구에 더 가까이 오지 않겠느냐는 희망도 던진다.[16]

인도는 다루기 어려운 나라이다. 인도의 문화와 관습에서 우러나온 자존과 현실의 간극에 인도는 비동맹노선을 택했다. 그러나 심리적으로는 사회주의에 더 가까웠고 경제적으로도 대내지향적인 전략 속에서 무역관계에서는 구소련 측과 더 밀접한 관계를 맺었다. 인도가 과거와 같은 대내지향적 전략으로는 도약하고 성장하기 어렵다는 사실에 대해서, 적어도 정치엘리트들은 이해하고 있다. 그럼에도 불구하고 인도식 방법은 자신에 대한 과도한 자부심으로 가득 차 있다. 이러한 자신감은 경제운용에서도 나타난다. 외국인 투자기업에 대한 시각의 일부는 인도의 자긍심에 기초하고 있다. 다국적기업과의 약속을 철저하게 이행하려는 의지가 약하다. 분권화된 의사결정구조로 치부하기에는 뭔가 부족하고, 자신들이 다국적기업보다 우위에 있다고 보는 것이다. 그래서 인도에 진출하려는 사업체들은 프로젝트를 결산하면, 항상 초기 기대수익을 실현하지 못했다는 평가를 받는다.

인도가 외국인 직접투자를 유치하여 제조업을 육성하기 위해서는 세계에 외국인기업의 성공사례를 보여줄 필요가 있다. 인도에서 성공한 기업의 대표적 사례는 일본의 스즈키자동차이다. 1982년 인도에 진출한 스즈키는 1985년 인도 최대 기업이 되었고 2023년 3월 말로 끝난 2022/23 회계연도에는 스즈키 세계 생산량의 38% 정도를 인도에서 담당하였다. 물론 스즈키는 세계 자동차시장에서 선두업체가 아니며, 일본 내에서조차 마찬가지이다. 작은 일본업체가 인도 최대의 자동차업체가 되었다는 점에서 인도 당국도 썩 만족할 것 같지는 않다. 그러나 스즈키 외에 수많은 일본기업들이 인도시장의 문을 두드렸으나 별로 성공하지 못했다. 한국기업으로 포스코가 오랜 기간 인도에 제철소를 건설하기 위해 노력했으나 결국 손을 들고 말았다. 미국의 대중국 반도체 제재 이후 인도는 반도체산업을 육성하려 하고 있고, 폭스콘이 막대한 자금을 투자하기로 했으나 결국에는 투자계획을 철회하였다.

세계 공통의 문제에 두 나라는 어떻게 대응할 것인가

중국과 인도가 직면한 도전의 하나가 세계문제에 어느 정도 기여할 것인가이다. 현재 중국과 미국의 경쟁과 갈등은 단순히 치고 올라오는 중국에 대한 미국의 시기와 질투 때문이라고는 할 수 없다. 오히려 미국이 일정한 희생 위에 구축해 놓은 세계질서에 중국이 무임승차하려 한다는 미국의 우려가 있다고 봐야 한다. 자국의 핵심이익을 위해 주변국에 대한 강압적인 자세를 유지하는 것 또한 문제이다. 중국은 미국의 무역수지 최대 적자국이고, 중국은 세계 무역과 투자의 자유화를 이용해 성장하였다. 인도 역시 다르지 않다. 인도는 2027년 세계 3위 경제국이 될 것으로 전망되고 있는바 지금까지의 소극적 역할 대신 적극적인 역할이 필요할 것이다.

중국의 2022년 경상 GDP가 17조 9,632억 달러로 미국의 25조 4,627억 달러의 71% 수준까지 올라왔다. 중국의 1인당 GNI는 12,850달러로 세계은행 기준에 의하면 고소득국과 중소득국의 경계선에 위치하고 있다. 중국의 구매력평가 GDP는 이미 미국의 구매력평가 GDP를 넘어서 중국은 세계 최대의 경제국이 되었다. 민간소비지출에서도 중국은 2021년 미국의 43% 수준까지 상승했는데 이는 2010년의 20.4%에 비해 그 비율이 두 배 넘게 상승한 것이다. 민간소비지출의 크기와 상품수입과는 상당히 높은 연관관계가 있다. 중국의 상품수입이 미국의 그것보다 작지만 증가속도를 감안할 때 상품수입이 먼저 미국의 수입보다 많아질 가능성이 있고, 민간소비지출 규모도 머지않아 미국을 따라잡을 것이다.

중국경제의 규모와 성장속도를 고려하면 중국의 성과에 따라 세계경제의 성과가 결정된다. 미국, 중국, 인도의 2015년 불변가격 기준 2022년 GDP는 20조 9,527억 달러, 16조 3,252억 달러 그리고 2조 9,550억 달러로 세계에서 차지하는 비중은 23.3%, 18.2%, 3.3%이다. 차지하는 비중에 비해 중국과 인도의 최근 성장률이 미국보다 더 높았기 때문에 세계경제 성장에 대한 기여율은 경제규모 비중에 비해 높다. 중국의 세계경제 성장 기여율은 2000년 이후 지

미국, 중국, 인도의 세계 GDP 및 수출입 성장 기여율 (단위: %)

	GDP(2015, 불변달러 기준)			상품수출(명목달러 기준)			상품수입(명목달러 기준)		
	2000~2010	2010~2017	2017~2022	2000~2010	2010~2017	2017~2022	2000~2010	2010~2017	2017~2022
미국	15.9	16.9	20.7	5.6	10.9	7.2	8.0	17.3	12.6
중국	29.0	33.8	37.6	14.9	28.0	18.5	13.3	17.6	11.4
인도	4.5	5.9	5.3	2.1	3.0	2.1	3.4	3.9	3.6

자료: WDI 자료 이용 필자 계산

속적으로 미국에 비해 더 높았고 2017~22년 기간에도 중국의 성장 기여율은 37.6%에 이르러 미국의 20.7%보다 더 높다. 인도의 성장 기여율도 5.3%로 GDP 비중에 비해서는 더 높게 나타나고 있다. 중국경제 둔화는 세계경제 성장률을 낮추는 요인이 될 것이다.

상품의 수출입에서 중국경제의 영향력도 크다. 중국은 세계 최대 수출국이다. 세계 수출 확대에 끼친 중국의 기여는 미국에 비해 훨씬 크다. 예컨대 2017~22년 세계 상품수출 증가에 중국의 기여분은 18.5%이고 미국은 7.2%이다. 수출 증대가 다른 국가의 수출을 위축 시킨다는 문제를 생각할 수 있으나 전 세계적 차원에서는 중국의 수출확대는 자원배분의 효율성을 증진한다. 중국은 상품수입에서는 미국에 이은 2위에 있지만 수입 확대에도 큰 기여를 해 왔다. 2000년 이후 17년까지 중국의 수입은 세계 수입 증가에 미국보다 더 큰 기여를 했다. 그러나 2017~22년 중국은 세계 수입 증가에 11.4% 기여함으로써 미국의 12.6%보다는 적어졌다. 미국이 지속적인 무역수지 적자에 시달리고 있다는 점에서 중국은 수입 확대에 노력해야 할 것이다. 나아가 세계 글로벌 밸류체인에서 비교우위에 입각한 분야에 자원을 집중하되 원세트형 완결구조의 경제구조를 만들지 않도록 해야 한다.

반면 인도의 세계경제에 대한 기여율은 크지 않다. GDP 성장에 대한 기여보다 상품 수출입, 특히 상품수출 확대에 대한 기여도가 낮다. 2023년 인도인구가 중국보다 많아졌고 인도시장은 높은 잠재력을 가지고 있다. 문제는 아직 1인당 소비수준이 낮고, 또 막대한 무역수지 적자를 기록하고 있다는 점이다. 그 결과 인도는 보호주의적 성향이 강한 국가가 되었다. 이는 낮은 제조업 경쟁력에 기인하기 때문에 제조업 경쟁력을 강화할 필요가 있다. 만약에 인도가 제조업부문을 육성하고 국제 생산 네트워크에 더 통합될 수 있다면 수요 부족에 시달리는 세계경제에 도움이 될 것이다. 그러나 인도는 아시아 국가 16개국이 협상한 RCEP에서조차 최종적으로 불참하면서 시장개방에 소극적인 자세를 유지했다. 이는 인도가 동아시아의 생산 네트워크에서 멀어질 가능성을 나타낸다. 인도의 메이크 인 인디아 정책은 그 효과는 미미하고 이 때문에 외환유동성 확보를 위해서도 IT서비스산업에 대한 의존도를 줄일 수 없다.

한편 중국과 인도는 많은 인구, 빠른 성장의 결과 에너지 소비가 증가하고 있다. 기후변화에 대응하기 위해 대부분의 국가들이 에너지 효율 개선에 노력하고 있고 그 결과 미국의 경우 2011~21년 기간

미국, 중국, 인도의 에너지 소비

	국가	2011	2021	증가율 (2011~21)	세계 비중 (2021)
에너지 소비 (EJ)	세계	520.90	595.15	1.3	100.0
	미국	92.61	92.97	0	15.6
	중국	112.80	157.65	3.4	26.5
	인도	23.94	35.43	4.0	6.0
1인당 소비 (GJ)	세계	74.0	75.6	0.2	
	미국	297.1	279.9	-0.6	
	중국	81.9	109.1	2.9	
	인도	19.1	25.4	2.9	

자료: BP

의 에너지 소비는 92.6EJ(엑사줄)에서 93.0EJ로 연평균으로는 거의 증가하지 않았지만, 중국은 112.8EJ에서 157.7EJ로 연평균 3.4% 증가했다. 인도 역시 이 기간에 4.0% 증가로 더 높아졌다. 세계 전체의 에너지 소비가 이 기간에 1.3% 증가한 데 그친 것과 비교해 보면 중국과 인도의 에너지 소비가 얼마나 빨리 증가하고 있는가를 알 수 있다. 2021년 현재 중국의 1인당 에너지 소비는 109.1GJ(기가줄)로 미국의 39% 수준에 불과하고 인도의 경우 9% 수준에 불과하다. 만약 이들의 소비수준이 미국의 50% 수준에만 이르러도 세계는 엄청난 에너지문제에 직면할 것이다.

중국과 인도의 2021년 에너지 소비원을 보면 중국은 석탄 86.2, 석유 30.6, 천연가스 13.6, 수력 12.3, 재생에너지 11.3 그리고 원자력 3.7EJ이다. 이에 비해 인도는 석탄 20.1, 석유 9.4, 천연가스 2.2, 재생에너지 1.8, 수력 1.5, 원자력 0.4EJ 등이다. 양국 모두 석탄과 석유의 비중이 높다.[17] 중국은 2021년 석탄을 85.2EJ 생산하여 세계 전체의 50.8%를 생산했지만 6.54EJ의 석탄을 수입하여 세계 수입량의 19.5%를 차지하고 86.2EJ을 소비한다. 이에 비해 인도는 20.1EJ의 석탄 소비를 위해 13.5EJ을 생산하였고 4.9EJ을 수입했는데 세계 수입시장에서 차지하는 비중은 14.6%이다.[18] 중국과 인도는 2021년 석유 수입에서도 각각 세계 전체 수입의 19.0%와 8.0%를 담당하고 있다.[19]

향후 이들의 소비와 수입이 계속 증가한다면 세계는 에너지문제에 대한 고민을 하지 않을 수 없다. 2021년 현재 중국은 화석연료와 광물제품을 890억 달러 수출하여 세계에서 2.4%를 차지했으나 수입은 7,920억 달러로 세계 전체의 20.6%를 점유했다. 중국의 수입은 2010~21년 연평균 8% 증가했다. 인도 역시 에너지 수입국으로서 2021년 2,020억 달러의 화석연료 및 광물제품을 수입하여 세계 수입시장의 5.2%를 담당하고 있고, 2010~21년 수입은 4%가 증가했다.[20] 인도가 경제성장을 지속한다면 수입 증가율도 높아질 것이다.

중국과 인도는 고도성장과정에 있어 막대한 온실가스를 배출하고 있다. 중국의 이산화탄소 배출량은 2021년 11,472Mt으로 전 세계의 30.9%를 차지하고 인도는 2,710Mt을 배출하여 7.3%의 비중을 보인다. 중국과 인도의 공업화와 자동차 등 운송수단의 보급 확대

등을 고려하면 온실가스 배출량은 더욱 증가할 것이다. 한편 미국은 5,007Mt으로 13.5%였다.[21] 중국의 이산화탄소 배출량은 2000년 세계의 13.6%로 미국의 22.5%에 미치지 못했고, 인도의 경우는 3.9%에 불과했으나 10년 사이에 중국의 비중은 2배 이상 증가했고 인도의 비중도 약 2배 가까이 올랐다. 인도의 비중은 미래 일정시점까지는 계속 증가할 것이다. 이 점에서 제26차 유엔기후변화협약 당사국 총회COP26에서 합의한 2050년까지의 탄소중립Net Zero을 달성하는데 중국과 인도의 역할은 매우 중요하다.

중국의 2023년 6월 현재 기준 시점에서 최신 온실가스 감축 목표 NDC 보고는 COP26을 앞둔 2021년 10월 발표되었다.[22] 중국은 여기서 탄소배출량 정점을 2030년 이전으로 설정하고 이후에는 감소시킬 것이라고 발표했다. 중국은 2030년 탄소집약도(이산화탄소 배출량/GDP)를 2005년 수준의 65% 이상 감축하겠다고 밝혔다. 중국은 탄소중립 달성연도를 2060년으로 설정했다. 탄소배출량을 줄이기 위해서 석탄 사용량을 줄이는 등 기초에너지 사용에서 화석연료 사용을 줄여 2030년까지 풍력과 태양열 등 재생에너지 사용비율을 25% 이상을 늘리기로 했다. 이와 같은 중국의 목표에 외부 관찰자들은 만족하지 않는다.[23]

인도는 세계 3위의 탄소배출국으로서 2022년 8월에 유엔에 제출한 감축목표 보고서[24]에서 2030년 감축목표를 배출집약도(배출량/GDP)를 기준으로 2030년에 2005년 수준에서 45% 감축하겠다고 밝했고, 2030년까지 추가적인 삼림을 개발하여 2.5~3억 톤의 이산화탄소를 흡수토록 하겠다고 하였다carbon sink. 인도의 탄소중립 목표연도는 2070년이다. 비화석연료 에너지로 발전의 50% 정도를 충당할 계획이다. 탄소제로 목표연도에서 보았듯이 인도는 기후변화 대응에 상대적으로 소극적이다. 실제로 인도는 오랫동안 기후변화 문제에서 개발도상국의 입장을 대변해 왔지만 세계의 압력을 거부하기는 어려운 상황에서 처음으로 탄소중립 목표를 설정했다. 인도의 탄소중립을 위한 온실가스 배출 절감은 인도경제에 큰 부담이 될 것임은 분명하다.

2. 적어도 지금, 중국과 인도는 비교대상이 아니다

중국과 인도가 직면한 문제와 도전에 대한 대응

중국과 인도가 현재의 도전에 대응하여 어떻게 성장을 지속할 것인가에 대해 이야기할 때가 되었다. 중국과 인도의 경제적 성과의 차이는 가장 직접적으로는 1980년대 중국의 개혁개방 이후 양국 산업정책의 차이에 있었다. 중국은 수출주도형 공업화를 기반으로 경제성장을 추진했고 인도는 1980년대 라지브 간디의 개혁, 그리고 1990년대 초의 나라심하 라오-만모한 싱의 개방과 개혁정책이 있었으나, 중국의 개혁과 개방이 체제의 전환을 기반으로 한 전면적 변화를 추구한 것이었다면 인도의 개혁과 개방은 소극적이고 미봉적이었다.

중국과 인도가 직면하는 도전에 대해 산업정책은 과거의 연속으로 이어지고 있다. 중국은 제조 2025를 통해 양적으로 성장했던 제조업을 질적으로 고도화한다는 계획이다. 동시에 서비스산업 중심의 내수산업을 개발하여 고용을 확대하고, 대외의존도를 줄일 생각이다. 이러한 중국의 계획은 생산비용 상승, 미국의 기술산업에 대한 대중국 투자규제, 미중 무역갈등 등으로 순조롭게 진행되지 않았지만 중국은 이를 계속 추진하지 않을 수 없다. 인도의 경우 제조업 육성이 중국보다 더 시급하다. IT서비스산업의 경쟁력이 높지만, 세계의 산업을 주도하기에는 어렵다. 또한 고용창출 효과도 크지 않으며 노동생산성도 낮다. 인도는 제조업 육성을 위해 주요 산업에 생산인센티브 시스템을 도입하고 있고 노동개혁과 외국인 투자제도 개선에 노력 중이다. 물론 인도의 제조업 발전을 위해서는 사회간접자본, 물류 등 전면적인 개선이 필요하다.

중국과 인도가 직면하는 문제와 도전의 가장 중요한 측면은 지정-지경학적 문제이다. 중국의 성장과 함께 불거진 미중갈등은 중국이 중장기적으로 해결해야 할 가장 중요한 문제이다. 중국은 미국의 압력에 대응하기 위해 아세안, 아프리카, 중남미 등 세계의 개발도상권과의 관계 강화를 모색하고 있다. 브릭스BRICS와 상하이협력기구sco를 중요한 협력기구로 진화시키고자 하고 있으며 BRI를 통해 아세안-서남아, 중앙아시아와 유럽과의 경제적 관계를 강화하고자 한다. 또한 RCEP을 통해 아시아 지역경제를 통합하여 자원을 조달하

중국과 인도의 도전에 대한 대응

	중국	인도
산업정책	• 제조업의 질적 고도화 - 제조 2025 - 외국인 투자유치 • 내수 확대 - 서비스산업 육성	• 민간부문 확대 • 수출산업 육성 - 제조업 육성(Make in India) - PLI(Production-linked Incentive)
지정– 지경학적 입장	• 미국과 대립 - 아세안 및 아프리카, 중남미 제휴 - BRI 활용 • RCEP의 중추적 역할 • BRICS 및 상하이협력기구(SCO) 강화	• 미국과 연대 - QUAD 및 IPEF • BRICS 확대 말 상하이협력기구(SCO) 활동
국민통합	• 지속가능성장 • 소강사회의 완성(공동부유) • 민족주의와 국가주의	• 지속가능성장 - 좋은 일자리 창출 • 반이슬람 쇼비니스트(BJP)

고, 시장을 창출하고자 한다. 이러한 중국의 전략은 세련되지 못한 중국의 접근방식 때문에 오히려 반감을 사는 경우가 많았다.

그러나 세계경제의 공급망에서 중국이 가진 위상은 미국조차 무시할 수 없다. 2023년 5월 히로시마의 G7 정상회의 커뮤니케에서는 커플링이 아닌 디리스킹에 기반을 두고 경제회복과 경제안보를 조율하자고 적시하였는데,[25] 중국과의 관계를 직접 지적한 것은 아니었지만 디리스킹은 3월 말 EU 집행위원장이 중국 방문을 앞두고 처음 사용한 단어였기 때문에 대중국관계에 대한 것임은 분명했다. EU 집행위원장은 중국과의 무역관계를 단절할 수는 없으나 위협이 될 만한 예민한 첨단기술 이전은 조심해야 한다는 의미로 사용하였다.[26] 디리스킹의 정확한 의미가 무엇인가에 대한 논란도 있었으나 대체로 디커플링보다는 좀 더 온건한 의미로 이해된다.

코로나19 시기 중국의 모습은 세계에 충격을 주기에 충분했다. 중국 당국은 코로나19가 발발한 지역에 대해 코로나 제로 정책에 의해 완전봉쇄를 단행하였고 그 봉쇄라는 것이 매우 엄격하여 서구사회에 충격을 안겼다. 그렇다고 인도의 상황은 아주 다른 것도 아니었다. 코로나19로 많은 사람이 사망하였고, 산소통이 실린 리어카로 환자를 싣고 다니는 모습 또한 충격적이었다. 중국에서는 과도한 봉쇄로 국민의 불만이 증가하였고 결국 가두시위가 벌어지기도 했다. 이런 정부의 대응과 국민의 반응은 오늘날 중국의 문제를 보여주었다. 공산당 일당체제가 가져오는 문제는 중국같이 거대한 국가와 싱가포르와 같은 작은 나라에서는 다를 수밖에 없고, 중국의 통제비용은 갈수록 늘어날 것이다. 인도 또한 사회적 구조가 낳는 비용은 막대하다. 카스트제도와 이와 어느 정도 연관되어 있음에 틀림없는 높은 소득격차는 인도가 해결해야 할 중요한 국민통합의 문제이다.

경제발전의 중요한 동력 중의 하나는 이미 언급했듯이 사회적 생명력 혹은 역동적인 경제·사회적 분위기이다. 사회적 생명력이란 점에서 중국은 절대적으로 큰 문제를 갖고 있다. 과거 서구의 관찰자들은 중국이 경제성장을 한다면 자연스레 서구식 민주제도를 채택할 것이라고 생각했지만 기대는 물거품이 되었다. 시진핑 체제는 국민들의 자유로운 사고를 더욱 억압하고 있다. 그렇다고 완전히 실망할 것은 아니다. 한우덕이 쓴 《우리가 아는 중국은 없다》에는 흥미로운 이야기가 실려 있다. 2010년 허베이성의 스자좡石家庄에서 음주운전을 한 사람이 허베이대학 구내에서 사람을 치어 한 사람이 사망하는 사고가 있었다. 그는 차 안에서 차창만 내리고 취한 채 "우리 아버지가 리강이야" 하고 소리쳤다. 리강은 지역 공안국 부국장이었다. 권력과 재산은 중국사회의 특권이다. 다행히도 흥분한 학생들이 그 장면을 찍어 인터넷에 유포했고 인터넷에는 "우리 아버지가 리강이다" 하는 패러디가 넘쳐 났다.[27] 국가와 시민 간의 불평등한 권력관계는 지속되고 있으나 적어도 시민 간의 권력불평등에 관한 문제는 악화되지 않을 것이다.

인도의 초기 지도자들도 지정 카스트제를 만들고 사회 전반에 걸쳐 약자에게 할당제를 적용하면 경제·사회구조가 잘 기능할 것이라 기대했다. 또한 약자를 보호하기 위해 자본의 집중을 막기 위한 "라이선스 라자" 제도를 운용했다. 이러한 제도는 오히려 인도경제의 저성장의 원인이 되었다.

중국이나 인도 모두 국민통합, 즉 경제·사회적 격차를 줄이기 위해서는 가장 먼저 지속적인 성장에서 해법을 찾아야 한다. 중국은 소강사회의 달성을 선언했지만 중진국 함정에서 벗어나고 국민들에게 일자리, 특히 20대 젊은층에게 일자리를 제공할 수 있어야 한다. 인도 역시 6%대 성장이 아닌 8% 성장을 통해 일자리를 창출하고 중국을 따라가는 역동성을 살려야 경제·사회적 격차 속에서도 국민을 통합시킬 수 있을 것이다.

국민통합과 대외 압박에 대응하기 위해 중국은 경제의 지속적인 성장을 통해 공동부유共同富裕와 소강사회를 실현하고 정치적으로는 민족주의와 국가주의로 대응하고 있다. 공동부유는 시진핑이 2012년 "사회주의 현대화 국가 건설에서 전 인민의 공동부유에 중점을 두어야 한다"고 처음 언급했다. 이후 2020년 10월 제19기 5중 전회에서 '전 인민의 공동부유 실현'이라는 중장기 목표가 제시되었다.[28] 문제는 공동부유에 구체적인 방법이 제시되지 않고 민영 대기업의 성장을 억제하는 것을 주요한 수단으로 삼는 것이 아닌가 하는 것이다.

정치적으로도 낡아 보이는 이러한 전략이 얼마나 효과를 낼 수 있을지 알 수 없지만, 중국의 대응은 국민적 위기를 강조하는 전략을 사용하는 것이다. 모든 대중예술에서 국가주의와 영웅주의를 고취하고 있다. 인도 역시 민족주의를 강조한다. 자이샹카르의 인도방식에서 보았듯이 국익이 가장 중요한 가치라고 생각하고 있고 과거와 단절해야 한다고 주장하는 자이샹카르도 힌두 민족주의를 가장 중요한 가치로 설파하고 있다.

장기적이며 지속적인 성장이 필요하다

중국과 인도의 지속적인 발전은 세계에 긍정적인 외부효과가 된다. 그렇다면 중국과 인도는 지속적인 성장을 할 수 있을 것인가. 그리고 인도는 중국을 추격하여 같은 반열의 경제대국으로 성장할 수 있을까? 중국은 현재의 대내외적인 문제를 극복하고 미국과 선의의 경쟁을 하면서 주변국에 선한 사마리아인으로 인정받을 수 있을까? 낙관론자도 비관론자도 실망시키지 않는다는 인도는 이제 낙관론자의 기대에 부응할 수 있을까? 인도가 제조업을 육성하여 경제발전의 주도 분야로 삼을 수 있을까? 인도경제의 구조와 정책을 결정했던 사회문화적 구조를 변화시킬 수 있을까?

이러한 많은 문제에 답을 내리기는 참으로 어렵다. 중국이 성장 정체에 직면할 가능성이 있고 인도는 8%대 성장을 지향하지만 선도 부문은 명확하지 않다. 특히 중국의 인구 정체와 고령화와 자본의 수확체감을 고려하면 중국의 성장률 저하는 분명해 보인다. 인도 역시 현재의 경제구조와 자원으로는 고도성장을 지속하기 어렵다.

중국경제에 대한 2023년 말 현재 시점의 세계 시각은 대부분 비관적이다. 시진핑 체제의 경직성, 부동산기업의 문제, 경제·사회적 격차, 미국의 압력에 의한 기술혁신의 한계, 주변국이 느끼는 두려움 등 많은 문제가 있고 이 때문에 중국경제가 성장의 한계에 직면한다는 평가이다. 더 나아가 오늘내일 중국경제가 무너져 내린다는 분석도 많다. 그러나 경제붕괴란 어떤 의미인가에 대한 정의를 내리기는 어렵다. 경기침체가 경제붕괴인가 아니면 다시 살아날 수 없는 상태를 말하는가? 세계의 주요국은 모두 경기침체를 겪었고 이를 극복해왔다. 미국의 대공황, 1960~80년대의 영국병, 1990년 이후의 일본의 장기 저성장, 1990년대 후반의 한국 외환위기, 2008~10년의 글로벌 금융위기 등은 일시적으로 세계와 각국 경제에 타격을 주었다. 그렇지만 세계와 각국 경제는 이를 극복하고 또 다시 부상하고 국민의 삶의 수준은 높아져 간다.

중국도 마찬가지일 것이다. 중국경제가 일시적으로 성장동력에 문제가 있을 수 있고, 그래서 중국이 원하는 고소득국으로의 진입이 일시 지체될 수 있지만, 경제가 완전히 붕괴되어 다시 소생하지 못할 것이라고는 생각되지 않는다. 중국 대도시의 넘치는 인파는 열심히 움직이고 있고 더 나은 삶을 살기 위한 노력은 계속되고 있다. 시진핑 체제가 과거의 마오쩌둥 체제로 복귀한다는 것은 불가능하다. 중국 국민이 이를 두고 보지는 않을 것이기 때문이다. 우리는 중국이 더 개방되고 민주주의의 보편적 가치를 고양하는 그런 나라가 되기를 희망해야 한다.

인도 역시 마찬가지이다. 인도에 대한 세계인의 시각은 언제나 이중적이었다. 영국인은 인도가 기괴한 일이 많이 일어나는 나라로 생각했고, 전통적으로 영국인은 자력으로 좋은 정부를 발전시킬 수 없는 인도에 영국이 좋은 정부를 도입했다고 보았다. 대학 졸업 후 처음 직장을 인도청 군무부에서 시작하여 약 6개월을 근무한 케인스도 영국정부가 포악한 고리대금업자로부터 빈자들을 보호했고, 정의와 물질적 진보를 가져다주었으며, 식민국가에 건전한 금융체제를 정착시켰다고 믿었다.[29]

인도는 서서히 변하는 나라이다. 조급한 외부 시각으로는 언제나 제자리에서 발전하지 못하는 나라로서 안타까움의 대상이 된다. 그러나 인도인들은 언제나 충만한 자부심을 가지고 있었다. 인도 역시 서서히 성장한다. 그래서 우리의 시각으로 보면 인도는 가망이 없는 국가처럼 보인다. 국제 환경 변화에 따라 유행처럼 인도붐이 불지만, 시간이 지나면 그 붐은 사라졌고 희망은 실망으로 바뀌었다. 그래도 인도는 존재하고 있고 그 국민들은 역사적·문화적 문제들과 싸우고 있다.

중국과 인도가 현재의 경제적 문제를 극복하고 한 단계 더 성장하기 위해서는 경제적 효율을 높여야 한다. 다행히도 양국의 혁신역

중국과 인도의 혁신지수 순위

	중국				인도			
	2015(149국)		2022(132국)		2015(149국)		2022(132국)	
	순위	지수	순위	지수	순위	지수	순위	지수
혁신지수 및 순위	29	47.5	11	55.3	81	31.7	40	36.6
제도	91	54.0	42	64.8	104	50.0	54	60.1
인적자본 및 연구	31	43.1	20	53.1	103	20.0	43	38.3
인프라	32	50.5	25	57.5	87	34.6	78	40.7
시장 세련도	59	49.2	12	56.0	72	46.5	19	50.3
비즈니스 세련도	31	44.9	12	53.9	116	26.4	54	30.9
지식 및 기술 산출	3	58.0	6	56.8	49	30.1	34	33.8
창의적 산출	54	35.1	11	49.3	95	25.9	52	24.3

자료: 세계지적재산권기구. 2015년 및 2022년 혁신 통계

량은 개선되어 왔다. UN 산하의 세계지적재산권기구WIPO가 매년 조사·발행하는 글로벌 혁신지수에 의하면 중국의 혁신지수는 2015년 세계 29위에서 2022년 11위로 올라섰고, 인도의 순위 변동은 더 극적이어서 이 기간에 81위에서 40위까지 상승했다. 중국은 2022년, 제도 측면에서 세계 42위로서 전체 혁신역량의 순위를 떨어뜨리는 요인이 되고 있으나 이 또한 2015년 대비 대폭 개선된 것이다. 인도는 인프라에서 순위가 가장 낮고 안타깝게도 2015년 대비 큰 진전을 만들어 내지는 못했다.[30]

불확실한 중국의 미래, 과거를 극복해야 하는 인도

중국과 인도의 경제적 격차가 큼에도 불구하고 서구인들은 중국과 인도를 친디아Chindia 혹은 브릭스BRICS라는 이름으로 묶어서 불러왔다. 그들의 눈에는 중국은 사회주의 국가였고 인도는 민주주의 국가였기 때문에 인도의 경제적 성과가 더 나아야 했다. 그렇지만 실상 양국의 경제규모와 삶의 격차는 1990년대 이후 계속 확대되었다. 중국은 이제 적어도 구매력평가로 본 경제규모에서는 세계 1위가 되었다. 전체 경제규모의 크기는 실제로 국민의 삶을 결정하는데 그다지 중요하지는 않다. 중국은 여전히 미국의 소비자들이 소비하는 저렴한 공산품의 생산기지일 뿐이다. 애플은 미국에서 제품을 개발하고 디자인하며, 중국인은 이를 조립한다. 세계의 가치사슬에서 중국은 부가가치 창출이 가장 낮은 부문에 특화되어 있을 뿐이다. 그렇지만 지난 수십 년간 중국이 보여준 역동성과 빠른 성장, 그리고 빈곤해소는 세계경제 전체에 긍정적 기여를 했다.

　세계인들은 이제 인도가 경제적 역동성과 외부효과를 만들어 내기를 바란다. 일부에서는 사회주의 중국의 성장은 근본적으로 한계가 있고 시장경제와 민주주의 국가인 인도가 과거의 숙명론이나 패배주의에서 벗어난다면 한 단계 높은 성장속도를 만들어 내어 중국을 대신할 것이라는 희망을 갖는다. 실제로 인도에서 가장 인기 있는 논평자들은 인도경제가 중국을 따라잡을 것이라고 주장하는 사람들이다. 맥킨지의 CEO인 밥 스턴펠스Bob Sternfels가 인도의 10년이 아니라 인도의 세기가 될 수 있다고 주장했다.[31] 국제금융계에서는 골드만삭스 대신 모건스탠리가 나서 "인도의 10년"이 될 것이라고 전망했다.[32] 모건스탠리의 전망은 이 회사의 아시아 담당 수석경제학자인 체탄 아야Chetan Ahya가 《파이낸셜타임스》에 기고한 글에서 볼 수 있다.

　인도의 GDP가 향후 10년 동안 현재 3조 4천억 달러에서 8조 5천억 달러로 두 배 이상 증가할 것으로 예상하고 있다. 인도는 2027년까지 세계 3위의 경제국이 될 것이다. 인도의 GDP는 매년 4천억 달러 이상씩 증가할 전망인데 이를 능가하는 나라는 미국과 중국뿐이다. 인도의 시가총액은 현재 3.4조 달러에서 2032년까지 11조 달러로 증가하여 세계에서 세 번째로 큰 규모가 될 것이라고 예상한다.[33]

그는 국내 환경이 "정책이 재분배에서 투자와 고용창출을 중시하는 방향으로 이전해야 한다"고 주장했다. 세계 주요국에서 소득격차와 양극화가 진행되면서 지속적 성장을 위한 포용적 성장이 강조되고 있는 상황에서 분배보다는 성장을 강조한 것이다. 이는 그동안 인도의 낮은 성과가 성장보다는 분배를 더 강조했다는 사실에서 온다고 본 것이다.

서구의 시각이 중국경제의 미래에 대해서는 비판적이고, 인도에 대해서 우호적이라고 해서 양국의 경제적 격차가 단기에 축소될 수 있을 것인가? 전연 그렇지 않을 것이다. 이미 중국과 인도의 경제발전 격차는 비교가 무색할 정도이다. 경제성장은 단순한 생산요소의 투입 증가와 측정 가능한 생산성만으로 설명할 수 없는 부분이 많다. 실제로 생산성은 사후적인 개념이다.

중국은 마오쩌둥 시대를 거치면서 나락에서 시작했고 이제 꽃을 피우고 있다. 중국인들은 19세기 미국에서 철도를 놓았고, 그들 중 많은 사람이 백골이 되었으나 그보다 더 많은 사람이 살아남았다. 가난을 피해 망망대해의 한 조각 작은 배처럼 동남아로 흘러 들어왔던 중국인들은 동남아 경제의 주역으로 활동하고 있다. 국내에서는 외세의 침략과 국공내전 그리고 마오쩌둥 시대를 거치면서도 오늘날 세계 최대의 공업국을 탄생시켰다. 작은 부침은 있을 수 있으나 살아남기 위해 그리고 더 나은 삶을 살기 위해 인고하는 그들은 다시 무엇인가를 만들어 낼 것이고 세계경제는 중국경제가 성장한 열매를 누릴 것이다.

외형적으로 전망이 좋아 보이는 인도는 실은 중국보다 장기적으로 더 많은 문제를 안고 있다. 다원사회로 분열된 인도는 경제발전 단계가 낮을 때 동질적 사회가 주는 통합의 효과를 누리기 어렵다. 자원은 부족하지만 강한 자부심은 언제나 현실이 이상을 배반하는 사실을 보여주었다. 이런 문제를 인식한 초기의 지도자들은 수입대체공업화 전략을 택했고, 개혁과 개방은 강력하지 않았다.

그렇지만 국제 분업체계 속에서 인도의 시기가 오고 있는 것은 사실이다. 중국과 동남아 주요국의 노동비용이 상승하면 글로벌 생산체제 속에서 인도는 관심을 받을 수밖에 없다. 따라서 인도가 기대하는 8% 정도의 성장률을 지속적으로 달성할 수는 없겠지만 점진적으로 발전할 수는 있을 것이다. 인도의 성장은 아직도 남아 있는 수많은 빈곤인구를 축소하고 빈곤으로부터 구출해 냄으로써 인도뿐만 아니라 세계사적인 의미를 주게 될 것이다. 우리는 그러한 때가 빨리 오기를 기다려야 한다.

지금 중국이 장기적으로 성장하고 국민들의 삶의 수준을 높이기 위한 경제적 상황 앞에 가로놓인 과제는 미래의 문제이다. 정치적 민주화, 국제무대에서 친구를 만드는 문제, 나아가 혁신을 통한 산업기술의 향상은 서서히 해결할 수 있는 문제다. 중국의 민주화는 중국인의 의식 수준이 높아지면서 영원히 현재와 같은 통제 시스템으로 가능할 것 같지 않다. 서구식의 다당제까지는 아니더라도 중국은 중국식 모델을 찾아갈 것이다. 국제무대에서 우방과의 협력문제도 중국이 외부의 압력에 직면하면 개선될 것으로 전망된다. 또한 중국은 미국이 갖지 못한 자원을 갖고 있다. 동남아, 중앙아시아, 아프리카에는 중국의 투자를 기다리는 국가가 즐비하다. 이들과의 협력을 발전시키면서 중국이 공존하는 방법을 터득할 수 있지 않을까? 산업기술의 문제도 당장은 어려울 수 있으나 중국인들은 헤쳐 나갈 것이다.

이에 비해 인도는 여전히 과거의 문제들과 싸워야 한다. 인도의 초기 지도자들은 인도사회의 뿌리 깊은 모순에 대해 이해했고, 이를 교정하기 위해서 성장을 희생하는 정책을 폈다. 그러나 인도는 여전히 사회문화와 종교 속의 전통과 관습이 경제에 더 큰 영향을 미치고 있다. 경제발전단계가 성숙단계에 접어들면 다양성, 다원성이 경제발전에 기여할 수 있으나 인도와 같이 초기단계에 있는 국가에게는 가능하지 않다. 인도사회의 이질적이고 복잡한 구조는 과거로부터 잉태되어 온 것이다. 인도는 미래의 문제보다는 과거의 문제를 어떻게 관리하느냐가 더 중요하고 이를 잘 관리해야만 장기적으로 성장이 가능할 것이다.

주

머리말

1 쥘 베른, 홍은주 옮김(2000). 《80일간의 세계일주》. 창작시대. p.70.
2 Jonathan D. Spence(1982). *The Gate of Heavenly Peace*. Penguin books. p.31.

제1장 다시 돌아온 대중의 시대

1 일본의 1960년 1인당 GDP는 2015년 불변가격 기준으로 6,261달러였고, 8년 후인 1968년 12,538달러로 두 배가 되었다. 이후 일본이 다시 소득을 2배인 26,027달러로 만든 것은 1988년으로 20년이 소요되었다. 2022년 현재 일본의 1인당 소득은 36,203달러로 한국의 33,719달러와 큰 차이가 없다. 한국의 1인당 소득은 1960년 1,028달러로 두 배인 2,143달러가 되기까지는 11년의 시간이 필요했다. 다시 두 배인 4,189달러가 된 것은 1979년이었으니 8년만의 일이었고 여기서 다시 두 배가 된 해는 1990년의 9,367달러로 11년이 소요되었다. 이후 다시 두 배인 18,940달러가 된 해는 2002년이었으니 12년이 필요했다. 그리고 20년이 지난 2022년에도 한국의 소득은 두 배가 되지 못했다. 세계은행, WDI.
2 박번순(2010). 《하나의 동아시아: 동아시아 경제공동체, 통합과 공존의 모색》. 삼성경제연구소. p.25.
3 가오센민(高先民)·장카이화(張凱華), 오수현 옮김(2010). 《중국은 무엇으로 세계를 움직이는가》. p.13. 사라 본지오르니(Sara Bongiorni)의 책은 *A year Without "Made in China"*이다.
4 JCER(2021.12.15.). "China to become the world's largest economy in 2033". p.2.(www.jcer.or.jp/english/china-to-become-the-worlds-largest-economy-in-2033)
5 Jim O'Neill(2001.11.30.). "Building Better Global Economic BRICs". *Global Economics Paper*. NO. 66. Goldman Sachs.
6 The Economist(2010.11.22.). "The fastest lap: India's economy is racing with China's".(www.economist.com/news/2010/11/22/the-fastest-lap)
7 The Chindia story(2004.11.17.). *The Economist*.(www.economist.com/news/2004/11/17/the-chindia-story)
8 《비즈니스위크(*Business Week*)》는 2007년에 친디아가 세계의 비즈니스세계를 혁명적으로 바꾼다고 지적하고 있다. Pete Engardio ed.(2007). "CHINDIA: How China and India Are Revolutionizing Global Business". McGraw Hill.
9 Ibid., pp.16~17.
10 Ibid., pp.23~31.
11 The Economist(2010.10.2.). "How India's growth will outpace China's". 《이코노미스트》는 이를 커버스토리로 다뤘다.

12 박번순(2007). 《중국과 인도, 그 같음과 다름》. 삼성경제연구소. p.19.

13 White House(2022). *INDO-PACIFIC STRATEGY OF THE UNITED STATES*. p.16.

14 Ibid., p.5.

15 李來房, 呂秋平, 楊迪(2021.7.1.). 〈習近平宣告中華大地全面成小康社會〉. 新華社 北京.

16 The Indian Express(2023.2.2.). "FM Sitharaman presents 'the first budget of Amrit Kaal': What is Amrit Kaal and what it signifies". (indianexpress.com/article/explained/budget-sitharaman-what-is-amrit-kaal-8417380/)

17 Ibid.

제2장 두 나라 이야기: 친디아 경제의 역사와 배경

1 Angus Maddison(2006). *The World Economy*. OECD. pp.241~243.

2 이하 중국의 인구자료는 《中國統計年鑑 2022》를 이용했다.

3 WDI DB.

4 Angus Maddison. op. cit., pp.261~264.

5 컨설팅 회사 CB Insights의 조사이다. (www.cbinsights.com/research-unicorn-companies)

6 박번순(2016.4.). 〈동남아 화교자본의 고향을 찾아서: 메이저우〉. *Chindia Plus*. Vol. 115. p.35.

7 www.mea.gov.in/population-of-overseas-indians.htm

8 영락제는 당시 한림원의 학자에게 그림을 그리고 시를 짓도록 했다. Eric Tagliacozzo (2022). *In Asian Waters: Oceanic Worlds From Yemen to Yokohama*. Princeton University Press. pp.45~46.

9 Modern History Sourcebook: Emperor Qian Long's Letter to King George Ⅲ, 1793. (sourcebooks.fordham.edu/mod/1793qianlong.asp)

10 Deng G. Kent(2000). "A critical survey of recent research in Chinese economic history". *Economic History Review*. p.6.

11 Rishika Singh(2023.5.29.). *The Indian Express*. (indianexpress.com/article/explained/this-quote-means-upsc-ambedkar-democracy-buddhism-parliament-8633741/)

12 박번순(2007). 같은 책. p.59.

13 IBEF(2023). *AGRICULTURE AND ALLIED INDUSTRIES*. p.8. Foodgrains and Commercial Crops Production(MT) 참조.

14 ITC 무역통계. (www.trademap.org)

15 Far Eastern Economic Reiview(1955.2.10.). "Model for Asia: China or India?".

16 BP(2022).

17 이권형·박번순 외(2022). 〈신남방정책 평가와 개선방향〉. 경제인문사회연구회.

18 석유 및 석탄의 매장량 통계는 BP(2021). *Statistical Review of World Energy 2021*, 생산과 소비 통계는 BP(2022). *Statistical Review of World Energy 2022*. 철광석 통계

는 U.S. Department of the Interior and U.S. Geological Survey(2024). *Mineral Commodities Summary 2024.*

19 BP(2022).

제3장 서로 다른 경제환경, 판이한 경제성과

1 GDP와 GNI는 서로 다른 개념이다. GDP는 한 해 동안 국내에서 생산된 부가가치의 합이지만 GNI는 해당 국민들이 국내외에서 창출한 부가가치의 합이다. 따라서 GNI가 해당 국민들의 삶의 수준를 측정하는 지표로 더 정확하다.

2 세계은행은 전 세계 국가를 소득그룹별로 저소득국, 중소득국, 고소득국으로 구분하고 있으며, 중소득국을 다시 중상위소득국, 중하위소득국으로 구분한다. 고소득국은 2021년 기준 1인당 GNI가 13,206달러 이상의 국가, 중소득국은 1,086~13,205달러 국가로 구분하고, 1,086달러 미만의 국가를 저소득국으로 분류한다. 중상위소득국은 4,256달러에서 13,205달러이다. 따라서 인도는 중하위소득국이며, 중국은 중상위소득국이지만 고소득국에 근접하고 있다.

3 《中國統計年鑑 2022》. 표 1-2 참조.

4 The World Bank and Development Research Center of the State Council, the People's Republic of China(2014). *Urban China: Toward Efficient, Inclusive, and sustainable Urbanization.* p.5.

5 농촌에서 인구가 도시부문으로 이동하면 도시부문의 임금상승 없이도 생산을 증가시킬 수 있다. 그러나 일정단계에서 농촌의 인구 이동이 끝나고 도시의 임금이 상승하는 시기가 오는데, 이를 루이스(Lewis)의 전환점(turning point)이라고 한다. W. Arthur Lewis(1954). "Economic Development with Unlimited Supplies of Labour". *The Manchester School,* 22. pp.139~191.

6 비공식부문(informal sector)을 정확히 정의하는 것은 어렵다. 루이스가 최초로 한 말인데, 조직화된 수준이 낮은 상태에서, 노동과 자본의 분업 정도가 아주 낮고, 소규모이며, 공식적인 노사관계가 없으며, 있다고 해도 공식적인 노동계약이 없이 개인적 인간관계로 일을 하는 경우가 많다. 또 공식적으로 조세를 납부하지 않는 경우가 많고 정부의 규제나 관리 밖에서 활동하는 경우가 많다. 대부분의 개발도상국에서는 이러한 비공식부문이 큰 비중을 차지하고 있다. 비공식부문에 종사하는 인구를 비공식부문 고용이라고 한다. 비공식부문이 크면 클수록 정부 정책의 유효성이 줄어든다.

7 Codrina Rada(2009). "Formal and Informal Sectors in China and India: An Accounting-Based Approach". *DEPARTMENT OF ECONOMICS WORKING PAPER SERIES.* No: 2009-02. p.29.

8 Government of India Ministry of Labour & Employment. (labour.gov.in/unorganized-workers)

9 Government of India Ministry of Labour & Employment Labour Bureau(2022. 1.1.). *Quarterly Report on Employment Scenario.* p.8.

10 Government of India Ministry of Finance Department of Economic Affairs

Economic Division(2022). *Economic Survey 2021~22.* p.372의 Table 8 참조.

11 그런데 우리의 지출에는 해외에서의 수입이 포함되어 있어 해외 수출에서 수입을 공제한 순수출이 지출국민소득의 항목이 된다.

12 세계은행, World Development Indicators DB.

13 Longmei Zhang, Ray Brooks, Ding Ding, Haiyan Ding, Hui He, Jing Lu, and Rui Mano(2018). "China's High Savings: Drivers, Prospects, and Policies". *IMF working paper.* p.8.

14 中國國家統計局 編(2022).《中國統計年鑑 2022》. 표 13-9.

15 조일준(2014.11.10.). 〈인도 '보팔 참사' 보상 30년째 '제자리걸음'〉.《한겨레》.(www.hani.co.kr/arti/international/asiapacific/663813.html)

16 PNTR은 WTO의 최혜국 대우의 미국식 정의이다. 미국은 WTO 발족 이전에 GATT 체제에서도 비회원국 일부에 대해서 대통령 권한으로 PNTR을 제공해 왔는데 중국도 1980년 이후 적용 대상이었다. 그러나 미 의회는 1989~99년 동안 매년 중국의 인권문제를 들어 중국에 대한 대통령의 PNTR 제공 권한을 무력화하려는 입법을 추진했다. 비록 시도는 성공하지 못했지만 중국은 매년 미 의회에 신경을 쓰지 않을 수 없었다.

17 여기 통계들은 세계은행, World Development Indicators DB에 의한 것이다.

18 국민계정에서 경상수지 흑자는 국민저축과 국내투자의 차이이다. 경상수지 흑자는 국민저축에 비해 국내투자가 적다는 것이다. 그 차이는 해외자산 증가, 즉 해외투자가 된다. 물론 여기서 해외투자는 기업의 직접투자와는 다른 것이다. 기업의 해외직접투자, 외환보유고의 증가, 해외채권 매입, 대부 등을 모두 포함한다.

19 연도는 모두 인도의 회계연도 기준이다. 즉 2021년은 2021.4~22.3월이다. Reserve Bank of India(2023). *Annual Report 2022~2023.* p.308.

20 소득수지는 국내외 투자에 의한 배당금이나 이자소득과 노동자들의 임금소득의 유출입을 포함한다. 이에 비해 이전수지는 대가 없는 가족 간의 이전 구호금 등을 포함한다.

21 디니 맥마흔, 유강은 옮김(2018).《빚의 만리장성》. 미지북스.

제4장   여전한 격차가 있는 산업과 양국의 주요 기업들

1 일정 규모의 기준은 1998년부터 2006년까지는 모든 국유기업과 중심 사업 매출이 500만 위안 이상의 기업, 2007~10년에는 연간 주요 사업 수입이 500만 위안 이상인 모든 법인을 말하며, 2011년부터는 연간 주요 사업 수입이 2천만 위안 이상인 산업 법인이다. 中國國家統計局 編(2022).《中國統計年鑑 2022》공업부문 설명 참조.

2 《중국통계연감》은 2004년 통계에서는 운송장비에 자동차, 철도차량, 선박 등을 모두 포함하고 있었으나 나중에는 자동차를 분리했다. 따라서 2021년 통계는 이 두 산업을 합쳐서 2004년과 비교했다. 여기에서는 中國國家統計局 編(2022).《中國統計年鑑 2022》의 표 13-13 통계를 이용했다.

3 中國國家統計局 編(2022).《中國統計年鑑 2022》. 표 13-13.

4 인도정부는 제조업 생산과 부가가치 및 고용상황 등을 파악하기 위해서 매년 등록기업의 경영내용을 조사하고 있다. 그러나 전수조사가 거의 불가능하기 때문에 현재는

소규모 기업에 대해서는 샘플조사를 하며, 200인 이상 고용하는 기업에 대해서만 전수조사를 하고 있다.

5 이상의 수출통계는 모두 ITC DB를 이용했다.(intracen.org)

6 정보통신기술 제품에는 컴퓨터 및 주변기기, 통신 장비, 소비자 전자 장비, 전자 부품 및 기타 정보기술 제품이 포함된다.

7 세계은행, World Development Indicators DB.

8 Yu Nakamura(2020.10.7.). "SE Set to overtake China is World's top notebook PC Producer". *Financial Times*.

9 조철 외(2020).《중국제조 2025 로드맵의 추진과 우리 산업의 대응》. 산업연구원. p.57.

10 Josh Horwitz(2020.5.20.). "U.S. strikes at a Huawei prize: chip juggernaut HiSilicon". REUTERS.(www.reuters.com/article/us-usa-huawei-tech-chips-analysis/u-s-strikes-at-a-huawei-prize-chip-juggernaut-hisilicon-idUSKBN22X2T3)

11 Munsif Vengattil and Aditya Kalra(2023.3.24.). "Apple Inc supplier Pegatron in talks to open second India factorysources". REUTERS.(www.reuters.com/technology/apple-inc-supplier-pegatron-talks-open-second-india-factory-sources-2023-03-24)

12 Arjun Kharpal(2023.7.23.). "Apple supplier Foxconn's failed India chip venture shows how tough it is for new players". CNBC.(www.cnbc.com/2023/07/24/foxconn-failed-india-chip-effort-shows-how-hard-it-is-for-new-players.html)

13 中國汽車工業協會 行業信息部(2023.1).〈2022年 汽車工業産銷情況〉.(www.china-coatingnet.com/plus/view.php?aid=10016)

14 이하 통계 수치는 中國汽車工業協會(2023.1).〈2022年 汽車工業經濟運行報告〉에서 이용.

15 中國汽車工業協會(2023).〈2022年 汽車工業經濟運行報告〉.

16 中國汽車工業協會(2023.1).〈2022年 汽車工業産銷情況〉. p.19.(www.caam.org.cn/chn/4/cate_30/con_5236639.html)

17 이하 통계는 인도자동차공업협회 자료이다.(www.siam.in/statistics.aspx?mpgid=8&pgidtrail=13)

18 SIAM(2003). *Annual Report 2002~2003*. p.30.(www.siam.in/uploads/ar/5Annual%20Report2002-2003.PDF)

19 SIAM(Society of Indian Automobile Manufacturers).(www.siam.in/)

20 토머스 L. 프리드먼, 김상철·이윤석 옮김(2005).《세계는 평평하다》. 창해. p.17.

21 IBEF(2023). *IT & BPM*. p.7.(www.ibef.org/download/1683618390_IT-and-BPM-Feb2023.pdf)

22 Infosys(2023). *Integrated Annual Report 2022~23*. 매출 및 순이익은 p.29, 고용은 p.46.

23 Fortune global 500의 2022년 자료에서 계산.(fortune.com/ranking/global500/)

24 타타 컨설턴시 서비스(TCS)에 2023년 3월 말 근무하는 61만 명 이상의 종업원 중에서 인도에 근무하는 종업원은 약 52만 명인데 이들의 연령별 구성을 보면 30세 미만이 52.9%이고, 30~40세 미만은 37.3%였다. 즉 90.2%가 40세 미만 인력이다. 이

에 비해 북미지역에 근무하는 종업원의 연령별 구성은 30세 미만이 17%였고, 30~40세 미만은 32.8%로 40세 미만 인력은 49.8%에 불과했다. TCS(2023). *Integrated Annual Report 2022~23*. p.18.

25 Ibid.. p.241

26 Ibid.. p.191.

27 박번순(2007). 같은 책. p.70.

28 위의 책. p.71.

29 中國國家統計局 編(2022). 《中國統計年鑒 2022》. 표 1-8.

30 중국 당국은 2010년까지는 각 기업의 매출액이 5백만 위안 기업까지 조사했으나 2011년 이후에는 2천만 위안 이상의 기업을 대상으로 조사하고 있다.

31 Government of India Ministry of Finance(2022). *Public Enterprises Survey 2021~2022*. p.8.

32 Ibid.. p.7.

33 Ibid.. p.295.

34 Government of India Ministry of Finance(2022). *Public Enterprises Survey 2021~2022*. p.9.

35 *Fortune*은 홍콩을 중국에 포함시켜서 분류하고 있다. 일부 중국기업은 본사를 홍콩에 두기도 하지만 자생적으로 홍콩에서 성장한 홍콩기업을 중국기업으로 분류하는 것은 경제적 분석에서 정확하다고 보기 어렵다. 15개 기업 중에는 중국과 관계없는 세계 순위 347위의 홍콩기업 허치슨왐포아를 포함하고 있다.

36 JD.com.(corporate.jd.com/ourHistory)

37 JD.com, Inc.(2023.4.20.). *Annual Report 2022*. p.150.

38 한국전력과 같은 역할을 한다. 한국전력은 발전 기능은 동남발전 등과 같은 발전 전 문회사에 분할되어 발전회사에서 전력을 구입하여 송배전망을 이용하여 판매하는 형식을 갖고 있다.

39 Stock Analysis(2023.8.11.).(stockanalysis.com/list/chinese-stocks-us/)

40 Ibid.

41 Josh Noble and Nicole Bullock(2014.9.22). "Alibaba IPO hits record $25bn". *Financial Times*.(www.ft.com/content/0f97cc70-4208-11e4-a7b3-00144feabdc0)

42 Hwnry Ren(2023.4.26.). "US-Listed China Stocks See $100 Billion Wipeout in Jittery Month". Bloomberg.(www.bloomberg.com/news/articles/2023-04-25/us-listed-china-stocks-see-100-billion-wipeout-in-jittery-month?in_source=embedded-checkout-banner)

43 2023년 현재 인도에서 대표적인 기업집단으로 거론되는 것은 릴라이언스와 아다니 그룹이다. 특히 아다니그룹 총수인 과탐 아다니(Gautam Adani)와 릴라이언스의 무케시 암바니(Mukesh Ambani)의 재산규모를 놓고 인도인 사이에 논란이 많다. 아다니는 상대적으로 역사가 짧고 나렌드라 모디 총리와 가깝다는 평가를 듣고 있다.

44 삼성경제연구소·KOTRA(2006). 《인도경제를 해부한다: 인도 진출을 위한 현장 보고서》. 삼성경제연구소. pp.297~298.

45 위의 책. p.302. 및 Lynn Farah(2020.11.25.). "Is Mukesh Ambani's feud with Anil finally over? The Ericsson bailout saved the younger brother jail time but was it enough to heal wounds?". *South China Morning Post*.(www.scmp.com/magazines/style/celebrity/article/3111262/mukesh-ambanis-feud-anil-finally-over-ericsson-bailout?module=perpetual_scroll_0&pgtype=article&campaign=3111262)

46 David Tusing(2023.1.20.). "The five most expensive Indian weddings of all time". *The National*.(www.thenationalnews.com/lifestyle/family/2023/01/20/indian-weddings-most- expensive)

제5장 중국과 인도의 격차는 비교 가능한가

1 표에는 나와 있지 않다. 세계은행의 빈곤인구 비중 통계는 매년 작성되지는 않으며, 여기에서 표는 양국의 통계가 존재하는 연도를 중심으로 작성한 것이다.

2 이상의 지니지수와 소득 5분위 배율은 세계은행 DB에서 검색한 것이다. 소득 5분위 배율은 최상위소득 20%의 비중을 최하위소득 20%의 배수로 계산했다.

3 The Economist(2020.12.3.). "India's super-rich are getting much richer". *The Economist*. p.25.

4 The Economist(2013.4.18.). "Beyond GDP-A new index tries to measure more than the numbers".(www.economist.com/feast-and-famine/2013/04/18/beyond-gdp)

5 Social Progress Imperative(2023). "Global Index 2022: Overview".(www.socialprogress.org/global-index-2022overview)

6 Welt Hunger Life & Concern Worldwide(2022). *2022 Global Hunger Index: Food Systems Transformation and Local Governance*. pp.41~42.

7 세계은행의 World Development Indicators DB는 2005년과 2008년 통계만을 수록하고 있다.

8 박번순(2007). 앞의 책. p.82~84.

제6장 수렁에 빠진 역사적 대국들의 현대국가 성립 초기 경제

1 Angus Maddison(2007). *The World Economy. Development Centre Studies*. OECD.

2 조너선 D. 스펜스, 김석희 옮김(2000). 《칸의 제국: 서양인의 마음속에 비친 중국》. 이산. p.87.

3 위의 책. p.88.

4 Jonathan D. Spence(1990). *The Search for Modern China*. Norton Company. p.129.

5 Ibid.. p.149.

6 필자가 2018년 아편을 몰수하여 불살랐던 중국 광동성 후먼의 임칙서박물관에서 본 것이다.

7 김시준 역(1996). 《루쉰 소설 전집》. 서울대학교출판부. p.95.

8 이옥순(2007). 《인도에 미치다》. 김영사. p.162.

9   박번순(2007). 앞의 책. p.91.

10 조너선 D. 스펜스, 남경태 옮김.(2002). 《무질서의 지배자 마오쩌둥》. 푸른숲. p.80.

11 위의 책. p.71.

12 Leonid Mironov(2008). "Nehru's First Visit to Soviet Union". *Mainstream*, Vol.
    XLVI, No 47.(www.mainstreamweekly.net/article1022.html)

13 Jawaharlal Nehru(1941). *Toward Freedom: The Autobiography of Jawaharlal Nehru*.
    John Day Co.. pp.228~231.

14 Far Eastern Economic Reiview(1955.2.10.). "Model for Asia: China or India?".
    Telling Asia's story: 50th Anniversary issue. p.158.

15 Arvind Panagariya(2008). *India: The Emerging Giant*. Oxford University Press.
    p.xii.

16 Jawaharlal Nehru(1954.11.14.). "Note on Visit to China and Indo-China". Wilson
    Center Digital Archive.

17 Far Eastern Economic Review(1996). "Telling Asia's Story: 50th Anniversary
    Issue". p.158. 원래 기사는 1955년 2월 10일의 "Model for Asdia: China or
    India?"이다.

18 W. W. Rostow(1960). *The Sages of Economic Growth: A Non-Communist
    Manifesto*. Cambridge University Press. p.38.

19 Ibid.. pp.36~38.

20 폴 케네디, 변도은·이일석 역(1993). 《21세기 준비》. 한국경제신문사. pp.214~250.

21 선언문의 영어 번역은 다음을 참조할 것. MAO ZEDONG DECLARES A NEW
    NATION.(alphahistory.com/chineserevolution/mao-declares-new-nation-1949)

22 E. Kann(1949.12.8.). "The Problem of Recognizing Red China". *Far Easten
    Economic Review*.

23 물론 마오쩌둥이 1928년 12월 후난성 징강산에서 농민운동을 이끌 때 만든 토지법
    에는 부호로부터 모든 토지를 몰수하고, 그 대부분을 농민들에게 직접 분배한 뒤, 일
    부는 공동으로 경작하고 일부는 '시범'농장으로 유지한다고 명문화하고 있었다. 조너
    선 D. 스펜스, 남경태 옮김. 앞의 책. p.123.

24 그는 마오쩌둥의 1949년 10월 10일 건국 선언에도 린뱌오, 덩샤오핑, 저우언라이 등
    과 함께 중앙정부위원회의 위원(Central People's Government Council)으로 임명되었
    을 정도로 공산 중국 초기에 해외의 대표로서 중요한 역할을 했다.

25 金俊燁(1989). 《長征 2: 나의 光復軍時節 下》. 나남. p.695.

26 샤오궈량(蕭國亮)·수이푸민(隋福民) 지음, 이종찬 옮김(2015). 《현대중국경제》. 도서
    출판 해남. pp.44~46. 원저는 北京大學出版社에서 발간한 《中華人民共和國經濟史
    (1949~2010)》이다.

27 위의 책. p.18.

28 위의 책. p.38.

29 조너선 D. 스펜스, 남경태 옮김. 앞의 책. p.170.

30 샤오궈량·수이푸민, 이종찬 옮김. 앞의 책. p.92.

31 위의 책. p.101.

32 위의 책. p.125.

33 Paul Krugman(1994.11~12.). "The Myth of Asia's Miracle". *Foreign Affairs*. Vol. 73, No. 6. p.64.

34 샤오궈량·수이푸민, 이종찬 옮김. 앞의 책. p.158.

35 조너선 D. 스펜스, 남경태 옮김. 앞의 책. p.204.

36 샤오궈량·수이푸민, 이종찬 옮김. 앞의 책. p.180.

37 위의 책. p.181.

38 위의 책. p.183.

39 중국공산당 제11차 당대회 6차 회의(1981.6.21.)에서 채택한 문건이다. Marxists. org(2009). "Resolution on certain questions in the history of our party since the founding of the People's Republic of China". (www.marxists.org/subject/china/documents/cpc/history/01.htm)

40 Modern History Sourcebook: Jawaharlal Nehru(1889~1964). "Speech On the Granting of Indian Independence". 1947.8.14.

41 미군정 치하에 있었던 한국은 연세대학교 초대 총장 백낙준 포함 3인이 대표단으로 참석했다. 뉴델리로 가는 길에 상하이에서 비행기를 놓치는 바람에 거의 회의 결론 부문에 참석할 수 있었다. 백낙준은 한국의 조속한 독립을 위해 노력해 달라고 당부했다. 3인 중 한 명은 여성으로 Zhang Kyung Koh로 기록되어 있고, 네루 부처에게 한국의 소녀라는 인형을 선물로 주었다고 쓰여 있다. 아마 서울여대를 설립한 고황경의 오기일 것이다. Dr. A. Appadorai(1948). *Asian Relations Being The Proceedings Of The Asian Relations Conference*. Asian Relation Organization New Deli India. p.238.

42 T. N. Srinivasa(2012). "India's export Performance-A Comparative Analysis". edited by Isher Judge Ahluwalia & I. M. D. Little eds.(2012). *India's Economic Reforms and Development: Essays for Manmohan Singh*. Second edition. Oxford University Press. pp.220~221.

43 Arvind Panagariya(2008). op. cit.. p.15.

44 Ibid.. p.24.

45 Ibid.. p.25.

46 Meghnad Desai(2012). "Development Perspectives Was There an Alternative to Mahalanobis?". Isher Judge Ahluwalia & I. M. D. Little eds.(2012). op. cit.. pp.44~45.

47 국내에서는 곽복희·남궁원 번역(2004). 《세계사 편력》 1~3으로 출판되었다. 원저명은 *Glimpses of World History*이다.

48 Arvind Panagariya(2008). op. cit.. p.51.

49 Ibid.. p.x vii.

50 힌두성장률은 흔히 인도의 낮은 성장률을 가리키는 말로 다소 조소의 의미로 쓰인다. 그러나 처음 힌두성장률은 "3~4%의 성장률은 힌두의 삶의 방식에 맞는 개발방

식에 합치하는 성장률"이라는 것이었다. 즉 현재와 같은 의미로 사용된 것은 아니었지만 이후 다른 학자들이 3~4%의 성장률을 힌두성장률이라고 불렀다고 한다. Ibid.. p.463.

제7장   각기 다른 개혁개방의 성과와 제조업의 현실

1   조너선 D. 스펜스, 남경태 옮김. 앞의 책. p.259.
2   가오셴민(高先民)·장카이화(張凱華), 오수현 옮김(2010).《중국은 무엇으로 세계를 움직이는가》. 글로연. p.159.
3   Douglas Zhihua Zeng(2010). *Building Engines for Growth and Competitiveness in China Experience with Special Economic Zones and Industrial Clusters*. World Bank. p.8.
4   Feng Yang, Baochang Gu, Yong Cai(2016.3.30.). "Commentary: The end of China's one-child policy". Brookings.
5   World Bank, WITS DB.
6   WTO(2023). *World Tariff Profiles 2023*. pp.8~10.
7   ESCAP(2022). "Asia-Pacific Trade and Investment Trends 2022/2023 Country Report: India Trade Brief". p.5.
8   세계은행의 WDI DB는 중국의 제조업 부가가치 비중과 생산을 2004년 이후만 수록하고 있다.
9   WTO(2022). *World Trade Statistical Review 2022*. p.58의 Table. A6 참조.
10   Ibid.. pp.56~57.
11   이상의 통계수치는 모두 WTO(2022). op. cit.. pp.72~78의 정보를 이용한 것이다.
12   Kochhar Kalpana et al.(2006.2.). "India's pattern of development: What happened, what follows". *Working paper*, 12023. NBER.
13   WEF(2019). *The Global Competitiveness Report 2019*. p.279.
14   JICA(2023.3.29.). "JICA extends ODA loan of INR 18,750 crores for Mumbai-Ahmedabad High Speed Rail Project (IV)". Press Release.
15   ADB(2017). *Meeting Asia's Infrastructure Needs*. p.43.
16   WDI DB.
17   Ministry of Information and Broadcasting Government of India(2023). *New Labor Code for New India*. p.2.
18   〈2018년 사업용이성 보고서〉는 세계은행이 발표 후 취소했는데 당시 중국에서 자국의 순위를 놓고 압력을 행사했다는 사실이 후일 밝혀졌기 때문이었다.

제8장   오늘날 당면한 문제

1   스미스는 국민의 기교, 숙련, 판단 외에 유용한 노동에 종사하는 비율이 중요하다고 했지만 이에 대해서는 크게 다루지 않았다.

2   W. Arthur Lewis. op. cit.

3   평생 생산성 연구에 천착해 온 박승록은 데니슨(Denison)의 연구결과를 비롯한 생산성에 대한 연구결과를 전반적으로 폭넓고 깊이 있게 소개하고 있다. 박승록(2018). 《생산성의 경제학》. 박영사.

4   근로시간의 감소, 나이와 성별 구성비율의 변화가 음의 기여를 하고 있었다. 위의 책. p.92.

5   위의 책. p.92.

6   Justin Yifu Lin, Peter J. Morgan, and Guanghua Wan eds.(2018). *SLOWDOWN IN THE PEOPLE'S REPUBLIC OF CHINA: Structural Factors and the Implications for Asia*. ADB Institute. p.70.

7   Loren Brandt, John Litwack, Elitza Mileva, Luhang Wang, Yifan Zhang, and Luan Zhao(2020.3). "China's Productivity Slowdown and Future Growth Potential". World Bank. p.4.

8   Bishwanath Goldar, Sadhan Kumar Chattopadhyay, Siddhartha Nath, Sreerupa Sengupta, Pilu Chandra Das(2023). "Determinants of Total Factor Productivity Growth in India". *Theoretical Economics Letters*, 2023, 13. pp.683~718.

9   세계은행. World Development Report DB.

10   제프리 삭스(2001). 〈경제발전의 새로운 사회학을 위한 소고〉. 새뮤엘 P. 헌팅턴, 로렌스 E. 해리슨 공편, 이종인 옮김. 《문화가 중요하다》. 김영사. pp.79~97.

11   새뮤얼 P. 헌팅턴, 로렌스 E. 해리슨 공편, 이종인 옮김(2001). 앞의 책. p.43.

12   Daron Acemoğlu and James A. Robinson(2012). *Why Nations Fail: the orgin of power, Prosperity, and Poverty*. Crown Business. pp.437~442.

13   Devjyot Ghoshal(2016.1.25.). "Amartya Sen: Never been optimistic about India. But today, I'm more pessimistic". *Quartz*.(qz.com/india/601769/amartya-sen-never-been-optimistic-about-india-but-today-im-more-pessimistic)

14   라마누잔에 대해서는 그의 전기 《수학이 나를 불렀다》가 국내에 번역되어 있다.

15   EIU(2023). *Democracy Index 2022: Frontline democracy and the battle for Ukraine*. p.11.

16   Menon, Vandana(2017.11.16.). "'We simply don't have time': Read Indira Gandhi's letters defending bank nationalisation". The Print. Printline Media Pvt. Ltd.

17   The Economist(2020.7.25.). "Caste in India: No escape.". p.18.

18   Ibid.. p.15~18.

19   《中國統計年鑑 2023》에서 계산.

20   Diego A. Cerdeiro and Cian Ruane(2022.2.). *China's Declining Business Dynamism*. WP/22/32. IMF.

21   세계은행의 통계를 이용하여 필자가 계산한 것이다.

22   박번순 외(2005). 《아시아 경제 공존의 모색》. 삼성경제연구소. pp.428~491.

23   이선진(2023). 《중국과 공존하는 아세안의 지혜》. 박영사. pp.279~280.

1　찰스 P. 킨들버거, 박명섭 옮김(1998). 《대공황의 세계》. 부키.

2　박번순(2002). 《아시아 경제, "힘의 이동": 일본에서 중국으로 옮겨가는 경제주도권》. 삼성경제연구소.

3　트럼프는 꼭 중국만을 대상으로 무역압력을 행사한 것은 아니다. 오바마 정부가 어렵사리 타결한 TPP에서 탈퇴했으며, NAFTA나 한미 FTA를 개정하는 등 미국이 무역적자를 겪는 국가들에게 전방위적으로 압박을 가했다.

4　IMF(2023). *World Economic Outlook: A Rocky recovery*. p.107. Figure 4.11을 보라.

5　아세안의 여론주도층은 인도–태평양 전략이 나왔을 때 아세안이 이에 대해 좀 더 연구가 필요하다고 답했다. ISEAS(2020). 여론조사 참조.

6　The White House(2022.2.). *INDO-PACIFIC STRATEGY OF THE UNITED STATES.* p.5.

7　The White House(2022.5.23.). *FACT SHEET: In Asia, President Biden and a Dozen Indo-Pacific Partners Launch the Indo-Pacific Economic Framework for Prosperity.* (www.whitehouse.gov/briefing-room/statements-releases/2022/05/23/fact- sheet-in-asia-president-biden-and-a-dozen-indo-pacific-partners-launch-the-indo-pacific-economic-framework-for-prosperity)

8　2023년 10월 현재 참여국들은 4개 지주 중 디지털 무역에 대한 합의를 도출했고, 나머지 3개의 지주에 대해서는 논의 중이다.

9　이선진. 앞의 책. p.80.

10　위의 책. pp.279~280.

11　문정인(2010). 《중국의 내일을 묻다: 우리가 알던 중국은 없다》. 삼성경제연구소. p.23.

12　The White House(2022.2.). op. cit.. p.16.

13　S. Jaishankar(2020). *The India Way: Strategies for an Uncertain World*. Harper Collins .

14　Ibid.. p.39.

15　상하이협력기구(SCO)는 2024년 3월 현재 유라시아 9개국이 조직한 정치·경제·안보 협력기구이다. 2001년 6월 중국, 러시아, 구소련에서 독립한 중앙아시아 국가들이 조직했는데 이후 이란, 파키스탄, 인도가 가입하여 현재 정식 회원국은 9개국이다. 인도는 2017년에 정식 회원국이 되었다.

16　Christophe Jaffrelot(2021.5.26.). "Christophe Jaffrelot reviews *The India Way: Strategies for an Uncertain World* by Dr S. Jaishankar. Atlantic Council". (www. atlanticcouncil.org/blogs/southasiasource/christophe-jaffrelot-reviews-the-india-way-strategies-for-an-uncertain-world-by-dr-s-jaishankar)

17　BP(2022). *BP Statistical Review of World Energy 2021*. p.9.

18　Ibid.. pp.38~40.

19　Ibid.. p.27.

20　WTO(2023). *World Trade Statistical Review 2022*. p.71.

21 Grobal Carbon Atlas.(globalcarbonatlas.org/emissions/carbon-emissions)

22 중국정부(2021). 《中國落實國家自主貢獻成效和 新目標新擧措》.(unfccc.int /sites/
default/files/NDC/2022-06/中國落實國家自主貢獻成效和 新目標新擧措.pdf)

23 중국은 2016년 NDC 보고서에서 탄소배출 정점 시기를 2030년경으로 설정했으나
2021년 보고서에서는 2030년 이전으로 다소 앞당긴 것으로 평가된다. 그러나 전체
적으로 세계 최대의 온실가스 배출국으로서 중국의 구체적인 노력은 부족하다는 평
가다.(www.carbonbrief.org/qa-what-does-chinas-new-paris-agreement-pledge-mean-
for-climate-change)

24 Government of India(2022.8.). *India's Updated First Nationally Determined
Contribution Under Paris Agreement(2021~2030).* pp.2~3.

25 White House(2023.5.23.). *G7 Hiroshima Leaders' Communiqué.*(www.whitehouse.
gov/briefing-room/statements-releases/2023/05/20/g7-hiroshima-leaders-communique)

26 European Commission(2023.3.30.). *Speech by President von der Leyen on EU-
China relations to the Mercator Institute for China Studies and the European Policy
Centre Brussels.*

27 한우덕(2012). 《우리가 아는 중국은 없다: 시진핑 시대 중국경제의 위험한 진실》. 청
림출판. pp.234~235.

28 대외경제정책연구원 베이징사무소(2021.11.3.). 《중국의 '공동부유(共同富裕)' 정책의
추진 및 향후 전망》. KIEP 대외정책연구원.

29 로버트 스키델스키, 고세훈 옮김(2009). 《존 메이너드 케인즈》1. 후마니타스. p.226.

30 글로벌 혁신지수는 투입영역과 산출영역으로 구분해서 측정한다. 투입영역에는 제
도, 인적자본 및 연구, 인프라, 시장 세련도, 비즈니스 세련도가 포함되며, 산출영역
에는 지식 및 기술 산출, 창의적 산출 등을 포함한다. 제도는 정치·규제·경영환경을
의미하고, 인적자본 및 연구는 교육, 고등교육, 연구개발(R&D), 인프라는 정보통신
기술(ICT), 일반 인프라, 생태적 지속가능성, 시장 세련도는 신용, 투자, 무역, 다각
화 및 시장규모를, 비즈니스 고도화는 지식근로자, 혁신연계, 지식흡수능력 등을 포
함한다. 산출지수를 구성하는 지식 및 기술 산출물은 지식창출, 지식의 파급, 지식확
산 등을 포함하고 창의적 산출물은 무형 자산, 창의적 상품 및 서비스, 온라인 창의
성을 포함한다. WIPO(2022). *Global Innovation Index 2022: What is the future of
innovation-driven growth?.* p.19.

31 Economic Times(2022.9.2.). "It's not India's decade, it's India's century, says
McKinsey's Bob Sternfels".(economictimes.indiatimes.com/news/economy/
indicators/its-not-indias-decade-its-indias-century-says-mckinseys-bob-sternfels/
articleshow/ 93937057.cms?from=mdr)

32 Morgan Stanley(2022.10.31.). *Why This Is India's Decade.*

33 Chetan Ahya(2022.11.8.). "India's coming decade of outperformance". *Financial
Times.*(www.ft.com/content/489cc92c-c950-47de-ad5f-586b9da33b70)